KB015155

프로이트 읽기

세창사상가산책21

프로이트 읽기

초판 1쇄 인쇄 2021년 7월 8일
초판 1쇄 발행 2021년 7월 15일

_

지은이 강응섭
펴낸이 이방원
기획위원 원당희
편집 안효희 · 김명희 · 정조연 · 정우경 · 송원빈 · 조상희
디자인 최선희 · 손경화 · 박혜옥 · 양혜진 **영업** 최성수

_

펴낸곳 세창미디어
출판신고 2013년 1월 7일 제2013-000003호
주소 03736 서울시 서대문구 경기대로 58 경기빌딩 602호
전화 02-723-8660 팩스 02-720-4579
이메일 edit@sechangpub.co.kr 홈페이지 www.sechangpub.co.kr
블로그 blog.naver.com/scpc1992 페이스북 fb.me/Sechangofficial 인스타그램 @sechang_official

_

ISBN 978-89-5586-685-8 04180
     978-89-5586-191-4 (세트)

세창사상가산책 | SIGMUND FREUD

프로이트 읽기

강웅섭 지음

21

세창미디어
MEDIA

머리말

우리는 요즘 '프로이트'를 읽는다

우리는 요즘 '프로이트Sigmund Freud'(1856-1939)를 읽는다. 서점에 가면 그의 전집이 꽂혀 있고, 그의 이름으로 검색하면 수천 개의 책이 뜬다. 어느 출판사에서 펴낸 프로이트 전집은 20년 사이에 32만 부가 팔렸다고 한다. 어느새 프로이트의 책은 우리를 에워쌌으며 그 여세는 점점 더해지고 있다.

프로이트의 사유를 기반으로 상담에 관련된 영역이 우리나라에서 확고하게 자리매김을 하고 있다. 특히 그가 고안한 정신분석학Psychoanalysis도 대학교에서 전공의 영역으로 자리 잡기 시작했다. 수많은 분야에서 그의 사유가 응용되고 있다. 왜 이렇게 프로이트가 우리 가까이에 있는가? 필자는 두 가지 이유를 생각해 보았다.

COVID-19 시기에 프로이트가 읽히는 데는 이유가 있다

우선, 프로이트는 무의식을 과학의 영역으로 만든 정신분석학의 창시자이다. 과학의 영역으로 자리 잡은 무의식에 관한 개인들의 궁금증이 점점 더해지고 있다. 그래서 연령을 막론하고, 분야를 초월하여 프로이트의 글은 관심을 받고 있다.

프로이트 이전에는 무의식이 의식에 포함된 개념으로 사용되었다. 무의식은 의식화될 때에만, 의식적인 요소를 통해서만 그 모습을 드러낼 뿐 아니라 알려진다고 데카르트, 칸트, 헤겔 등은 언급한다. 그러나 프로이트가 생각한 무의식은 이와는 다르다. 1895년, 마흔이 되기 전에 프로이트는 정신(심리)의 보편적인 구조가 있다고 믿는다. 그 구조가 보편화된다면 정신(심리)의 진단과 처방으로 사용될 것이라고 기대한다. 이러한 그의 믿음은 무의식을 과학의 영역으로 만든다.

『꿈의 해석』(1900)에서 프로이트는 '지각조직·기억·무의식·전의식·운동조직'의 구조를 제시하고, 이 요소들의 특성 및 관계를 정리한다. 그는 감각과 뇌의 관계가 어떠하며, 기억과 뉴런이 어떤 관계가 있는지 신경과학과 정신병리학을 통해 연구한다. 그 결과 무의식·전의식·의식의 구조를 제시한다. 이런 과정을 통해 두 심급(무의식·전의식), 세 심급(무의식·전의식·의식) 또는 네 심급(기억·무의식·전의식·의식)으로 알려진 제1차 위상학으로서 '무의식의 장'이 고안된다. 이 고안은 점차 정신분석 경험이 진행되어 1920년 이후에 이르러 포괄적인 방식으로 제2차 위상학으로 '대개정大開靜'된다. 환갑이 넘은 프로이트가 재설정한 '이드·자아·초자아'는 무의식에 온전히 기반을 둔 구조이다. 이처럼 제1차 위상학과 제2차 위상학의 장치는 무의식의 과학, 즉 과학으로서 무의식을 이해하는 데 가장 필수적인 장치로 받아들여지고 있다.

두 번째, 프로이트는 '나는 누구인가'를 끊임없이 탐색했다. 프랑스의 정신분석가 라캉에 따르면, 프로이트 글에서 버릴 부분은 한 군데도 없다. 그의 글은 모두 '나는 누구인가'를 해명하는 데로 향하고 있다.

셰익스피어의 명문장인 'To be or not to be'에서 보듯, '신앙의 장'으로 대변되던 중세사회는 '이성의 장'으로 대변되는 근대사회로 이행한다. 존재 문제를 신이 결정하는 것이 아니라 내가 결정하는 사회로 이행한다. 이런 과정에서 '나는 누구인가'에 관한 관심이 개인적인 문제를 넘어 사회적인 화두로 등장한다. 계몽주의─낭만주의─실증주의 등으로 전개되던 '이성의 장'은 19세기 중반 무렵 리얼리즘(사실주의)으로 극대화된다. 이 사조는 '본 것·들은 것·생각한 것·느낀 것'만을 진리로 본다. 이러한 요소에 근거하여 찾은 '나'는 확실한 나로 받아들여진다. 과연 나의 존재 문제는 잘 정리되고 있는가?

우리가 살다 보면 '잘못 본 것·잘못 들은 것·잘못 생각한 것·잘못 느낀 것'도 나에게 영향을 끼친다는 것을 경험적으로 알게 된다. 어찌 보면 비이성적이고 조각난 파편으로서의 진리가 '내가 누구인지'를 규정하는 데 중요한 요인이 될 수 있다. 모더니즘의 주장은 전체보다는 부분이, 확고한 것보다는 불확실한 것이 개인에게나 집단에 더 중요한 영향력을 끼친다는 것이다.

역사의 여정이 이렇게 대극적이다 보니, 리얼리즘과 모더니즘의 주장 사이에서 '나는 누구인가'를 찾는 이는 혼란에 빠진다. 이런 논쟁 가운데 '무의식의 장'을 내세운 프로이트의 사유가 끼어든다. 그의 논문이나 책은, '의식의 장'에서 말하는 리얼리즘이나 모더니즘과는 달리, '무의식의 장'에서 드러나는 것을 다룬다. 즉, '무의식의 장'에서 있는 그대로 본다는 것이 어떤 것인지를 과학적으로 밝힌다.

2020년의 COVID-19(코로나바이러스감염증-19)로 인하여 현재는 전체주의를 표방하는 세계화Globalization와 이에 대항하는 블록체인Block-chain이 맞닥뜨린 시기라고 볼 수 있다. 콘택트와 언콘택트의 시대에서 공동체와 개인은 불가분리지만 개인이 바로 서야 공동체 또한 개인에게 바른 영향을 줄 수 있다. 개인의 무의식을 연구한 프로이트라고 알려진 것과는 달리, 공동체의 무의식, 계통 발생과 개체 발생의 관계를 지속적으로 탐구한 프로이트를 만나 보면 지금 우리가 겪고 있는 문제의식에 더 깊이 접근할 수 있다고 본다.

『프로이트 읽기』는 이렇게 구성된다

『프로이트 읽기』는 프로이트의 저서들을 시대순에 따라

열 개의 테마로 정리한다. 각 테마는 프로이트의 글을 통해 드러난다. 필자는 우선 프로이트의 글을 제시한다. 우리는 이 글을 함께 읽고 이해해 볼 것이다.

처음 두 테마는 1895년에 저술한 『히스테리 연구』, 『과학적 심리학 초고』이다. 이 두 책은 정신(심리)의 과정을 뉴런 체계로 설명하는 사례와 이론이다. 세 번째 테마는 정신(심리)의 과정을 제1차 위상학으로 정리한 『꿈의 해석』이다. 네 번째 테마는 뉴런 사이를 흐르는 에너지에 관한 내용이다. 본능과 욕동(충동)의 구분, 욕동(충동)이 어떻게 자아를 구성하는가를 구체적으로 다룬다. 다섯 번째 테마는 오이디푸스 이론이다. 인간의 자아, 성격이 어떻게 구성되는가를 살펴볼 수 있는 미시적이면서도 거시적인 이론이다. 여섯 번째 테마는 정신(심리)의 과정을 제2차 위상학으로 정리한 내용이다. 여기서는 정신(심리)의 구조뿐 아니라 에너지에 관한 부분도 업데이트한다. 일곱 번째 테마는 나는 누구인가, 나는 어떻게 구성되는가를 살펴보는 정체화(동일화) 이론이다. 여덟 번째 테마는 구조화된 세 개(신경증, 정신증, 도착증)의 증상을 다룬다. 이 증상의 구조는 오늘날 정신의학 진단(DSM-5)의 기본

준거가 된다. 아홉 번째 테마는 프로이트가 했던 다섯 번의 여행이다. 그는 배움이 있는 곳이면 달려가서 배웠다. 여행이 그에게 준 것이 무엇인지를 다룬다. 열 번째 테마는 모세에 정체화하는 프로이트의 마지막 저서 『인간 모세와 유일신교』이다. 모세가 유일신교를 전파했듯이, 프로이트는 하나의 정신분석을 제시한다. 이런 과정을 통해 프로이트의 초기의 글부터 마지막 글까지 다룰 것이다.

프로이트를 잘 읽는 관점을 소개한다

필자는 독자에게 프로이트의 글을 읽을 때 염두에 두어야 할 하나의 관점을 제시한다. 프로이트가 제시하는 하나의 정신분석은 불변하는 한 쌍의 형식으로 되어 있다. 그 형식은 '자유연상'과 '똑같이 떠돌면서 주목하기'이다. 이 형식은 정신분석의 근본 기술이다. 이 구도를 유지하면서 프로이트의 글을 대할 때, 프로이트의 진의를 알 수 있다.

'자유연상Freie Assoziation'은 내담자 쪽(의 기술)이고, '똑같이 떠돌면서 주목하기Gleichschwebende Aufmerksamkeit'는 상담자 쪽(의 기술)이다. 즉, 내담자가 자유롭게 '연상'한 것을 말로 표현하고, 상담자는 내담자의 말을 들을 때 그 말에 똑같이 떠다니며 '주목'한다. 이런 기술 개념은 의사의 강압적인 요구나 암시에서 시작되는 최면법을 성찰한 결과 고안되었다. 이렇듯 정신분석 기술은 내담자와 상담자의 협력을 통해 가능해진다. 신경생리학자인 프로이트는 의학적인 방법뿐 아니라 최면법, 압박법, 정화법 등의 방법을 사용해 가면서 환자 스스로 자신이 누구인지를 말하도록 한다. 그런 과정에서 그가 정착한 방법은 바로 '연상Assoziation과 주목Aufmerksamkeit'이다. 이 용어는 정신분석에서 근본이 되는 한 쌍의 기술 개념이다.

'똑같이 떠돌면서 주목하기'는 신약성서에 나오는 '시인(호몰로게오, ὁμολογέω)'과 비교할 수 있다. '호몰로게오'의 사전적 의미는 ὁμο + λογέω, 즉 '똑같이 말하다'이다. 내가 하나님의 말씀을 듣고, 내가 그 말에 동의하는 것이다. 내가 하나님의 의도대로 말할 때, '호몰로게오한다'고 말한다. 즉, 신자가 하나님의 말씀을 정확하게 듣고, 그것을 내가 인정하면, 하나님께서 나를 인정한다는 의미이다. '호몰로게오'는 하나님과 인간의 근본적인 소통 방법이다.

이와 같은 구조로 보면, 정신분석이란 상담자가 내담자의 말을 정확하게 듣고, 그것을 상담자가 내담자에게 되물을 때, 내담자가 상담자의 말을 인정하는 방식이다. 다시 말해, 정신 분석이란 내담자의 말을 들은 상담자가 질문을 통해 그것을 확인하고, 내담자는 그 질문을 인정Anerkennung, Reconnaissance 함으로 확정하는 과정이다. 이 인정이 내담자의 진실이고 역사이고 정체성(동일성)이다. 정신분석은 (자유연상으로 나오는) 내담자의 이야기 요소 하나하나를 살피면서 인정을 이끌어 내는 과정이다. 여기서 내담자의 정체성이 나오고 동일성이 획득된다. 이런 방식으로 내담자는 '나는 누구인가'를 알아 간다. 예전에는 종교가 이 역할을 담당했다면, 종교와 거리를 두는 현대인은 정신분석을 통해 이런 과정으로 '나는 누구인가'에 접근하고 있다. 따라서 이런 과정을 이끌 기술자 양성이 요청되고 있다. 이 과정을 이끄는 기술자는 정신분석을 실천하는 분석가, 상담자이다. 이런 과정의 길을 연 이가 바로 프로이트다.

이 책에는 '나는 누구인가'를 일생의 화두로 삼고 그 문제를 풀기 위해 학교를 설립하신 예명대학원대학교 이명범 총장님의 의지와 이 화두를 풀기 위해 소프트웨어와 하드웨어를 다각적으로 운영하시는 윤혜진 부총장님, 그리고 교직원들의 고심이 절절하게 녹아 있다. 또한 이 질문을 풀고자 정신분석상담학 전공에서 진지하게 연구하며 수행하는 학생들의 담화가 겹겹이 쌓여 있다. 그렇기에 이 책에 남은 낱낱의 내용과 함께, 개교 후 20년이 넘는 긴 세월만큼이나, 큰 감사의 마음을 총장님과 부총장님, 교직원들, 그리고 학생들에게 드린다. 또한 이 책에는 '나는 누구인가'에 대한 오인이 바로 잡히기를 바라는 마음이, 프로이트에 대한 오해가 해소되기를 바라는 마음이, 모든 것이 제자리를 찾아가기를 바라는 마음이 담겨 있다. 『프로이트 읽기』와 함께해 주시는 분들께 이 소망이 잘 전달되어 새로운 프로이트에 대한 이해가 생기기를 바라는 마음이다. 부족한 부분은 학생들과 함께 연구하며 계속 보완해 나갈 것이다.

　이 일을 함께 이루어 가실 분을 기다리면서

2021.6.

치개슬에서 강응섭

세창사상가산책 | SIGMUND FREUD

1. 프로이트의 저서 인용문은 독일어본과 프랑스어본 저서에 근거하여 필자가 번역하였다.
2. 번역에 사용한 독일어본은 프로이트 전집 G.W.를 사용하고, 번역에 사용한 프랑스어본은 프로이트 전집 O.C.P.와 P.U.F., Payot, Gallimard 등의 판본을 사용하였다.
3. 프로이트의 저서 서지는 1989년 출판된 S.A.의 부록인 『Freud-Bibliographie mit Werkkonkordanz』에 따랐다.
4. 프로이트의 저서를 인용할 때, 인용문 끝에 '『한글 책 이름』 독일어본 페이지'를 명기하였다. 가령 '『히스테리 연구』 p.99'와 같이 표기한다. 독일어본이 없을 경우 프랑스어본 쪽수를 넣고 프랑스어본이라 표기한다. 가령, '『히스테리 연구』 pp.14~15(프랑스어본)'와 같이 표기한다.
5. 번역에서 생략한 내용은 [⋯]로 표시하였다. 저자의 간단한 주는 [ ]에 넣었다.

1

1895년을 기념하는 첫 번째 일:
『히스테리 연구』를 출판하다

1

정신분석은 『히스테리 연구』에서 시작된다

1895년 4월 프로이트는 브로이어Joseph Breuer와 함께 『히스테리 연구』를 출판한다. 정신병리학의 범주에 속하는 이 책은 대부분의 프로이트 책들처럼 앞에 사례가 있고 뒤에 사례의 해석이 이어진다. 이 책의 구조를 보면 정신분석이 어떻게 시작되었는지 예상해 볼 수 있다.

① 서론: 「히스테리 현상의 심리 메커니즘: 예비 견해」는 이미 1893년에 빈에서 발간되는 신경학 잡지를 통해 발표된다.
② 본론: 「환자들 이야기」에는 브로이어의 사례 한 개와 프로이트의 사례 네 개가 있다.
③ 결론: 「이론적 고찰」은 브로이어가 쓰고, 「히스테리의 심리치료」는 프로이트가 쓴다.

1908년 7월에 이 책의 재판이 나왔는데 수정된 내용은 없다. 두 저자는 그 이유를 서문에서 밝히고 있다. 우선 브로이어의 말에 따르면 10여 년 동안 이 분야의 발전이 있지만 자신은 이 분야를 연구하지 않았기에 수정할 부분이 없다고 한다. 이와는 달리 프로이트는 이 분야를 계속 연구해 왔기에 그때 서술한 핵심적인 내용은 모두 파기되어야 할 정도라고 말한다. 그렇지만 자신의 학문적 여정 가운데 한 부분으로 생각하여 그 증거를 그대로 두기 원한다고 밝힌다.

1925년 G.S.Gesammelte Schriften 판본에는 브로이어의 글이 빠진 채, 프로이트의 주석이 첨가되어 출판된다. 또한 프로이트의 저서를 연대기 순으로 담은 총서 G.W.Gesammelte Werke에는 '안나 O. 양 사례'와 「이론적 고찰」(브로이어의 집필 부분)이 삭제된다.

프로이트와 그의 저작권자들이 가한 삭제로 『히스테리 연구』는 구조상 어정쩡한 두 사람의 글에서 한 사람의 기념비적인 작품이 된다. 그러나 내용상으로 볼 때 이는 정신분석의 탄생을 거세한 것과 같다. 왜냐하면 프로이트가 『히스테리 연구』 초판의 중요성을 주지시킨 것과 마찬가지로 프랑스의 정신분석가 라캉은 정신분석의 창시자는 '안나 O. 양'

이라고까지 말하기 때문이다.

이와 같이 이 책의 출판 과정은 정신분석의 창시를 알리는 환자를 만났어도 정신분석을 탄생시키지 못한 브로이어와는 달리, 남의 환자를 통해 얻은 힌트를 자신의 환자에게 적용시킨 프로이트와 이를 감추려고 했던 사람들의 의도를 보여 준다.

2
『히스테리 연구』의 저자가 둘인 배경

정신분석의 시작을 알린 이 책이 공동으로 저술된 배경은 무엇일까? 프로이트가 세 살이던 해인 1859년에 의학에 입문한 브로이어는 오폴저Johann Ritter von Oppolzer와 브뤼케 Ernst Wihelm von Brücke에게 의학을 배우면서 내과 임상 분야에 친숙해진다. 그러나 헤링Karl Ewald Konstantin Hering의 생리학 연구소에서 호흡에 관한 연구를 하면서 그는 실증적 연구자로 나선다. 이로써 그는 빈의 병원 학풍과 독일의 실험

실 학풍을 두루 익힌 의사가 된다.

프로이트가 브로이어를 만난 것은 1877~1878년경 생리학 연구소에서 신장 감염에 관한 강의를 듣던 때이다. 브로이어는 이 젊은 후배가 계속 공부하도록 권하였을 뿐만 아니라 도시에서 의사로 정착하기 위한 재정도 지원한다. 관심 영역이 비슷했던 두 사람은 빈의 상류 부르주아 계층의 여성 히스테리 환자들을 각자의 방법으로 치료한다.[01] 1894년에 『히스테리 연구』의 집필을 마무리하던 두 사람은 이미 히스테리에 대한 이견을 보인다. 그래서 서문과 말미에 두 편의 해석을 각각 싣게 된다. 책이 나온 이듬해인 1896년 이 둘의 20년 우정은 파국을 맞는다. 결국 프로이트 생전에 나온 프로이트 전집(Gesammelte Schriften, 약자 G.S., 1925년 출판본)과 사후에 나온 프로이트 전집(Gesammelte Werke, 약자 G.W., 1940년 출판본)에 브로이어의 집필 부분('안나 O. 양 사례'와 「이론적 고찰」)이 빠진 채 『히스테리 연구』가 출판된다.

---

[01] Élisabeth Roudinesco, Michel Plon, *Dictionnaire de la Psychanalyse*, Paris: Librairie Arthème Fayard, 2002, pp.468~473.

3
히스테리의 작용 원리를 밝힌 「예비 견해」

1893년 『신경학지』에 발표된 「히스테리 현상 또는 증상이 일어나는 심리적 메커니즘」은 「서론」처럼 『히스테리 연구』의 앞부분에 있다. 그래서 「예비 견해」라는 부제가 붙은 듯하다. 두 사람의 연구 과정은 다섯 가지 견해로 정리된다. 이것을 요약하면 다음과 같다.

① 첫 번째 예비 견해 요약: '병을 일으킨 사건과 히스테리 증상 사이에는 인과관계가 있다. 외상적外傷的 히스테리는 실제 사건 때문에 병리 현상이 일어난 히스테리이다. 이 증상은 환자가 원인을 기억하고, 그 기억에 묻어 있는 감정을 말로 표현하면 사라진다.'

이 견해는 정신분석의 토대를 보여 준다. 프로이트와 브로이어가 1895년에 함께 쓴 「히스테리 현상의 심리적 기제에 대하여: 예비적 보고서」의 다섯 항 중 첫째 항 ①은 정신분석의 지향점을 잘 보여 준다. 이 신념에서 정신분석은 시작된다. 그래서 이 문구는 정신분석의 근본이 되는 조항, 정신분석의 고고학이라고 볼 수 있다.

　공동저자는 외부세계와 몸의 증상 간의 관계를 원인과 결과로 성찰한다. 히스테리는 '사건과 증상은 각각 원인과 결과이다'라는 구도에서 이해되는 증상이다. 당시 공동저자는 어떤 경험 사건을 계기로 몸에 증상이 생기는 것을 히스테리라고 불렀다. 몸의 증상을 치료하기 위해 의학적 도움을 받지만 낫지 않는다. 가령, 기침이 심한 증상일 경우 내과나 이비인후과 등의 치료를 받고 약을 복용하면 금방 낫는다. 하지만 기침이 몇 년간 계속되는 경우에 이것을 어떻게 설명하고 치료할까? 팔다리가 저리는 경우 신경과나 통증의학과 등의 치료를 받고 약을 복용하면 어느 정도 호전이 있다. 하지만 이 증상이 지속된다면 어떤 치료를 받아야 할까? 여러분 가운데 이와 비슷한 증상을 겪고 있는 분이 계신가? "그 기억에 묻어 있는 감정을 말로 표현하면 이 증상은 사라진다"는 원리가 믿어지는가? 정신분석은 의학 및 약물학적인 치료로 호전되지 않는 증상을 치료하기 위해 시작된다. 이 일을 시작한 이는 신경을 연구한 의사 프로이트였다. 프로이트는 외부에서 유입되는 것과 그것을 받아들이는 몸의 관계를 연구하여 정신(심리)psyche의 지도를 그렸다. 그것을 기반으로 정신분석은 학문의 한 분야로 서 있다.

② 두 번째 예비 견해 요약: 히스테리의 치료법을 제시한다. 우선, 기억에 결합된 감정을 해소解消시키고 정화淨化시키는 방법은 언어이다. 둘째, 기억되지 않는 부분은 최면법을 통해 말로 주고받을 수 있다.

「예비적 보고서」의 첫째 항 ①이 정신분석의 토대라면, 둘째 항 ②는 정신분석의 치료법이다. 물론 고고학적 가치를 지니는 치료법이다.

a. 기억에 결합된 감정을 해소하고 정화하는 방법은 언어이다.

b. 기억되지 않는 부분을 언어로 되살리는 방법은 최면법이다.

최면법은 정신분석의 시작과 밀접하게 관련이 있기는 하지만 정신분석 기법을 발전시키면서 프로이트는 최면법을 포기한다.

프로이트가 최면법을 배우기 위해 얼마나 애를 썼는지는 1885년 늦가을에 파리로 갔던 여행에서 볼 수 있다. 1886년 2월까지 계속된 이 여행을 위해 필요한 경비를 장학금으로 충당하고자 노력했고, 곧 결혼할 약혼녀에게는 정신적인 지지를 받았다. 프로이트는 파리 사르페트리에르병원에서 장-마르탱 샤르코의 수업을 받는다. 그가 그리도 원했던 수업이었는데, 얻은 것만큼 의문도 생긴다. 최면법은 그를 또 다른 세계로 가게 하는 도구였다. 그는 이 최면법을 포기하고 말로써의 방법, 언어를 통한 방법으로 정신분석을 창안한다. 「예비적 보고서」의 둘째 항 ②에서 b는 포기하고, a는 계속 발전시킨다. 「예비적 보고서」의 첫째 항 ①과 둘째 항 ②에 나오는 '기억'이라는 용어는 그 당시에도 규정하기 어려웠던 것이지만 지금도 여전히 뇌과학에서도 연구 중이다. 프로이트는 이것을 기반으로 정신분석의 발견인 '무의식적인 것'으로 나아간다. 여러분은 기억을 무엇이라고 생각하는가? 이 질문은 오늘날 인공지능AI으로 결실을 맺는다. 정신분석은 우선 기억에 관한 학문이다. 프로이트는 기억에 관하여 연구하다 보니 무의식적인 것에 이르게 된다. 히스테리라는 증상은 프로이트에게 그런 힌트를 준다.

③ 세 번째 예비 견해 요약: 그러나 위 방법으로도 해소가 충분히 이루어지지 않는 이유를 설명하기 위해 당시의 치료법인 최면과 암시를 언급한다. 최면은 환자가 '정상적인 의식상태'에서가 아니라 '비정상적인 의식상태'에서 기억하는 것이다. 이를 '이중 의식'이라 한다. 비정상적인 의식상태의 산물은 현실생활에도 히스테리 증상 형태로 영향을 미친다. 최면은 비정상적인 것이 정상적인 것에 영향을 끼치기에 부정적인 것으로 고려된다.

우리는 바로 위, 두 번째 예비 견해에서 'b. 기억되지 않는 부분을 언어로 되살리는 방법은 최면법이다'를 읽었다. '암시'는 최면법에 의사의 주문이 더해진 방법이다. 암시는 치료가 되지 않아 초조해하는 의사의 마음을 표현하는 방법이라고 프로이트는 덧붙인다.

프로이트는 최면을 '이중 의식'을 이용한 치료법이라고 말한다. 여기서 '이중'은 정상적인 의식과 비정상적인 의식을 말하는데 의식을 둘로 나누어서 생각하는 것이다. 비정상적인 의식상태가 현실생활에 영향을 미친다는 해석이다. 정상적인 의식상태에서의 기억과 비정상적인 의식상태의 기억이 있는데, 최면법은 후자의 기억을 끌어내는 방법이다.

1895년 때 프로이트는 무의식적인 상태를 단지 비정상적인 의식상태라고 말한다. 하지만 나중에 프로이트는 비정상적인 의식상태를 무의식적인 상태라고 말하게 된다. 이렇게 차츰 무의식적인 것으로 접근하는 프로이트를 볼 수 있다. 우리는 2장의 [도표 3], [도표 4]에서 그 내용을 그림으로 보게 될 것이다.

정상적인 의식상태에서 기억하는 것과 비정상적인 의식상태에서 기억하는 것이 어떻게 다른가? 왜 우리는 비정상적인 의식상태의 기억을 끌어내기가 어려울까? 최면법을 통해서만 그 기억을 끌어낼 수 있을까? 정상적인 의식상태에서는 기억할 수 없는 나의 기억이 있다고 생각하는가? 그것을 말로 표현하면 그 기억에 붙어 있는 감정이 해소되어 자유롭게 될까?

④ 네 번째 예비 견해 요약: 히스테리의 메커니즘을 간략하게 말한다. 이는 제1차 상태라 불리는 정상적인 상태, 제2차 상태라 불리는 비정상적인 상태로 구분된다. 급성 히스테리란 이렇게 이중 의식상태가 생기는 시점에서 발생한다. 공동저자는 샤르코가 주장하는 발작 히스테리와 자신들이 내세우는 만성 히스테리의 차이점을 설명한다. 즉 만성 히스테리는 제2차 상태가 제1차 상태로 침투하는 현상이고, 발작 히스테리는 제2차 상태 그 자체의 표출이라고 보았다. 이 두 상태는 평소에 균형을 이루고 있지만 균형이 깨지면 만성 히스테리, 발작 히스테리 등으로 나타난다.

제1차 상태가 제2차 상태로 변하는가, 제2차 상태가 제1차 상태로 침투하는가에 관해 생각해 볼 수 있을 것이다. 프로이트가 말하는 히스테리는 제2차 상태가 제1차 상태로 침투하는 현상이다. 이 현상이 서서히 진행되어 묵은 증상이 될 때, 이것을 만성 히스테리라고 말한다. 제2차 상태와 제1차 상태 사이의 연결고리가 있을까? 이것을 찾으면 이 두 의식 상태 사이의 인과관계를 풀 수 있을 것이다.

파리 사르페트리에르병원의 샤르코는 제1차 상태와 연결고리가 없는 제2차 상태의 표출을 이야기한다. 프로이트는 샤르코가 말하는 히스테리 메커니즘을 받아들일 수가 없었다. 프로이트는 1895년 당시에는 잘 몰랐지만 제2차 상태와 제1차 상태 사이에 링크가 있다는 것을 믿었다. 이것은 추후에 프로이트가 그로데크와의 편지에서 언급했던, 다윈이 가설로 내세웠던 the missing link(잃어버린 고리)에 해당한다고 볼 수 있다. 이 질문은 프로이트로 하여금 '감각기관-기억-운동기관'에서 무의식적인 것을 가정하게 하고, 그것의 학문을 정리하게 한다. 이것은 프로이트에게 사람이 늘 평정심을 유지하는 메커니즘을 푸는 실마리로 작용한다.

독자 여러분은 자신의 마음이 제1차 상태와 제2차 상태로 되어 있다는 것을 느끼시는가? 여러분은 마음의 평정심을 어떤 식으로 조절하시는가? 제1차 상태와 제2차 상태 간의 마음의 균형을 유지하기 위해 어떤 일을 하시는가? 예비적 보고서의 네 번째 요약 부분은 정신분석의 장을 여는 순간에서 프로이트가 보여 준 생각의 한 단면이다.

⑤ 다섯 번째 예비 견해 요약: 히스테리 치료법을 정리한

다. 당시 심리치료자들이 사용하는 암시나 최면보다는 정상적인 의식 상태에서 눌렸던 감정을 말로 해소하는 방법을 제시한다. 왜냐하면 암시나 최면은 단지 후천적이고 우발적인 히스테리 현상만을 이해하고 병인론을 훑어보는 것에 그쳤기 때문에 내부적인 원인에 대하여는 아직 알 수 없다.

이 부분은 '히스테리 연구'의 공저자인 프로이트와 브로이어가 공통으로 밝히는 마지막 견해이다. 두 사람은 당시에 암시와 최면을 사용하던 의사들과는 거리를 둔다. 암시와 최면이 우발적인 현상만을 다룬다면, 이들은 내부원인을 찾고자 한다. 두 저자가 밝히는 결론은 히스테리 환자가 보이는 증상의 내부원인을 찾아야 한다는 데 있다. 즉 그들이 찾는 결론은 어떤 객관적인 외부 원인을 찾는 것이 아니라 내부원인을 찾아야 된다고 진단한다. 이런 차이를 주장하는 데서부터 정신분석은 시작되었다. 이런 관점은 증상의 현상을 다루는 것과 증상의 내부원인을 찾는 것에 관계된다. 두 저자는 이상의 다섯 가지 의견을 아주 당당하게 말하면서도 이는 시작에 불과하다고 말했다.

이상의 내용을 정리하는 프로이트의 글을 살펴보자.

우리는 놀랍게도 다음과 같은 결과를 발견했다. 히스테리 각각
의 증상이 재발하지 않고 즉시 사라지는 시점은 의사가 발생했
던 사건을 기억나게 하고 그 기억에 결부된 감정을 일깨울 때
다. 또한 환자가 말로 자신의 감정을 표현하며 자신이 겪은 사
건을 매우 상세하게 표현할 때다. 감정을 담지 못한 기억은 전
혀 효력이 없다. [⋯] 여기서 우리는 몇 가지 암시를 쉽게 알게
된다. 환자가 기대하는 것은 기다리는 행위를 통해 자신의 고
통에서 벗어나는 것이지, 내뱉는 말로 그렇게 되는 것이 아니
다. 이는 첫 번째로 1881년경 '전암시적' 시기에 해당하는 매우
복합적인 히스테리 사례에서 발견된다. [⋯] '원인이 멈추면 결
과도 그친다'는 명제와 달리, 발생한 사건은 몇 년 동안 계속해
서 작용한다. 이는 간접적이 아니고 매개 고리를 이용해서 직
접적이다. (『히스테리 연구』 p.86)

두 저자가 설명하는 인과론은 좀 독특하다. 일반적으로 과
거에 발생한 원인은 현재에서 이미 멈추고 종결된 것이다.

그러나 그 과거의 원인 때문에 현재의 고통이 일어나고 있다는 것이 임상에서 확인된다. 현시점에서 과거의 원인을 제거해야 그 원인이 사라진다. 과거의 사건은 멈추었지만 과거의 그 사건이 끼친 영향은 지금도 이어진다. 현시점에서 어떤 상황이 주어지면 과거의 그 사건은 재현된다. 그래서 모든 사건은 현재적이라거나 증상으로 현재화된다고 말할 수 있다. 이런 구도는 앞으로 심적 결정론, 사후적 해석이라는 말로 설명될 것이다.

4
두 저자가 만난 히스테리 환자들

『히스테리 연구』의 다섯 사례는 차후 전개될 정신분석가들의 문헌 속에서 계속 언급될 것이다. 그러므로 이 사례의 내용을 정확하게 아는 것은 중요하다. 각 사례의 주요 대목을 살펴보자.

1) 브로이어의 사례: 안나 O. 양 이야기

안나 O. 양이 병을 얻은 것은 21세(1880)때다. 그녀는 과도한 신경증적 유전이 있는 듯하다. 조사를 해보니 가족 가운데 정신병 사례가 있다. 부모는 신경이 날카로운 사람들이다. 안나는 그때까지 잘 자랐고, 상담 중에 신경질적 반응을 전혀 보이지 않았다. 똑똑하고 재치 있고 직관력이 뛰어나다. 정신력이 훌륭해서 풍부한 지적 양식을 소화할 수 있다. [···] 이 환자의 병은 여러 단계로 명백하게 나뉜다.

A) 잠재기: 1880년 7월 중순부터 12월 10일경까지. 우리는 보통 이 단계에서 생산되는 많은 부분을 알 수 없다. 하지만 이 사례를 통해 병리학적 관점에서 많은 이득을 얻게 된다. 나는 나중에 이 부분에 대한 관찰내용을 말할 것이다.

B) 드러난 병: 감정이 상실된 독특한 정신병·교차성 사시·시력장애·오른쪽 윗부분과 양쪽 내부 전체의 수축성 마비·왼쪽 윗부분의 부분적 수축성 마비·목근육의 수축·오른쪽 윗부분 마비 경감. 이런 호전 상태는 4월(아버지의 사망)에 심한 심리적 트라우마에 의해 중단된다. [···]

C) 오랫동안의 몽유병이 반복된 뒤 정상적인 상태, 1881년 12

월까지 일련의 증상이 계속 나타난다.

D) 1882년 6월까지 장애와 현상이 점진적으로 없어진다. [『히스테리 연구』 pp.14~15(프랑스어본)]

브로이어가 직접 이 사례의 서술과 해석을 했다. 브로이어는 그녀를 만나 상담하고 자료를 해석하면서 지금까지 경험하지 못한 놀라운 사실들을 발견하고 이를 신앙을 고백하듯 기록했다. 이 사례를 브로이어가 어떻게 평가하는지 들어 보자.

병의 시작부터 종결까지 제2차 상태에서 비롯된 모든 자극들, 그리고 그 결과들이 최면 시 나타나는 언어적 표현에 의해 영구히 제거되었다는 놀라운 사실에 대해 이미 진술한 바 있다. 여기서 나는 이 사실이 환자에게 암시를 걸어 강요하거나 지어낸 허구가 아니라는 점을 덧붙인다. [『히스테리 연구』 pp.34~35]

브로이어가 말하는 '최면 시 나타나는 언어적 표현'은 비의식적인 상태이거나 의사의 강요로 발설된 것이 아니다. 안나 O. 양은 오후에 최면 상태에서 그녀가 꿨던 꿈을 이야기하는

데, 이는 자의식을 갖고 말하는 것이다. 브로이어는 병에 걸린 동안을 두 가지 의식상태로 나눠 설명한다. 제1차 의식상태는 정상일 때이고, 제2차 의식상태는 공상의 산물과 환각이 풍부한 상태다. 제2차 상태는 제1차 상태를 밀고 들어간다. '최면 시 나타나는 언어적 표현들'은 제2차 상태에서 비롯된 자극들을 언어적으로 표현한 것이다. 이때 언어적으로 자극들을 표현하는 이는 안나 O. 양 스스로다. 브로이어는 무의식의 존재를 알지 못하며 2차 상태를 철학적 전통에서 말하는 의식의 일부분으로 인식한다.[02]

브로이어는 안나 O. 양의 주치의였지만 그녀가 말하는 이야기의 의미를 모두 알지는 못한다. 유명한 일화를 살펴보자. 안나 O. 양은 자신의 주치의인 브로이어에게 애정의 감정을 느끼게 되고, 종국에 상상임신을 하기까지 이른다. 그녀는 복통을 호소하면서 "지금 나오는 아이는 당신의 아이

---

02 프랑스의 철학자 앙리(Michel Henry)는 프로이트가 데카르트 이후 전개된 의식 개념 위에 정신분석을 세웠다고 주장한다. 프로이트는 데카르트, 쇼펜하우어 등의 제자이며, 그것도 때늦게 등장한 후계자라고 말한다. Cf. Michel Henry, *Généalogie de la psychanalyse, le commencement perdu,* Paris: P.U.F., 1985, pp.5~10.

다"라고 하자, 브로이어는 당시 만삭이던 아내를 데리고 베네치아로 가서 출산한다. 이를 두고 프로이트는 환자가 겪는 고통의 주요 원인은 '전이'와 '성'이라고 브로이어에게 주장했지만 브로이어는 이를 인정하지 않는다. 이 때문에 두 사람은 결별한다.

브로이어는 말로 하는 치료로서 안나 O. 양의 사례를 관찰한 후, 그는 이런 식의 치료를 더는 하지 않는다. 이 치료를 통해 얻은 것이 무엇인지 잘 알지 못했기 때문이다. 어쩌면 브로이어는 사실주의에 입각해 치료하는 의사일 것이다. 그는 의사로서 전지전능한 역할을 강조하는 반면, 연약한 환자의 고백에 대해서는 무시하는 태도를 취한다.

그러나 프로이트는 이 사례를 십여 년이 지나 다시 해석한다. 그는 『히스테리 연구』를 통해 그 사례가 던져준 중요한 의미를 재고한다. 가령 병든 아버지를 치료했던 안나 O. 양은 병상에 누워 있는 아버지를 혐오한다. 그리고 지루한 간호에 대해서도 불만이 많다. 이런 와중에 아버지가 죽고 이로 인해 아버지를 향한 불만은 양심의 가책으로 바뀐다. 이런 심적 요인은 안나 O. 양의 육체적 어려움으로 드러난다.

이때 실시된 상담은 신기하게도 마음을 정화시키고 육체적 고통도 제거한다. 프로이트는 브로이어 말대로 암시나 강요가 아니라 자유연상으로 치료할 수 있는 방안을 더 고민한다. 그의 환자는 아니었지만 안나 O. 양 사례를 통해 프로이트가 얻은 힌트는 매우 많다고 할 수 있다. 우리는 존 휴스턴 감독(사르트르 각본)의 1962년 영화인 '프로이트'에서 시실리를 통해 이 사례에 접근할 수 있다.

2) 프로이트의 첫 번째 사례: 에미 부인 이야기

프로이트는 에미 부인을 총 7주 동안 치료하고 처음 3주 간의 관찰내용은 일자별로 정리해 둔다. 프로이트가 보고하는 단기상담의 사례이다. 아래는 첫 만남 때의 이야기다.

나는 40대 여인을 돌보는 상황이 되었다. 병만큼이나 그녀의 인격에 흥미를 느껴 나의 많은 시간을 그녀에게 투자했고 완치를 위해 노력했다. 최면법을 사용하기에 매우 적합한 히스테리 환자였다. 나는 브로이어가 사용한 탐색 과정을 최면 상태인 그녀에게 적용하기로 했다. [⋯] 나는 그 방법을 잘 조작하지는 못했기 때문에 충분히 증상을 분석할 수 없었고 작성한 계획을 제대로 따르지도 못했다. 환자의 상태와 나의 의학적 행위를 더 잘 이해하기 위해, 처음 3주 동안 면담 내용을 저녁마다 기록했다. [⋯] 1889년 5월 1일, 나는 가죽으로 된 긴 베개를 베고 디반(분석 침대)에 누워 있는, 여러 표정을 지닌, 아직 젊어 보이는 여인과 함께 있었다. [⋯] 그녀가 구사하는 문장은 조리 있고 뜻이 명확하며 지성과 문화를 갖춰 비범한 것이었다. 2분 간격으로 말을 멈췄고 이때 공포와 짜증에 찌든 표정을 짓는 그녀는 이상해 보였다. 경련을 일으키며 쪼그라드는 손가락은 마치 불안에 사로잡힌 어투로 "가만히 있어! 말하지 마! 만지지 마!" 하면서 나를 밀쳐내는 듯한 팔 동작을 했다. 그녀는 반복해서 소름 끼치는 환상에 사로잡혀 있었고 이를 피하기 위하여 이런 모습을 보이는 듯하다. [⋯] 14년 전 남편이 죽은 이후 생긴 병 때문에 겪는 고통은 정도의 차이는 있지만 멈추지 않고 계속 있어 왔다. (『히스테리 연구』 pp.99~101)

이는 프로이트가 브로이어로부터 최면법 치료기술을 배우는 중에 만난 환자에 대한 기록이다. 그 면담이 진행된 후, 다시 병이 악화된 그녀에게 프로이트는 새로운 의사를 소개하지만 호전이 되지 않기는 마찬가지다. 프로이트가 다시 그녀를 만나게 된 것은 1년이 지나서다. 이때 프로이트가 알게 된 것은 의사를 바꾸게 되면 최면법을 시도할 때 저항이 강해서 실효가 없다는 것이다. 프로이트는 환자에게 최면법을 다시 적용하고 유사기억상실을 푸는 효과를 거두기도 한다.

에미는 먹고 마시는 일을 잘 하지 못해서 건강이 악화된다. 프로이트는 최면법으로 그 원인을 밝혀낸다. 식사에 대한 강압적인 어머니와 식은 음식을 먹기 싫어하는 에미, 끔찍한 병과 폐병을 앓은 두 오빠와 이들을 간호하며 받은 에미의 혐오감 등이 원인이다. 1893년 여름, 에미 부인은 다른 의사에게 최면술을 받게 해달라고 요청한다. 프로이트는 이를 허락하지만 에미 부인이 다른 의사를 거부한 일을 기억하고는 '프로이트가 가졌던 에미의 주치의의 권리를 다른 의사에게 양도한다'는 내용을 에미에게 확인시킨다.

프로이트는 심리적 흥분이 신체적 증상으로 변하는 것을 '전환conversion'이라 부른다. 에미 부인 사례에서는 전환이 약간 일어났다고 본다. 에미 부인의 사례에서 전환은 혀 차는 소리, 말더듬기, 자신과 큰 딸의 이름인 에미를 외치는 것, 의사에게 "가만히 있어! 말하지 마! 만지지 마!"라고 말하는 것 등이다. 전환 과정을 살피면서 최면법 치료를 한 결과, 병의 원인으로 들어가기를 통해 치료가 되었는지, 감정 해소를 통해 치료가 되었는지 잘 알 수 없다고 말한다. 즉 프로이트는 에미의 병적 기억의 창고에서 떠오를 만한 것이 없어질 때까지 매일매일 표면으로 떠오르는 것을 해소하고 제거하려고 한다. 그러나 근원적인 원인을 해결하지 않고서는 '감정 해소'는 끝없이 계속될 것이다.

프로이트가 보는 에미 부인의 신경증적 요인은 남편의 죽음과 이에 따른 성적 금욕상태이다. 하지만 히스테리 증상과 이 증상의 해소가 진행되는 과정에서도 에미는 대규모 공장을 경영하고 자녀를 교육하며 지식인들과 서신도 교류한다. 한 가지 일에만 몰두할 수 있다는 자네Pierre Janet의 '단일 관념증'에 프로이트는 이의를 제기하면서, 효율성에 문제가 있기는 하지만 에미의 상황에서는 일상생활에서 병을 숨긴 채 삶을 영위할 수 있다고 말한다.

3) 프로이트의 두 번째 사례: 루시 양 이야기

이 사례는 짧지만 프로이트에게는 매우 소중하다. 최면법에 걸리지 않은 환자의 이마를 손으로 누르면서 말을 거는 압박법을 사용했기 때문이다. 자유연상으로 가는 길목에서 압박법은 내담자로 하여금 저항을 일으킨다는 단점을 갖고 있다.

어떤 사건이 처음 일어났을 때의 냄새는 객관적이지만 그 후 그 냄새는 주관적인 것이 된다. 기억의 회상을 통해 떠오르는 상징은 후각에 외상을 만든 사건과 연관된다. 반복되는 후각 환각과 환각에 동반되는 나쁜 태도는 히스테리 발작에 상응한다. […] 이런 가설은 '어떤 냄새가 심하게 느껴지냐'고 질문했을 때 확실해졌다. 그녀는 앙트르메(일종의 디저트)가 타는 냄새라고 답했다. 그래서 나는 외상을 얻은 사건 때 이 냄새를 맡았다고 확신했다. […] 그녀는 축농증이 있기에 그녀의 관심은 후각 기관에 집중되었다. 이 환자의 생활에 관해 내가 알고 있는 사항은 어머니가 없는 두 아이들을 돌보고 있다는 것뿐이다. 그래서 나는 디저트 타는 냄새를 분석의 출발점으로 삼았다. (『히스테리 연구』 p.164)

프로이트는 분석의 출발을 디저트 타는 냄새로 정한다. 루시가 가정교사로 있는 집의 아이들과 요리놀이를 하고 있던 어느 날 어머니에게 편지 한 통을 받는다. 아이들은 이 편지를 곧 있을 생일날 편지를 읽으라며 가로챘다. 이런 화기애애한 상황에서 푸딩이 탄다.

당시 루시는 아이들에게 어머니 같은 존재로 행동한다. 왜냐하면 아이들의 어머니가 죽으면서 아이들을 잘 돌봐달라고 자신에게 부탁했기 때문이다. 그 후 루시는 아이들을 자식처럼 생각하고 함께한다. 아이들의 아버지는 루시에게 정말 고맙고 의지가 된다고 말한다. 고용주이지만 그런 말을 하는 그의 태도 때문에 루시는 그 사람을 사랑하게 된다. 프로이트는 비밀을 분석하는 중에 루시에게 묻는다. 이 비밀은 밝혀졌지만 증상은 여전하다.

그래서 프로이트는 압박법을 통해 그녀가 다른 장면을 떠올리게 한다. 루시는 담배 냄새를 기억해 내며 자주 집에 오던 회계사 이야기를 한다. 여느 때처럼 점심 식사를 마치고 돌아가면서 회계사는 아이들에게 입을 맞추려 하나 아이들의 아버지는 하지 못하게 한다. 이 사건이 담배 냄새로 기억에 각인된 것이다. 이 사건은 첫 번째 장면인 푸딩 냄새 사건 이전에 발생한 두 번째 장면이 된다.

프로이트는 압박법을 통해 두 번째 장면보다 더 오래된 세 번째 장면을 떠올리게 했다. 담배 냄새 사건이 일어나기 수개월 전 어느 날, 주인이 알고 지내는 한 여성이 방문을 마치고 돌아갈 때 아이들에게 입 맞추며 인사한다. 그녀가 떠난 뒤 아이들의 아버지는 옆에 있던 루시에게 화를 낸다. 누구라도 아이들에게 입을 못 맞추게 하라고 한다. 또한 앞으로 그런 일이 생기면 모든 책임이 루시에게 있으며 그것은 심지어 직무 태만이라고까지 한다. 이때 루시는 그를 사랑하고 있었지만 루시를 향한 그의 분노 섞인 태도에서 그가 자신을 사랑할 것이라는 희망이 무너졌다고 말한다.

그런데도 지금까지 루시는 그에 대한 미련을 버리지 못하고 있다. 이런 기억을 떠올린 후 루시는 밝고 명랑해진다. 자신이 그의 애인이 될 수 없다는 것을 세 번째 장면을 떠올리면서 확인한 루시는 그 후에는 디저트가 타는 냄새로 자극받지도 않게 된다.

루시는 최면법에 걸리지 않는다. 프로이트가 경험한 바로는 환자가 최면에 걸릴 확률이 낸시 클리닉과 베른하임 클리닉에서 말하는 것보다 훨씬 더 낮다. 프로이트는 이런 과정을 거치면서 가설을 세운다. 그 가설은 환자는 병의 원인이 될 만한 중요한 것들을 이미 알고 있다는 것이다. 단지 기억하거나 연관시키지 못할 뿐이다. 그래서 의사는 병과 관련된 기억들이 드러나도록 하기 위해 환자에게 압박법을 제시한다. 이 기술은 최면법을 넘어 정신분석 쪽으로 한걸음 더 나간 것이다.

나는 환자에게 언제부터 이런저런 증상이 나타났고 이 증상은 어디서 비롯되는지 물었다. 그러면 환자는 이렇게 답한다. "정말 모르겠습니다." 계속해서 나는 다음과 같이 말하면서 환자의 이마에 손을 얹고 누르거나 두 손으로 머리를 감싼다. "제가 누르면 당신은 무언가를 기억하게 될 것입니다. 누르는 것을 멈추면 무엇인가를 보게 되거나 머릿속에 어떤 생각이 떠오를 것입니다. 그것이 바로 우리가 찾는 것입니다. 자, 무엇이 보이거나 생각나십니까? (『히스테리 연구』 p.166)

압박법은 루시에게 처음 사용된 것이 아니다. 잘 알려지지 않았지만 압박법은 프로이트가 네 번째 관찰 사례로 삼은 엘리자베스에게 처음 시도된다. 이 당시 프로이트는 환자를 몽유상태에서 완전한 최면상태로 이끄는 방법을 사용하지 않는다. 오히려 그 상태에서 머리를 손으로 압박하면서 집중하는 질문을 하는 방법을 사용한다. 그래서 최근의 장면에서부터 점점 과거의 사건 장면으로 파고든다. 결국에는 환자가 마지막 장면까지 가서 스스로 병원을 깨닫는 방법을 사용한다.

4) 프로이트의 세 번째 사례: 카타리나 양 이야기

산장에서 만난 처녀와의 이야기이다. 최면법도 압박법도 사용하지 않았다. 단지 대화만으로 사례를 설명한다. 이 사례는 외상적 경험이 '잠복기 상태'로 있다가 '부차적 경험'을 통하여 발생하는 히스테리성 현상을 설명한다.

어느 날 근교의 산을 오르려고 좁은 길로 접어들어 멋진 광경을 보면서 심취해 있는데 "의사 선생님이신가요?"라는 말을 들었다. [···] 18세가량 된 이 소녀는 내가 점심 먹을 때 우울한 모습으로 봉사하던 바로 그 아이였고 주인은 그 아이를 '카타리나'라고 불렀다. [⋯] 거기 앉아보세요. '숨쉬기 힘든 때'가 어떤 상태에서 일어나는지 말해보세요. "그 일은 갑자기 와요. 처음에는 내 눈을 누르는 듯했고, 머리가 무거웠으며 이해할 수 없는 소리가 들렸어요. 어지러워서 넘어질 것 같았고 숨을 쉴 수 없을 정도로 가슴이 눌리는 것을 느꼈어요." [⋯] 두려움도 느끼나요? "네, 죽게 될 것이라고 항상 상상해요. 보통 저는 겁이 없어서 창고건 지하실이건 산이건 아무 곳이나 혼자서 가요. 그런데 그런 일이 내게 닥치면, 하루 종일 누군가가 내 뒤에 있는 것 같고 갑자기 나를 덮칠 거라는 생각이 들어요." (『히스테리 연구』 pp.184~185)

이런 일이 일어나기 2, 3년 전, 카타리나는 두 가지 외상 사건을 겪는다. 하나는 숙부가 자기에게 집적거린 일이고, 또 다른 하나는 숙부가 프란치스카에게 치근거린 일이다. 이 일을 이야기하는 동안 카타리나는 전혀 다른 사람처럼, 얼굴에 생기가 돌고 눈에 광채가 났다. 이는 그녀가 전에는 이해하지 못한 일을 이해했기 때문이라고 프로이트는 말한다.

이 두 사건과 어두운 방을 엿본 일이 연결된다. 짧은 잠복기 이후 '전환' 증상이 일어난 것이다. 즉 정신적 외상 이후 도덕적-육체적 혐오를 대치하는 구토가 발생한 것이라고 프로이트는 이해한다.

이 사례를 정리하면서, 시기적으로 처음 두 가지 사건은 외상적 순간의 장면 목격이고, 세 번째 사건(산장에서 숙부와 프란치스카)은 '부차적 순간'의 장면 목격이라고 프로이트는 말한다. 즉 외상적 순간을 목격한 뒤 잠복기가 있고 부차적 순간의 경험을 통하여 히스테리 현상의 산물로서 구토가 발생한다. 즉 구토의 근원은 산장에서 본 숙부와 프란치스카의 관계가 아니라 그 이전에 겪은 두 사건에 있다고 프로이트는 정리한다.

아주 짧게 말로 진행된 상담이기에, 아주 중요한 사례로 여겨질 수 있다. 하지만 프로이트는 이 사례의 의의를 아주 높게 두지는 않는다. 그에게는 마치 한 편의 동화 같은 사례인 듯하다.

5) 프로이트의 네 번째 사례: 엘리자베스 양 이야기

이 사례는 프로이트가 히스테리에 대한 최초의 완전한 분석이라고 스스로 부르는 사례이다. 물론 이 사례가 발표되던 1895년 당시에는 '정신분석'이라는 단어가 사용되지 않는다. 그는 통증을 완화시키기 위해 전기요법과 최면요법을 이용하기도 하지만 이 환자에게는 특정한 이름이 붙지 않은 치료 기법이 사용된다. 이 방법은 마치 매몰된 고대 도시를 발굴하듯이, 병의 원인이 되는 심리적 소재를 표층부터 한 겹씩 제거하는 것이다. 이 사례에는 엘리자베스 이외에도 '전환이론'을 설명하는 예로 채실리 부인, 로잘리의 사례가 간단하게 소개된다.

1892년 가을, 친구 의사가 환자 한 명을 의뢰했는데 2년 전부터 다리에 통증을 느껴 걷는 데 불편한 숙녀였다. [⋯] 그녀의 가족에게는 지난 몇 년간 작은 기쁜 일도 없이 불행한 일만 많았다고 한다. 우선, 아버지가 죽고 어머니는 중대한 눈 수술을 하였다. 결혼한 언니는 출산 후 심장병으로 죽었다. 많은 염려 속에서 가족의 간병을 이 환자가 대부분 도맡았다. [⋯] 그녀는 지적으로 보였고 평온한 마음에서 얻는 즐거움으로 사회관계를 방해하는 고통을 감내하고 있었다. 나는 이런 그녀를 "무표정한

미인" 히스테리 환자라고 생각했다. (『히스테리 연구』 pp.196~
197)

이 증상을 히스테리라고 진단하는 두 가지 이유는 첫째로
일상에서는 매우 지적이지만 통증의 성질에 대해서는 모호
하게 표현하는 점 때문이고, 둘째로 아픈 부위를 자극하면
오히려 기쁨에 가까운 독특한 표정을 짓는 점 때문이다.

전기요법과 최면요법을 통해서는 이 환자의 고통을 이해
할 수 없다. 환자는 자신의 이야기를 길게 늘어놓는다. 그래
서 프로이트는 환자를 침대에 누이고 머리에 압박을 가한다.
그리고는 눈을 감고 말하는 엘리자베스의 이야기를 정리
한다.

이 환자는 심장병에 걸린 아버지를 간호한다. 어릴 때부터
자신이 집에서 가장처럼 여겨지고, 아버지의 친구 역할을 했
던 아주 당당한 성격을 소유한 환자는 자유롭게 살기 위해 결
혼을 고려하지 않는다. 18개월 동안의 간호 후 아버지가 큰
언니, 작은언니, 어머니와 함께 생활한다.

큰언니의 순탄하지 않은 결혼생활을 보며 실망하지만 다

행히도 작은 형부로 인해 결혼에 대하여 호의적으로 생각하게 된다. 작은언니가 둘째를 가진 채 죽게 되고, 이런 과정에서 환자는 몸에 통증을 느끼게 된다. 이 부분에서 중요한 점은 엘리자베스가 작은 형부를 좋아하고 이것이 작은언니의 죽음과 연관되어 부담으로 남게 된다는 점이다.

프로이트는 여러 '인상들'을 경험하는 제1기와 '기억'이 결합된 제2기를 구분한다. 통증은 기질적인 것에서 시작되지만 심리적인 것과 연상적인 결합을 통하여 전환이 발생한다. 프로이트는 신체적인 고통과 심리적 감정 사이의 다양한 연상 관계를 통하여 히스테리는 발생한다고 주장한다. 프로이트가 이 사례로 깨닫게 된 것은 하나의 사건에 많은 복합적인 심리 요인이 결부된다는 것이다. 그래서 사건과 심리적 요인을 추적하는 기술로서의 전기요법과 최면요법은 적절하지 않고, 압박법이 더 유리하다고 판단하게 된다. 이상에서 본 네 가지 사례는 단기상담에 해당한다. 정신분석을 고안하는 시점에서 프로이트는 이렇게 단기상담 사례에 의거하고 있다.

5

히스테리 사례에 대한 공동저자의 평가

『히스테리 연구』 이전에 발표된 「예비 견해」에는 충분한 사례가 제시되지 못한다. 그럼에도 호응이 있었기에 브로이어와 프로이트는 어느 정도 자신감을 갖고, 제시된 여러 평가를 잠재우듯 『히스테리 연구』를 출간한다. 브로이어가 제시한 하나의 사례와 프로이트가 제시한 네 개의 사례는 「예비 견해」를 부연하는 정신병리학의 사례로 제시된다. 두저자는 『히스테리 연구』를 마무리하면서 각각의 평가를 남긴다.

1) 브로이어의 평가

브로이어는 심리학 용어로 생리학을 설명하는 의의에 대하여 자부심을 갖고 있다. 그는 여섯 부분으로 나누어서 '이론적 고찰'을 서술한다.[03]

브로이어는 뇌를 전기 시스템에 비유한다. 이 시스템은 전

등불을 켜거나 기계를 움직일 수 있다. 전기 시스템은 어느 정도 긴장을 유지하고 있다가 전등과 기계의 스위치를 누르면 작동된다. 이처럼 뇌도 휴식 때에 어느 정도의 흥분이 지속되다가 각성되면 활발하게 작동된다. 브로이어는 뇌를 전도통로라고 이해하고 수면 시에는 그 통로가 차단되지만 각성 시에는 그것이 열린다고 본다. 두 극 사이가 통제되고 열린다는 가설을 전기 시스템의 과잉긴장과 누전 등으로 설명한다. 이는 신경계에서 고무와 격앙 등으로 풀이된다. 신경과 전기를 비교하는 이런 생각은 프로이트가 저술한 『과학적 심리학 초고』(1895)에 반영되어 서술된다.

감정이 정상적으로 방출되지 못하면 회상이라는 비정상적 반사로 방출된다. 프로이트는 감정이 결부된 관념의 흥분은 신체적 현상으로 전환된다고 주장한다. 즉각적으로 비정상적 반사가 이루어지면 '히스테리 전환'이 일어나 좋은 효과를 나타낸다. 이때 비정상적 반사가 일어나는 조건은 '최저 저

---

03 ① 히스테리 현상은 모두 관념적인가? ② 뇌 속에서 활기를 띠는 흥분-감정 ③ 히스테리 전환 ④ 최면상태 ⑤ 무의식적 표상과 의식이 되지 못하는 것-심리의 분열 ⑥ 소질-히스테리의 형성.

항의 원칙'이다. 이 원칙은 꿈처럼 비판력이 낮아지는 상황에서 잘 작용된다.

2) 프로이트의 평가

프로이트는 「예비 견해」에서 증상을 표현하는 것과 말로 치료하는 것의 효과를 설명한다. 그 증표로 네 개의 사례를 제시한다. 글을 마무리하면서 그는 특정한 제목 없이 글을 세 부분으로 나누어서 사례를 평가한다. 프로이트는 히스테리 치료의 진행 과정과 우수성, 장단점 등을 앞서 서술한 사례들을 인용하면서 '히스테리의 심리 치료'가 이루어지는 과정을 설명한다.

프로이트는 최면법을 사용했지만 모두가 최면에 걸리지 않는 이유, 신경증과 히스테리의 차이점 등을 자신의 연구 문제로 삼는다.

우선 프로이트는 신경증의 '성적 요소'를 강조한다. 이는 네 가지 히스테리 사례에서 공통으로 발견되는 요소다. 프로이트는 이를 브로이어와 공동으로 발표하지만 자신의 주장이라고 말한다. 또한 그는 신경증에 신경쇠약·불안신경중·강박관념·히스테리 등을 포함시키지만, 카타르시스법은 히스테리에만 영향력이 있다고 말한다.

브로이어가 최면을 사용하는 이유는 병의 원인에 직접 관여하는 기억을 확장시키기 위해서다. 그러나 이 방법에 한계를 느낀 프로이트는 브로이어의 방법에 베른하임의 방법을 응용한다. 즉, 환자를 침상에 눕히고 눈을 감게 한 후 집중하게 한다. 이런 상태에서 기억을 해내도록 끈기 있게 요구한다. 그러나 금방 역부족해지고 더욱 강력한 조치가 필요하게 된다. 치료자는 말로 표현하기가 불쾌하다고 해서 숨겨서는 안 된다고 말하면서 누운 환자의 이마에 손으로 압박을 가하고 회상과 기억을 재요청한다. 짧은 압박의 순간 후 무엇을 보았는지 무엇이 떠올랐는지 묻는다. 프로이트는 다시 사례를 끌어들여 증명을 한다. 그러면서 이런 견해를 제시한다. 즉 치료자가 압박을 풀고 시간이 경과한 후 환자가 말하는 것은 의심해야 되고, 특히 환자가 교묘한 부정법으로 말하는 것을 주의해야 된다. 환자가 부정법을 사용하면서 말할 때는 환자의 저항이 작용하고 있는 중이므로 이를 극복하는 기술이 생기기 때문이다. 따라서 환자의 지적 동기와 감정적 요소

등을 고려하는 치료자의 개인적 역량도 중요하다고 말한다.

프로이트는 히스테리의 심리적 내용물을 삼중 배열로 설명한다. 중심핵을 둘러싼 내용물들을 '중층 결정'이라고 표현하고 중심부에 이를수록 저항은 증가한다고 말한다. 그리고 해결된 회상은 결코 되돌아오지 않는다. 즉 하나의 단어로 처리된 장면은 다시 회상할 수가 없다. 가령 다시 그 장면이 떠올라도 새로운 사고 내용이 그 상에 결합된다. 이런 경우는 이전 장면에 대한 감정이 완전하게 소거되지 않았기 때문이다. 보통 저항이라 하면 개인 내부의 문제이다. 그러나 외적 장애물도 저항의 한 요소일 수 있다. 특히 프로이트는 환자와 치료자의 관계를 말하고는 이것이 '가장 최악의 외적 장애물'이라고 말한다. 즉 환자가 치료자를 불신할 때, 환자가 치료에 너무 익숙해지거나 독립성을 잃고 의존하게 될 경우, 환자가 기억하는 고통스러운 관념을 치료자에게 전이할 때 등이다. 이 설명에서 프로이트는 물론 나중에는 더 포괄적인 의미로 사용하지만, 처음으로 '전이'를 말한다.

프로이트는 자신의 의료 행위, 카타르시스에 의한 정신요법을 외과 수술에 비유하여 '심리 치료적 수술'이라고 부른다. 이 방법은 병적인 요소를 제거하기보다는 회복의 방향으로 진행하는 데 의의를 둔다고 말한다. 프로이트는 히스테리로 인한 비참한 현실을 일상에서 겪는 잦은 불행 정도로 격감시키는 활동이 바로 자신의 치료활동이고, 환자가 불행을 덜 느끼면 치료는 성공한 것이라고 소박하게 말한다. 이런 성과는 단기상담 사례를 통해 보여 준 것이다.

2

1895년을 기념하는 두 번째 일:
『과학적 심리학 초고』를 저술하다

1

1895년에 작성한 『히스테리 연구』와 『과학적 심리학 초고』의 관계

『과학적 심리학 초고』라고 불리는 이 책의 원제목은 『심리학 초고Entwurf einer Psychologie』이다. 이 책은 간단히 『초고』 또는 Entwurf라고 부르기도 한다. 이 책에서 프로이트는 신경과학을 이용하여 심리학을 서술하려고 시도한다. 같은 해에 출판된 『히스테리 연구』와는 성격이 다르다. 『히스테리 연구』가 공개적으로 출판되었고 신경과학적 성격이 약하다면, 『과학적 심리학 초고』는 출판이 감춰졌고 신경과학적 성격이 매우 강하다. 정신분석이 태동하는 시점에서 프로이트가 두 개의 원고를 작성했다는 것은 매우 흥미롭다. 1895년의 두 원고는 서로 보완적이다. 『과학적 심리학 초고』의 목차를 살펴보면 그 이유를 알 수 있다.

총 3부로 구성된 『과학적 심리학 초고』의 제1부는 일반론이다. 즉, "서문, 제1장 근본적인 제1개념: 양量 개념, 제2장 근본적인 제2개념: 뉴런 이론, 제3장 접촉방어벽, 제4장 생물학적 관점, 제5장 양의 문제, 제6장 고통, 제7장 질質의 문제, 제8장 의식 상태, 제9장 장치의 기능, 제10장 전도로 Ψ, 제11장 만족 테스트, 제12장 고통 테스트, 제13장 정동과 욕망 상태, 제14장 주요한 자아 개념, 제15장 Ψ에서 제1차 과정과 제2차 과정, 제16장 인식적 사고와 재생적 사고, 제17장 기억과 판단, 제18장 사고와 현실, 제19장 제1차 과정: 잠과 꿈, 제20장 꿈 분석, 제21장 꿈에서 의식"으로 구성된다. 제2부는 정신병리학으로서 히스테리 정신병리학을 다룬다. 즉, "제1장 히스테리 강박, 제2장 히스테리 강박의 기원, 제3장 병리적 방어, 제4장 히스테리의 최초의 거짓말, 제5장 히스테리적 최초의 거짓말의 결정요소들, 제6장 정동에 의해 발생된 사고 장애"이다. 제3부는 정상적인 Ψ 과정을 정리한다.

제1부와 제3부가 정신(심리)의 보편적 과정을 밝혀 보려고 한다면, 제2부는 보편적 과정을 증명하기 위해 히스테리를 다루는 것이다. 이런 면에서 볼 때 앞서 다룬『히스테리 연구』는『과학적 심리학 초고』의 제2부를 확대한 것이라고 볼 수 있다.

2

정신분석학에서 『과학적 심리학 초고』가 지니는 가치

1887년 10월, 브로이어를 통해 플리스를 알게 된 프로이트는 1893년부터 잦은 편지 왕래를 한다. 한 달에 한 번 이상 그에게 편지를 보낸다. 프로이트가 플리스에게 보낸 편지와 원고 등은 총 284편에 달한다. 이 중 168편이 전해지고 있다. 1895년 4월 27일 플리스에게 보낸 편지에서 프로이트는 '신경과 전문의를 위한 심리학Psychologie für den Neurologen'에 몰두하고 있다고 말한다. 당시 그는 신경증 환자들, 특히 히스테리 환자들을 치료하는 방법에 몰두한다. 1885년과 1886년에 4개월 동안 방문한 파리 사르페트리에르병원에서의 경험 이후, 그는 체면과 압박법 등을 활용하면서 히스테리 환자를 치료한다. 이를 기반으로 신경학 전문의를 위한 정신(심리)의 보편적 구조를 파악한다. 앞서 다룬 1895년 프로이트와 브로이어의 공저 『히스테리 연구』에서 보았듯이, 우리는 프로이트가 임상 기술로서 최면법, 압박법, 전기요법, 정화법을 접하고 있었다는 것을 알 수 있다.

　프로이트는 1895년 10월 8일 편지에 두 권의 노트를 동봉한다. 이것이 지금 우리가 다루는 『과학적 심리학 초고』이다. 플리스가 갖고 있던 『과학적 심리학 초고』의 원본은 우여곡절 끝에 현재까지 남겨진다. 1928년에 플리스가 죽자 그의 둘째 아들 찰스 플리스Charles Fliess(1899~1956)가 이 원고를 어느 서점에 팔았는데, 이것의 존재를 알게 된 보나파르트 Marie Bonaparte가 구입한다.

　『과학적 심리학 초고』는 프로이트 전집 G.W.에 수록되지 않는다. 프로이트 저서권의 상속권자인 아들 에른스트 루트비히 프로이트Ernst L. Freud와 딸 안나 프로이트Anna Freud는 1886년 이전의 프로이트 작품을 전집에서 배제시킨다는 방침을 갖는다. 그들은 1895년에 작성된 『히스테리 연구』중 브로이어의 글과 사례는 제외시키고 전집 G.W.에 넣는다. 에른스트는 프로이트가 손으로 쓴 『과학적 심리학 초고』를 정리하여 1950년에 출간한다. 제임스 스트레이치는 이 독일어판본과 수기본을 비교하여 1954년에 영어본을 출간한다. 프랑스어본은 독일어본을 번역하여 1956년에 출간한다. 이로써 1895년 프로이트가 구상한 정신(심리)의 보편구조는 1950년대에 이르러 세상에 알려진다.

프랑스의 정신분석가 사푸앙은 프로이트 정신분석에서 『과학적 심리학 초고』가 지니는 가치를 매우 높게 평가한다.(Moustafa Safouan, *Le structuralisme en psychanalyse*, Paris: Seuil, 1968, p.19) 구체적으로 그는 무의식과 오이디푸스 콤플렉스가 역동하는 장소가 어디인지 질문하면서 "세상과 우리의 관계를 구성하는 모든 것들보다 우위에 또 다른 장소의 존재가 의미하는 것이 중요하다"고 말한다. 그러면서 "그 다른 장소란 무엇인가? 프로이트가 처음으로 무의식에 대한 식견을 형성하려고 시도한 『과학적 심리학 초고』만큼 우리에게 더 낫은 답변을 주는 책은 없을 것이다"라고 한다. 『과학적 심리학 초고』는 매우 짧은 기간에 저술되지만 담고 있는 내용이 정신분석 역사에 끼친 점을 감안할 때 소중한 자료임에 틀림없다.

나이 서른아홉에 저술한 이 책은 동물해부학을 통해 신경세포에 관심을 가졌던 신경학자 프로이트의 산물일 뿐 아니라, 정신분석에 눈을 뜨고 치료방법을 꿈에 적용시킨 『꿈의 해석』을 저술하기 위한 초고라고 볼 수 있다. 1895년의 『과학적 심리학 초고』와 1899년 11월의『꿈의 해석』은 해부용 칼을 든 실험실의 프로이트뿐 아니라 분석침대 뒤에서 전이 기술을 실행하는 분석의로서 프로이트를 보여 준다.

이 저서는 정신적 장애를 갖고 있는 환자에 대한 연구가 아니라 정상적인 사람의 정신구조를 밝혀 심리에 대한 보편 이론을 세우려는 메타심리학적 의도로 작성된 것이다.

3
뉴런 체계로 정신(심리)의 과정을 설명하다:
정신병리학을 위한 메타심리학

이『초고』는 자연과학적 심리학을 설명한다. 측정 가능한 심적 과정을 양적으로 설명하고, 이런 과정을 통해 심적 구조를 일관되게 파악하기 위함이다. 이『초고』는 다음 두 가지에 바탕을 둔다. 첫째, 외부에서 양이 가해지면 운동이 생긴다는 운동법칙을, 양의 유입이 없으면 정지하고 양의 유입이 있으면 활동한다는 방식으로 심리에 적용한 것이다. 둘째, 스스로 양을 잃으려는 성향을 갖고 있는 신경계의 기초단위인 뉴런을 물질적 요소로 가정하는 것이다. (『과학적 심리학 초고』 p.379)

『과학적 심리학 초고』는 자연과학적 또는 신경과학적 심리학을 설명하는 데 초점을 맞추고 있다. 물질의 양 이동이 바로 심적 과정이라고 가정하고 그 양의 흐름을 통해 심적 과정을 구조화한다. 이를 위해 가정된 두 가지 이론은 운동법칙과 뉴런이다.

이 글을 쓸 당시 만유인력법칙·운동법칙·열역학 제1법칙(에너지보존법칙) 등의 제기로 근대과학의 조류가 형성되었다. 근대서구인이 발견한 자연법은 우연이 아닌 필연이었다. 사과가 땅에 떨어지는 것, 1+1=2가 되는 것, 무한이 유한에 도래하는 것(N={1,2,3…})이 비합리성이 아니라 합리성임이 증명되었다. 프로이트가 『과학적 심리학 초고』에서 천재적으로 새 영역을 창출할 수 있었던 것도 인간에게서 나오는 모든 것이 우연한 것이 아니라는 점을 착안한 데서 비롯된다. 프로이트는 양을 두 개로 구분한다. 하나는 물리적인 양인 Q

이고 또 하나는 심리적인 양인 Qἡ이다.

제2의 근본 개념: 뉴런 이론

최근의 조직학은 양 이론에 또 하나의 법칙을 결합시켜 제2주
제를 거론한다. 뉴런 시스템은 모두 같은 모양이고 그 경계는
뉴런 군으로 구성되고 물질을 매개로 뉴런들은 접촉하고 있다.
그 말단은 각각 다른 조직 부분과도 접하고 있다. 뉴런은 다른
조직들 사이에서 세포돌기를 매개로 흥분을 변용시키고 그 흥
분을 축삭을 매개로 방출하는데, 이 같은 구조를 통해 일정한
전도방향이 정해진다. […] 따라서 개개의 뉴런은 이분적 구조
를 갖는 뉴런 시스템 전체의 추형雛形이고 축삭은 그 방출기관
인 것이다. 양의 저장을 추구하는 뉴런 시스템의 2차 기능은 방
출에 대한 저항을 가정해야 가능하다. 즉 저항은 모두 하나의
뉴런과 다른 뉴런과의 접촉을 통해 일어난다. (『과학적 심리학
초고』 p.382)

위 인용문에서 보듯이, 뉴런은 스스로 양을 잃으려는 성향
을 갖는 신경계의 기초 단위이고 세포돌기는 뉴런과 뉴런을

잇는 매개다. 이것을 매개로 흥분이 흘러간다. 타성의 법칙 또는 수용-방출법칙은 수상돌기(세포전도로 혹은 세포돌기)에서 축삭(축색)돌기로 향하는 하나의 흐름을 가정한 것이다. 뉴런은 수용되고 방출되는 구조를 갖는 뉴런 시스템 전체를 말하고, 이 가운데 축삭은 방출되는 역할을 한다.[04] 과학적인 요소를 심리학에 끌어들인 프로이트는 다음의 두 가설을 만든다.

1. 수용된 흥분 또는 자극으로서의 뉴런은 어떤 방식으로든지 다른 상태를 유지한다.

2. 받아들여진 새로운 흥분 또는 자극은 첫째와 다른 조건으로 수용된다.

아이가 허기진 배를 채우기 위해 젖을 빠는 행위는 첫 번째 가설의 예가 된다. 그러나 이런 반복행위는 젖 자체를 통한

---

[04] Sigmund Freud, "De l'esquisse d'une psychologie scientifique," in *La naissance de la psychanalyse,* Paris: P.U.F., 1956, p.318.

아이의 만족과 구강단계의 기억을 만드는데 이것이 두 번째 가설의 예다. 이런 가설에 입각하여 프로이트는 지각-기억에 응용한 뉴런 시스템을 다시 두 종류로 설명한다.

첫 번째 종류의 뉴런은 접촉방어벽이 전혀 작동하지 않기 때문에 양을 그대로 통과시키고, 홍분이 지나간 후에는 반드시 이전과 같은 상태로 돌아온다.[05] 반면 두 번째 종류의 뉴런은 접촉방어벽이 제대로 작동되기 때문에 양을 그대로 통과시키지 못하고, 극히 부분만 통과시킨다.[06]

첫 번째 종류의 뉴런은 투과성 뉴런, 두 번째 종류의 뉴런은 비투과성 뉴런이다. 프로이트는 투과성 뉴런과 비투과성 뉴런에 각각 그리스어 알파벳을 붙여 새로운 시스템을 구상한다.

앞서 투과성의 요소로부터 성립되는 φ뉴런과 비투과성의 요소로부터 성립하는 ψ뉴런, 이 두 가지 뉴런 시스템을 가정해 보았

---

[05] 위의 책, p.319.

[06] 위의 책, p.319.

다. 이 가정에 의하여 기억을 유지하고 나아가 지각을 수행하는 능력도 계속 유지한다고 하는 뉴런 시스템의 특징이 해명되었다고 생각된다. (『과학적 심리학 초고』 p.387)

ψ에 있는 자아는 여러 정황에서 신경조직으로 이해할 수 있다. 다른 것의 영향을 받지 않는 ψ의 내부 과정에서 자아는 다음의 두 조건 때문에 무력해진다. 첫 번째 조건은 자아가 욕망상태에 있고 대상을 회상하는 데 새 부하負荷를 걸지만 현실에서 대상이 없기 때문에 방출할 수 없고, 공상적 표상 안에만 머물게 되어 만족이 없는 상태다. [...] 두 번째 조건은 회상과 지각을 구별하는 표시가 중요하다. 현실의 표시는 지각뉴런에서 제공된다. 외적 지각이 일어날 때마다 ω에 홍분이 발생하는데, 이것은 ψ에게는 어떠한 의미도 갖지 않는다. 지각의 홍분은 지각방출이 되고, 모든 방출에 있어서 그렇듯이 이 지각방출에 관한 정보로서 ψ가 전달되는 경로가 첨부되어야 한다. (『과학적 심리학 초고』 p.409)

위 인용문에 근거하여 필자는 아래의 도표를 제시한다.

φ 시스템	ψ 시스템
뉴런의 제1차적 기능이다 '양(Q)'을 수용하고 방출시킨다 제로로 만들려는 관성 성향을 갖는다 주어진 것이다	뉴런의 제2차적 기능이다 '양(Q)'을 방출시키지 않으려 한다. '특수 행동을 위한 저장량'(Qἡ)을 갖 는다 만들어진 것이다

반비례 관계

[도표 1] 뉴런의 사통팔달 구조, 두 개의 시스템, 쪼개진 구조와 시냅스

    물리적인 양인 Q(큐)는 φ 시스템에서 작용하고, 심리적인 양인 Qἡ(케)는 ψ 시스템에서 작용한다. Q가 방출이 저지되면, Qἡ로 변형된다. Q와 Qἡ의 구분은 본능과 욕동(충동)으로 구분되는 에너지론의 근간이 된다. 전자가 육체에 관한 것이라면 후자는 정신에 관한 것으로 볼 수 있다. 이 두 구분이 함께 작용할 때 육체와 정신 간의 작용이 발생한다. 전자의 φ 시스템과 후자의 ψ 시스템은 서로 반비례의 관계에 있다. 프로이트는 이렇게 두 개의 시스템으로 나뉜 것을 '쪼개진 구조zwiespältigen Bau'라고 말한다. 이 쪼개짐은 단지 이원론이라고 말할 수 없는 복잡한 구조를 갖는다. 필자가 '뉴런의 사통팔달 구조'라고 위의 도표에 이름을 붙였듯이, 두 개

의 뉴런 시스템은 육체와 정신으로서의 몸 전체에 관계한다. 이 쪼개짐은 오늘날 시냅스라는 용어에 해당하며, 뉴런군의 연결을 의미한다.

뉴런에 양이 유입되면 뉴런은 그 흥분을 방출하려고 한다. 뉴런은 수용된 양을 방출한다. 이것은 운동법칙에 따른 것이다. 그러나 운동법칙은 공기저항이나 마찰력이 있으면 물체에 가해진 힘에 못 미치는 운동결과를 낳는다. 다시 말해, 진공상태에 있는 물체는 수용된 양 A를 A만큼 방출한다(수용=방출). 그러나 비진공상태에 있는 물체는 저항에 소비한 양만큼 덜 운동한다. 프로이트는 이러한 뉴런 성질을 '뉴런-관성의 법칙'[7]과 비교하면서 적용하고 있다.

뉴런 시스템은 획득한 양을 근육기구와 연결된 통로를 통해 방출한다. 그래서 자극으로부터 해방 상태를 유지한다. 수용과 방출은 뉴런 시스템의 제1차 기능 또는 기본 기능이다. 이 기능은 한 통로에서만 이루어지는 것이 아니라 몇 개

---

[7] 위의 책, p.316. 뉴런은 관성의 법칙을 따르는데 이는 수용한 양을 방출하려는 자실성 (自失性)으로 쾌·불쾌의 평형을 유지하려는 균형성(均衡性)이다.

의 방출로를 통해 이루어진다. 여기서 뉴런 시스템의 제2차 기능인 저항이 발달한다.[08] 제1차 기능(수용–방출)은 주어지고, 제2차 기능은 획득된다. 제2차 기능이 작용하는 이유는 각 개인이 "생의 결핍"이라고 칭할 수 있는 여러 조건 아래에 놓여 있기 때문이다.[09] 그렇기 때문에 특정행위의 필요조건을 충족시키기 위해서는 지속적인 양을 저장[10]해야 된다. 이것이 뉴런 시스템의 2차 기능이 후천적으로 생성되는 까닭이다. 2차 기능은 양을 가능한 한 낮게 하고 그 증가를 막는다. 즉 양을 일정하게 유지시키기 위한 노력의 형태로 모습이 계속 바뀌어 나타난다.[11]

뉴런 시스템은 제1차 기능의 구도로 그리고 생의 필요에 의해 부과되는 제2차 기능의 구도로 실현된다. (『과학적 심리학 초고』 p.381)

---

[08] 위의 책, p.317.

[09] 위의 책, p.317.

[10] 위의 책, p.317.

[11] 위의 책, p.317.

뉴런 시스템의 정립은 주어진 것과 획득된 것의 구분 그리고 선험과 후천의 구분하에 현실의 경험에서 이루어진다. 아이가 "생의 결핍"과 "생의 필요"를 채우기 위해 어머니의 젖을 필요로 한다. 생의 결핍은 1920년대 '대주조大鑄造'의 시기에 욕동(충동), 에로스(사랑)와 타나토스(죽음)로 확장된다.[12]

4
뉴런은 세 개의 시스템으로 연결된 복합체이다: $\varphi, \psi, \mathrm{W}\omega$

어디서 '질質'이 생기는 것일까? 그것은 외계에서 생기는 것이 아니다. 그렇다면 φ 시스템에서 생기는가? 이는 질이 자극과 연결되어 있다는 점에서 가능하지만, 뉴런 시스템의 상위에 있는 의식 때문에 모순이 생긴다. 그렇다면 ψ 시스템에서 생기는가? […] 회상은 지각의 성질을 갖지 않는다. 그래서 지각뉴런이

---

12 이 책의 제6장을 참고하길 바란다.

라는 제3의 뉴런 시스템이 존재한다고 생각할 수 있다. 이 제3의 지각 시스템은 지각에서 자극을 받는데, 재생 시에는 지각과 관계없이 그 자극-흥분의 상태가 다양한 질, 즉 의식적 감각을 낳는다. […] Wω 시스템은 한층 적은 양으로 운동을 일으키는 것 같다. 질의 특성(의식적 감각)은 양이 없는 곳에서만 성립되지만 이런 경우는 있을 수 없다. 왜냐하면 지각 뉴런은 양에 의해 부하負荷되고 방출되기 때문이다.[13] (『과학적 심리학 초고』 pp.461~463)

프로이트는 '질의 문제'를 다루면서 양이 아닌 질로서의 의식은 어디서 어떻게 생겼는지 질문한다. 질이 자극과 연관되는 반면, 양의 수용과 방출을 담당하는 φ 시스템은 질에 관계되지 않는다, 즉 φ 시스템과 ψ 시스템은 단절된다. 프로이트는 지각에 관계되는 뉴런 작용도 있지만, 지각이 없어도 일어나는 작용이 있다고 본다. 여기서 뉴런의 제1차 기능(φ 시스템)과 제2차 기능(ψ 시스템)의 성질에 포함되지 않는 뉴런이

13 위의 책, p.327~329.

발견된다. 프로이트는 제3차 기능을 담당하는 뉴런 시스템의 존재를 가정하고 이를 지각뉴런(Wω 시스템)이라 부른다. 이 시스템은 지각을 행할 경우에도 작동되지만, 한번 이루어진 지각이 반복되거나 재생될 때도 그 지각과는 관계없이 자극-흥분의 상태가 발생하여 다양한 질을 낳는다. 그 예로 회상을 들 수 있다. 위에서 인용한 내용에 근거하여 세 개의 뉴런 시스템을 아래와 같이 도식화한다.

φ 시스템	ψ 시스템	Wω 시스템
뉴런의 제1차적 기능이다 '양(Q)'을 수용하고 방출시킨다 제로로 만들려는 관성 성향을 갖는다 주어진 것이다	뉴런의 제2차적 기능이다 '양(Q)'을 방출시키지 않으려한다. '특수 행동을 위한 저장량(Qἡ)'을 갖는다 만들어진 것이다	뉴런의 제3차 기능이다 ψ뉴런의 양(Qἡ)을 활용하여 질을 생산한다 쾌-불쾌의 생성소멸에 관계된다
반비례 관계(단절)		비례 관계(연속)

[도표 2] 세 개의 뉴런 시스템

Wω 시스템은 양의 흐름이 적거나 일어나지 않는 곳, 즉 저

항이 작용하고 외계와 차단된 ψ 시스템에서 발생한다. 기능상 뉴런은 완전한 방출을 시도하지만 생의 결핍을 채우기 위해서는 저항이 작동하여 최소한의 양을 저장한다. 최소한의 양이 존재하는 이곳에서 $W\omega$ 시스템은 성립된다. 이 시스템은 의식에 해당하는 역할을 한다. 시간 개념은 '뉴런의 제3차 기능'에 해당한다. 지각뉴런은 양을 수용하는 능력이 없지만 흥분의 주기를 자기 것으로 만든다. 지각뉴런의 시간적 특성 때문에 $W\omega$ 시스템에 양의 흐름이 없거나 최소한이어도, 회상할 수 있게 된다. 과거의 경험이 현재에 영향을 끼칠 수 있는 것이다.

5

자아는 ψ 뉴런이 점령한 지역이다:
접촉방벽의 저항과 양($Q\dot{\eta}$)의 측면점령

'욕망에 의해 발생되는 인력'과 억압에의 경향이라는 생각을 가진 우리는 새로운 질문에 접근했다. 그 질문은 ψ의 어떤 상태에 관한 것이다. 결국 두 개의 과정이 우리에게 제시하는 것은 다음과 같은 것이다. 이 과정이 특별한 방식으로 처음 실행될 때[즉, 만족과 고통을 동반할 때], 양의 이동을 방해하는 현재의 절차[심급]가 ψ로 이루어져 있다는 것을 보여 준다. 이 절차는 '자아'라고 불린다. 그것을 쉽게 기술하려면 다음과 같은 사실을 강조해야 한다. 즉, 어떤 뉴런(의 핵)에서, 끊임없이 반복되는, 내인성 양(Qὴ)의 수용과 그러한 반복이 야기하는 길내기 Bahnung, frayage(소통)는 항상 투여되어 있는 어떤 뉴런군, 즉 2차적인 기능에 요구되는 (양의) 저장 수단이 되는 뉴런군을 만드는 것을 잊지 않는다. 그래서 우리는 항상 ψ-점령의 총체를 자아라고 부른다. 우리는 여기서 항구적인 부분과 변화하는 부분을 구분해야 한다. ψ 뉴런들 사이에 난 길은 자아가 지닌 영토의 일부분이라는 것을 쉽게 알 수 있다. (『과학적 심리학 초고』 pp.406~408)

인용문에서 보듯, 자아는 항상 ψ가 '점령'하고 있는 것의 총체이다. 프로이트는 'ψ-점령(ψ-Besetzung)'을 군사용어에서 가져온다. Besetzung은 군대가 어느 지역을 점령하는 것을 의미한다. 자아는 항시적으로 점령하고 있는 뉴런군 지역인 셈이다. 즉 자아는 뉴런군 지역이다. '뉴런군(Gruppe von Neuron, 뉴런망)'은 '(φ가 아니라) ψ에 투여된 (양의) 총체'이다. '자아가 ψ 뉴런군'이라는 말은 '(Q가 아니라) 양(Qἠ)의 흐름으로 연결된 뉴런군'이라는 의미이다. 이 뉴런군은 접촉장벽의 저항을 피해서 이루어진다. 즉, 점령(투여)되는 뉴런은 접촉장벽의 저항으로 인해 측면점령(Die Seitenbesetzung, un investissement latéral, Side-Cathexis, 측면투여, 측면 리비도집중)된다. 다시 말해, 앞쪽으로 점령하려고 하지만 저항으로 인해 실패하자 옆쪽으로 점령한다는 의미이다. '측면점령'은 양의 이동이 억제되어 다른 길내기를 시도한 결과 획득된 것이다. 이와 같이 '자아는 ψ 뉴런군으로 점령된 영토의 부분'이다. 이런 자아 개념은 제1차 위상에서 '무의식 · 의식 · 전의식'을 통해 설명된다. 제1차 위상에 관해서는 이어지는 제3장의 꿈의 해석 부분에서 다룬다. 그리고 제2차 위상을 다루게 될 제6장에서는 '이드Es · 자아Ich · 초자아ÜberIch'에 관해 설명한다. 이때 자아Ich가 1895년의 자아와 어떻게 유사하며 차이가 나는지 보게 된다.

이런 내용은 프로이트가 1933년에 출간한 『새로운 정신분석 강의』 제31장에서 제시한 "Wo es war, soll Ich werden"에 귀결된다. 자아심리학은 이 문장을 '자아가 이드를 대신해야 한다'고 해석하고, 라캉은 '진정한 주체인 내가 그것이 있던 곳에 도달해야만 한다'로 해석한다. 전자의 의미가 '봉기하는 이드를 자아가 제압하여 다시는 봉기하지 못하도록 방어벽을 구축하는 것'이라면, 후자의 의미는 '이드의 동태를 살펴가면서 이드의 영역에 도달하기, 도달한 그곳에서 이드를 변형시키기, 이드의 변화를 통해 주체를 새롭게 구성하기'이다. 자아Ich를 어떻게 보느냐의 차이에서 정신분석 치료 기술은 나뉜다. 『과학적 심리학 초고』는 자아에 관한 프로이트의 근본적인 관점을 담고 있다는 점에서 중요한 원고라고 할 수 있다.

6

ψ 시스템의 두 과정: 1차 과정, 2차 과정

요약을 해보면, 측면점령되어 형성된 자아를 통해 억제가 이뤄지면, 일반적으로 ω 시스템의 방출 징후는 현실징후의 역할을 한다. ψ 시스템은 생물학적 경험을 통해 그 징후를 활용하는 법을 배운다. 현실징후가 나타나 자아가 욕망의 긴장 가운데 있게 되면, 방출은 특수한 경로를 따라 진행된다. 가령 불쾌감이 증가하여 현실징후와 일치되면, ψ 시스템은 적당한 양의 측면점령을 통해 어느 지점에서 정상적인 강도의 방어를 개시한다. 그러나 현실징후가 지각됨에도 욕망이나 불쾌가 증가하지 않는다면, 측면점령은 방해를 받지 않고 소통(길내기) 상황에 따라 이뤄진다. 우리가 제1차 심리 과정이라 부르는 것은 바로 여러 방어를 통해 나타나는 불쾌의 생산 또는 환각에 이르는 욕망의 측면점령이다. 제2차 심리 과정은 이와는 반대인데, 자아가 효과적으로 점령을 조절하는 것, 제1차 과정을 절제시키는 과정이다. 후자가 가능하려면 현실징후를 잘 다루는 것, 즉

자아가 억제할 때이다. (『과학적 심리학 초고』 pp.410~411)

  프로이트는 ψ 시스템을 1차 과정과 2차 과정으로 구분하여 설명한다. ψ 시스템은 전진前進점령Die besetzung이 측면側面점령Die Seitenbesetzung되면서 생성된 것이다. 그는 측면점령 과정을 1차 과정과 2차 과정으로 설명한다. 그는 『꿈의 해석』 7장에서 ψ 시스템을 건축물 구조처럼 이해하여 '비계(Gerüst, 飛階)'로 설명한다. 특히, 무의식의 과정을 1차 과정과 2차 과정으로 설명한다. 여기에 관한 자세한 내용은 다음 장에서 다룰 『꿈의 해석』을 참고할 수 있다. ψ 시스템 구조는 지각, 기억, 무의식, 의식에 관계된다. 여기서 지각, 기억, 의식으로의 표상은 외부와 내부를 구분하는 현실검증 능력을 갖는 ψ 시스템의 기능이다. 이렇게 자아는 '현실징후(Realitätszeichen, 현실신호, 현실표시)'를 포착하는 능력을 갖고, 동시에 그것을 표상하는 능력을 갖는다. 이 능력은 1차 과정과 2차 과정을 통해 전개된다. 이 두 과정은 [도표 3]에서 각각 a → b, a → αβΥ에 해당한다.

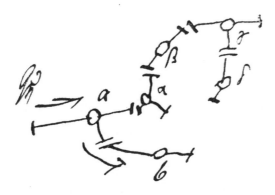

[도표 3] 측면점령에 따른 ψ 시스템의 1차 과정과 2차 과정
(『과학적 심리학 초고』 408쪽)

　φ 뉴런 시스템은 방출만하고 ψ 뉴런 시스템이 저지만 한다면, 제3의 뉴런인 지각뉴런 Wω은 φ 뉴런 시스템과 ψ 뉴런 시스템의 관계에서 작용한다. 에너지가 φ 뉴런 시스템에 따라 방출되면 심리 현상에 관여하지는 않겠지만, 남은 것은 ψ 뉴런 시스템에서 기억(회상, erinnerung)과 표상(재현, reproduktion)의 심리 현상을 일으킨다. 여기에 지각뉴런 Wω이 작동한다면 어떤 일이 발생하는가를 프로이트는 제시한다. 지각뉴런 Wω은 두 시스템 φ와 ψ를 교란시키고 일탈을 일으킨다. 가령, 프로이트가 『일상생활의 정신병리학』에서 제시한 실

수 실언 등이다. 왜 지각뉴런 $W\omega$은 두 시스템 φ와 ψ를 교란시키고 일탈시키는가? 왜 지각뉴런 $W\omega$은 φ와 ψ 사이를 오고 가면서 Q와 $Q\dot{\eta}$를 교란시키는가? 왜 실수, 실언 등 정신병리학적 증상이 나타나는가? 이것이 프로이트가 제시하는 문제의식이다. 이것을 풀기 위해 그는 ψ 시스템이 1차 과정과 2차 과정으로 작용한다고 말한다.

7
사고 작용: 동일성을 찾으려는 운동이미지의 반복 과정이다

판단은 자아를 통한 억제로 인해 가능한 ψ 시스템의 과정이다. 그 과정은 어떤 기억에 대한 욕망의 점령과 그것과 유사한 지각점령 간의 차이에서 그 모습을 드러낸다. 여기서 추론할 수 있는 것은 두 점령이 일치한다면, 사고활동은 종결되고, 생물학적 신호인 방출이 시작된다는 것이다. 이와 반대로 두 점령이 불일치한다면, 사고활동은 재개된다.

이 과정을 좀 더 분석해 보자. 두 점령에서 뉴런 a가 충돌할 때, 뉴런 c가 뉴런 b를 대신하여 지각된다면, 자아는 뉴런 c의 방향으로 $Q\dot{\eta}$가 흐르면서 점령지역을 넓힌다. 이 흐름은 행방불명된 뉴런 b에 도달할 때까지 지속된다. 뉴런 c와 뉴런 b 사이에는 운동이미지가 삽입된다. 일단 하나의 이미지가 되살아나면, 뉴런 b를 지각하고, 그것을 찾음으로 인해 동일성이 확립된다. 가령 유아가 욕망하는 기억이미지가 어머니의 젖가슴에 관한 것이라고 하자. 유아가 첫 번째로 지각한 것이 측면에서 본 어머니 젖가슴(젖꼭지가 보이지 않는)이라고 하자. 유아의 기억속에는 젖을 빨 때 경험한 체험이 간직되어 있다. 젖을 빠는 유아가 머리를 돌리면서 측면의 젖가슴과 정면의 젖가슴을 우연히 보게 된다. 이 경험을 한 유아는 머리를 돌려가면서 측면 모습을 보다가 정면 모습을 본다. 머리의 움직임이 이미지로 연결된다. 유아는 정면을 보기 위해 머리를 돌려야 됨을 배운다. 이 예를 통해 판단에 관해 많은 것을 배우지는 못한다. 그렇지만 이 예는 우연하고 특수한 행동이 점령을 재현하고, 실행한다는 것을 보여 준다. (『과학적 심리학 초고』 p.413)

이 인용문은 경험과 사고 작용 간의 관계를 운동이미지를 통해 보여주면서 동일성의 문제를 다룬다. 그런 면에서 이 인용문은 많은 것을 함축하고 있다.

지각뉴런 $W\omega$는 φ와 ψ, Q와 $Q\dot{\eta}$를 구분하고, 이 두 시스템 사이를 반복하여 오가면서 작동한다. 이 왕래는 '운동이미지 Bewegungsbild'라는 동력에 의해 작용된다. 그러니까 지각뉴런 $W\omega$는 현실징후인 운동이미지를 통해 작동한다. 앞서 보았듯이 φ 시스템의 Q가 본능에 관한 에너지라면, ψ 시스템의 $Q\dot{\eta}$는 욕동에 관계되는 에너지이다. 그렇다면 $W\omega$ 시스템은 φ 시스템과 ψ 시스템의 왕래, Q와 $Q\dot{\eta}$의 연결에 관계한다. $W\omega$ 시스템은 본능에서 욕동으로의 작용이다. $W\omega$ 시스템은 본능의 에너지를 욕동의 에너지로 몰고 간다. $W\omega$ 시스템의 이 작용을 규정하기 위해 프로이트는 Instinkt(본능)와 구분되는 독일어 동사 Treiben의 과거형인 Trieb를 사용하여 몰고 가는 욕동의 에너지를 표현한다. 이 에너지에는 '운동이미지'가 담긴다.

'운동이미지'는 동일성을 획득하고자 반복적으로 움직인다. 위의 인용문에서 보듯이 뉴런 a의 동일성을 뉴런 b에서 확보하지 못하기 때문에 뉴런 c, 뉴런 d 등으로 반복해서 측면점령을 시도한다. 이 과정에서 사고가 작동한다. 사고 작동 중 존재판단과 속성판단 등이 생성되어 ψ 시스템은 제1차 위상, 제2차 위상의 구조를 갖게 된다. 프로이트가 제1부 16장에서 '운동이미지'를 강조하지만, 제3부 4장 마지막 단락에서는 '언어-표상'과 연결되지 않는 감각적인 것으로 평가한다. 그는 '언어-표상'과 연합되는 동일성 작업이 중요하다고 말한다. 제3부에서 그는 계속해서 '주목하기aufmerksamkeit'에 관하여 말한다. 정신분석에서 '주목하기'는 자유연상을 할 때도 요청되고, 그것을 듣는 쪽에서도 요구되는 것인다. 정신분석은 운동이미지를 언어-표상과 연결시키는 과정이다. 그는 『과학적 심리학 초고』를 마치면서 운동이미지를 폄하하는 듯한 내용으로 마무리한다. 이것은 1895년 이후 프로이트가 어떤 길을 걸어가는지를 암시적으로 보여 주는 문장으로 보인다.

아이는, 소망점령된 기억의 대상이 지각점령을 통해, 재현된 대상을 본 것이다. 이렇게 우리는 처음 본 실제 대상, 기억 속의 대상, 지각점령을 통해 본 대상 등 세 개의 대상을 가정할 수 있다.[14] 뉴런 a에 각인된 대상, 뉴런 b에 각인된 대상, 뉴런 c에 각인된 대상이 있다. 각 뉴런에 대한 '존재판단'도 필요하고, 각 뉴런이 갖는 '술어(속성)판단'도 필요하다. '술어 판단'은 대상에 대하여 아이가 갖는 정동, 욕망 등이다.

프로이트가 제시한 예에서 보듯이, 아이가 기억 속의 대상을 보면서 고개를 돌리는 행동은 기억 속의 대상과 숨바꼭질하는 놀이로 이해할 수 있다. 아이는 이런 방식으로 동일성을 추구한다. 이것이 자아가 하는 판단 행위이다. 이것은 1920년대에 가서 'Fort-Da(포르트-다)'의 예로 구체화된다.[15]

이처럼 16절의 '인지와 재현적 사고'는 17절의 '기억과 판단', 또한 18절의 '사고와 현실'과 연결된다. 프로이트에 따르면 사고과정의 목표와 목적은 동일성을 얻는 데 있다고 한

---

14 우리는 캔터베리의 주교 안셀무스가 『Proslogion(프로스로기온-신존재증명)』(전경연 옮김, 서울: 한들, 1997, 19쪽) 제2장에서 논의했던 화가 비유를 여기서 보게 된다. Cf. 캔터베리의 안셀무스, 『모놀로기온 프로스로기온』, 박승찬 옮김, 서울: 아카넷, 2012(개 정판), 227쪽(초판은 186쪽).

15 Sigmund Freud, "Le Moi et le Ça", in *Essais de psychanalyse*(Paris: Payot.), pp.51-53; J. Lacan, *L'identification*(정체화, 미출판, 1961.11.22. 강의). 프로이트가 큰딸의 아들 에른스트가 엄마의 부재 시 실패 꾸러미를 던졌다가 당기는 놀이에서 하는 말 '포르트─ 다(Fort-Da)'에서 착안한 것.

다. 소망점령과 지각점령의 동일성이 이뤄지면 뉴런 a에서 충돌이 생기지도 않고, 뉴런 a가 붕괴되지도 않고, 뉴런 a만으로 모든 게 이뤄진다. 이렇게 되면 ϕ 전도로는 확장되지 않고, 자아 또한 확장되지 않아서 자아의 영토(뉴런군)가 형성되지 않는다. 그러나 동일성이 이뤄지지 않기 때문에 유사성을 동일성으로 판단하려는 ϕ 체계가 작동한다. 소망점령과 지각점령 간의 부분적 일치는 사고과정을 이끌어낸다. 부분적 일치는 뉴런 a를 뉴런 a에 머물게 하지 않고, 뉴런 b로 가게하고, 뉴런 c로 가게 한다. 이때 뉴런 b와 뉴런 c 사이에는 '운동이미지Bewegungsbild'가 자리한다. 뉴런 b와 뉴런 c 사이에 위치한 '이미지는 운동'을 발생시킨다. 번역하기 까다로운 Bewegungsbild는 뉴런 a(뉴런 b는 감추어짐)와 뉴런 c를 연결시킨다. 뉴런 b의 접촉장벽이 뉴런 a와 뉴런 c를 차단시킨다면, 뉴런 b와 뉴런 c 사이에 위치한 Bewegungsbild는 뉴런 a와 뉴런 c를 잇는다. '행방불명된 뉴런 b'는 21절 '꿈에서의 의식'에 가서는 '무의식적인 중간 고리'라고 표현된다. 훗날 그로데크와의 편지에서 프로이트가 표현한 "Missing link"가 무의식, Es를 의미한다면, Bewegungsbild는 무의식적인 중간 고리인 욕망[16]과 연결되어 의식적인 고리[17]에 도달한다.

8

꿈의 기제는 정신병리학의 기제로 활용된다

제1부의 마지막 세 절(19절 '1차 과정-잠과 꿈', 20절 '꿈의 분석', 21
절 '꿈에서의 의식')은 꿈과 관계된다. 꿈이 프로이트에게 알려
준 것은 의식이 알지 못하는 것에 대한 것이다. 프로이트가
무의식이라고 부른 것은 제2부 '(히스테리의) 정신병리학'과 연
관된다.

제2부의 골자는 '히스테리의 최초의 잘못된 전제'이다. 이
말이 의미하는 것은 (히스테리 증상의 원인은) 보이는 데 원인이
있는 게 아니라 보이지 않는 데 원인이 있다는 것을 의미한

---

16 프로이트, 『정신분석의 탄생』, 열린책들, 2005, 275, 277쪽.

17 위의 책, 291쪽.

다. 그런데 프로이트 당시 히스테리 치료는 보이는 원인을 탐구하는 데 몰두한다. 가령 장면 1이 히스테리 증상의 원인이라고 보고 접근하면 히스테리를 알 수 없게 된다. 장면 2를 원인으로 볼 때 정신병리학(히스테리, 신경증)의 의미를 알 수 있다. 프로이트가 제시한 그림을 보자.

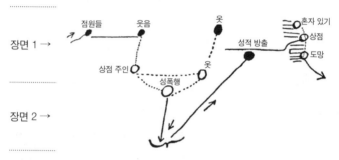

[도표 4] 히스테리에 대한 잘못된 전제를 바로잡기
(『과학적 심리학 초고』 p.434)

위 그림에서 장면 1과 장면 2는 필자가 이해를 쉽게 하고자 덧붙인 것이다. 이것은 꿈 분석과도 일맥상통한다. 프로이트가 제시하는 꿈 분석은 '꿈-사고-꿈-과정-꿈-내용'이다. 이 과정을 우리말로 풀어 보자면 꿈-사고를 꿈-속, 꿈-과정을 꿈

-길, 꿈-내용을 꿈-결로 표현할수 있을까? 이것을 히스테리에 대입하면 '히스테리-사고-히스테리-과정-히스테리-내용'으로 이해할 수 있다.

꿈-사고	→	꿈-과정	→	꿈-내용
히스테리-사고	→	히스테리-과정	→	히스테리-내용
장면 2	→		→	장면 1

[도표 5] 꿈-과정과 히스테리-과정의 유사성

이상의 내용을 서술한 뒤, 프로이트는 제3부에서 '정상적인 ψ 과정에 대한 설명의 시도'를 서술한다. 앞서 보았듯이, 제3부의 마지막 단락인 4에서는 운동이미지보다 '언어-표상'의 중요성을 언급한다. 이 부분은 향후 프로이트가 '대화치료Talking cure'를 통해 정신분석의 기술을 전개하는 내용과 연결되고, 다음 장에서 다룰 꿈 해석과도 긴밀하게 관계된다.

3

꿈을 해석하여 정신의 구조를 얻다: 제1차 위상으로서 무의식 · 전의식 · 의식

1

프로이트, 자신의 꿈을 해석하다

프로이트는 이르마Irma라는 여자 환자가 주인공으로 나오는 꿈을 꾼다. 그는 이 꿈을 재료로 삼아 꿈을 분석하는 과정을 상세하게 설명한다. 그는 자신의 꿈 분석이 중요한 이유를 설명하면서 같은 꿈이라도 그 꿈을 꾼 사람이나 연결 방법에 따라 다른 의미를 드러낼 수 있다고 말한다. 자기 꿈 분석의 이점은 억압된 요소들이 저항을 피하여 의식화될 때 꿈의 내용들을 다양하게 해석할 수 있다는 점이다. 그렇지만 프로이트는 자신의 꿈을 완전하게 분석한 적이 한 번도 없었고, 자신의 꿈에 작용하는 저항 때문에 스스로도 정확한 보고를 할 수 없었다고 말한다. 이처럼 저항은 꿈의 해석뿐 아니라 정신분석에서 중요하다. '이르마가 나타나는 꿈' 해석 노트를 통해, 프로이트가 제시하는 꿈 분석 방법을 정리하면 다음과 같다.

① 배경 소개: 꿈에 대한 전체적인 소개이다. 주요 등장인물에 대해 소개하고 왜 그 꿈을 꿨는지 추측해 본다.

② 꿈의 내용과 일시: 꿈은 깨어나자마자 기억이 잘 날 때, 있는 그대로 기록해야 한다. 확실치 않은 부분은 무엇인지, 전혀 엉뚱한 이야기일지라도 소홀히 생각하지 말고 낱낱이 기록해야 된다.

③ 분석과 견해: 전체적인 꿈의 내용보다는 각 요소마다 세밀하게 분석한다. 자신의 솔직한 해석과 견해를 붙인다.

이 방법에 따라 프로이트는 꿈의 분석한다. 그 과정을 좀 상세하게 살펴보면서, 프로이트가 시도하는 꿈 해석을 알아보자.

1) 이르마가 나타나는 꿈의 배경

우선 프로이트는 이르마의 가족과 친분이 있는 상태에서 환자를 분석한다. 아직 히스테리성 신경증의 실마리를 확실히 잡지 못했기 때문에 1895년경 실시된 이르마 분석은 그에게 부담이 된다. 이르마 가족이 시골로 여름휴가를 떠나서 분석은 중단된다. 그 시골에 다녀온 후배 의사를 통해 이르마의 병상에 대한 이야기를 듣는다. 이르마 가족은 프로이트의 치료에 대하여 불만을 갖고, 후배 의사인 오토는 이를 비난조의 어투로 프로이트에게 말한다. 그래서 그날 저녁 프로이트는 오토도 아는 M. 박사에게 보낼 이르마의 병력을 기록한다. 이것은 자기 변호를 하기 위한 편지다.

그날 밤에 프로이트는 꿈을 꾼다. 이것이 바로 프로이트가 가장 완벽하게 자기꿈을 분석하며 『꿈의 해석』에 제시한 사례다. 그러나 이 꿈도 결국 완전히 분석되지 못하고 중단된다.

이 꿈은 1895년 7월 23일 밤부터 24일 새벽까지 꾼 것이다. 중요한 내용만 요약하면 아래와 같다. 괄호 안의 번호는 저자가 붙인 것으로, 각 번호에 해당하는 프로이트의 해설을 덧붙일 것이다.

2) 꿈의 내용과 일시

① 큰 홀에서 프로이트는 많은 손님들을 접대하고 있다. 손님 중 이르마가 보이기에 그녀를 한 쪽 구석으로 데리고 간다. "아

직 완쾌되지 않는 건 당신 탓이오"라고 말하면서 ② 지시를 따르지 않은 그녀를 나무란다. 그녀는 "내가 지금 얼마나 아픈지 알기나 해요? 목, 위 그리고 배가 졸려지는 것 같아요"라며 ③ 아픔을 호소한다. 프로이트는 그녀의 창백하고 부어 있는 얼굴을 보고는 "그럼 역시 ④ 내장기관의 장애가 있는 것일까"하고 창가로 데리고 가서 목안을 진찰한다. ⑤ 입을 벌리라고 하니 조금 싫어하는 기색을 한다. 오른쪽에 커다란 반점이 보이고 비갑개상에 이상한 회백색 딱지가 보인다. 프로이트는 M. 박사를 불러 견해를 물어 보았다. 이르마 옆에는 오토와 레오폴트도 있었다. ⑥ 레오폴트는 옷 위로 진찰하며 왼쪽 어깨 피부에 침윤이 있다고 지적한다. M. 박사는 "이건 전염병의 일종이야"라고 말한다. ⑦ 오토가 프로필렌 제재의 주사를 잘못 놓았던 것이다. ⑧ 프로필렌, 프로피온산, ⑨ 트리메틸아민과 같은 주사는 경솔하게 놓아서는 안 되는데 아마 ⑩ 주사기 소독이 완전하지 못했을 것이다. (『꿈의 해석』 pp.111~112)

프로이트는 이 꿈이 전날에 있었던 일과 연관되었음을 알아차린다. 이르마의 병상에 관한 두 가지 견해가 수면 중 심적 활동에서도 지속된 것이다. 하나는 오토에게 얻은 보고이고, 다른 하나는 밤늦게까지 프로이트 자신이 기록한 이르마의 병력이다. 그런데 실제로 지금 단계에서는 이 꿈이 무엇을 의미하는지 전혀 알 길이 없다고 말한다. 그래서 프로이트는 자신의 꿈을 세밀하게 분석하지만 출판하기에는 꺼려져 밝히지 않은 내용이 있다고 했다. 위 인용문에 붙인 번호에 해당하는 분석 내용은 아래와 같다.

3) 꿈을 통해 보는 프로이트의 속마음

① […] 프로이트가 비엔 근교의 벨뷰Bellevue라는 성에서 여름 휴가를 보내고 있었다. […] 며칠 뒤가 생일인 아내가 많은 친구들을 초대하고 싶다고 했는데 그 말이 꿈의 무대를 구성하고 이르마도 꿈속 생일잔치에 초대된다.

② […] 오토가 이르마의 병상을 애기했을 때 기분이 좋지 않았다. 자기가 무능력해서 병이 쾌유되지 않는 것이 아니라 환자의 지시불이행이라고 생각한다.

③ […] 위통과 가슴이 답답한 구토증은 이르마의 증상이었다.

④ […] 일반의라면 내장기관적 장애라고 진단할 텐데, 프로이

트처럼 특수한 전문의는 항상 히스테리와 연관 짓는 습관이 있어서 어떤 반응에도 긴장한다.

⑤ [···] 프로이트가 구강검사를 했던 사람은 이르마가 아니었다. [···] 여기에는 자기 환자가 아닌 두 여자환자를 자기 환자로 삼고 싶어 하는 소망이 담겨져 있다. 이들은 지성인이어서 수줍어하는 이르마보다 현명할 것이고 쉽게 진찰이 가능할 것이라고 판단된다.

⑥ [···] 당시 소아과에서 진찰할 때 아이들은 옷을 벗기지만, 성인 여자환자들은 그 반대다. 프로이트는 이 부분에서 "이것은 삽입구에 불과하다. 이 부분에서 그 이상 생각할 만한 것은 없다. 솔직히 말해서 더는 파고들 생각도 없다"고 말한다. 아마도 저항이 작용하는 듯하다.

⑦ [···] 오토가 이르마 가족과 잠시 머무르면서 인근 호텔에서 급한 환자가 발생해 주사를 놓고 왔다는 것과 코카인 중독으로 불행히 죽은 친구일이 겹쳐진 것이다. 두 사건이 하나로 압축된 것이다.

⑧ [···] 잠들기 전 아내가 술을 주었다. 이것은 퓨젤유油 냄새가 나고 프로판올이나 메틸기 같은 냄새가 연상되어 프로이트는

싫어했다.

⑨ […] 프로이트는 꿈에서 화학방정식을 보았다. 이것은 같은 연구를 해 오던 친구와 나눈 이야기다. 트리메틸아민은 성적 신진대사의 산물이다. 트리메틸아민은 성적 요소의 우위를 암시한다. 환자 이르마는 젊은 미망인이기에 치유가 되면 여러 상황이 빨리 호전될 것이다.

⑩ […] 정맥염은 주사기의 불완전한 소독 때문에 생긴다. 당시 프로이트 아내도 임신 중이었는데 정맥염에 걸렸다(가정 주치의는 레오폴드). 아내와 이르마와 죽은 마틸데는 여기서 비슷한 상황에 놓여 있고 이 세 사람이 꿈속에서 전위되어 나타난다. (『꿈의 해석』 pp.113~123)

꿈의 내용과 분석이 끝나고, 프로이트는 이 꿈에 대한 자신의 견해를 첨부한다. 이 또한 내용이 길어서 저자가 편집하여 요약한다.

4) 꿈에 대한 견해

꿈의 결론은 지금도 남아 있는 이르마의 고통이 나의 책임이 아니라 오토에게 있다는 것이다. 왜냐하면 오토는 이르마의 불완전한 치료 상황을 이야기함으로써 나를 불쾌하게 했다. 그래서 꿈에서 오토를 비난해 그에게 보복하는 내용이 담긴 것이다. 즉 꿈은 어떤 소망에서 시작되어 소망충족이란 내용으로 구성된다.

이 꿈에는 비난하는 세 사람과 비난을 면하게 해 주는 세 사람이 등장한다. 오토는 프로이트가 경솔하게 주사를 놓았다고 비난한 적이 있는데, 꿈에서는 오히려 오토가 주사를 잘못 놓았다고 비난한다. 그리고 그가 선물한 싸구려 술도 비난한다. 프로필렌 제재의 주사는 이 두 가지를 동시에 비난한다. 대치인물로 오토의 경쟁자인 레오폴트를 등장시켜 오토보다 레오폴트가 훨씬 낫다고 말함으로서 복수하고 있다. 또한 프로이트의 해결책을 따르지 않는 이르마를 이르마보다 영리하고 유순한 다른 여성들과 대치함으로 복수하고 있다. M. 박사는 이 일에 대하여 잘 알지 못한다는 의견을 내고는 더 사정에 밝은 친구(트리메틸아민에 대하여 이야기해 준 친구)에게 호소한다. 다시 말해서 프로이트는 이 꿈을 통해 책임을 회피하고 있다. (『꿈의 해석』pp.123~125)

2

소망충족으로서 꿈을 발견하기까지

『꿈의 해석』은 제7장으로 구성되는데, 편의상 3부로 나눌 수도 있다.

제1부는 제1장에 해당한다. 이는 마지막에 집필된 것으로 보인다. 프로이트는 1899년 여름 동안 이 부분을 집필하면서 이 자료가 유용할지 의구심을 품고 있었는데, 플리스가 이 작업의 중요성을 고집스럽게 부추겼기에 마무리했다고 한다. 제1장은 꿈 연구의 역사를 검토하면서, 자신의 꿈의 해석 방법, 꿈 형성 이론 및 꿈의 기능이 이전에 수많은 사람들이 다룬 꿈과 어떻게 다른지를 보인다. 그렇기에 제1장은『꿈의 해석』출판에서 꼭 필요한 서론으로 보인다.

제2부는 제2장부터 제6장까지이다. 이 부분은 여덟 번 이상 수정·보완되었다. 제2장에서 프로이트는 꿈의 해석 방법을 설명하고 있다. 「창세기」에서 요셉이 보여준 꿈에 대한 상징적 해석법과 비교되는 정신분석적 해석법을 제시하고

있다. 여기서 이르마가 등장하는 프로이트 자신의 꿈은 중요한 의미를 지닌다. 제3장에서 그는 꿈은 소망충족이라고 주장했고 그 소망은 '왜곡'되어 나타난다고 제4장에서 설명한다. 제5장에서 '꿈의 재료와 원천'이 무엇인지 분석하며 제6장에서는 결국 꿈은 '작업'을 통해 드러난다고 주장한다.

제3부의 제7장은 정신기재의 구조를 다룬다. 여기서 프로이트는 정신에 대한 그의 첫 번째 구조(제1차 위상)인 '무의식·전의식·의식'을 설명한다. 『꿈의 해석』은 『일상생활의 정신병리학』(1901)에서 다룰 망각·실착失錯·기억-스크린 등을 내포한다. 그리고 『재담과 무의식의 관계』를 위한 방법론을 제시하고 있다.

3
『꿈의 해석』 집필 과정

『꿈의 해석』은 1898년부터 집필되기 시작했지만 7월경 제

112

7장 부분에서 중단되어 더 이상 집필되지 못했다. 그래서 프로이트는 그해 10월 23일 플리스에게 집필을 포기할 것이라고 알린다.

꿈에 관련된 책을 출판하는 것을 나는 번복하지 않을 걸세. 나에게 출판을 준비할 자극제가 없어. 심리학의 결함들, 분석 사례의 결함들 역시 나의 결론을 방해한다네. 이 방해물을 아직 극복할 수 없네. [「빌헬름 플리스에게 보낸 편지 99(1898. 10. 23.)」 p.287]

그러나 1899년 초, 꿈에 관한 연구에 희망이 다시 싹튼다. 히스테리에 몰두해 있던 프로이트는 꿈을 히스테리를 이해하기 위한 실마리로 이해한다.

빛이 나타났다네. 다른 어떤 것이 다가올 미래에 틀림없이 빛이 솟아오를 것일세. … 꿈의 구조는 매우 일반적인 사용방법이 될 수 있을 걸세. 그리고 히스테리의 열쇠는 정말로 꿈에 포함되어 있다네. 나는 모든 노력에도 불구하고 꿈의 문제에 대해 해결책을 줄 수 없었는지 이해했다네. 만일 조금 더 기다린다면, 나는 꿈의 정신적 과정을 그리는 데 이를 것이며, 히스테리 징후의 형성 과정이 포함될 것일세. 그러므로 기다려주게나. [「빌헬름 플리스에게 보낸 편지 101(1899. 1. 3.)」 pp.289~290)]

1899년 5월부터 그는 집필에 몰두했다고 그해 9월 11일 플리스에게 쓴 편지에서 이렇게 말한다.

나는 해냈어. 완성된 원고를 보냈다네. 그대는 내가 어떤 상태인지 짐작할걸세. 탈진하고, 흥분이 가라앉아 수그러진 상태라네. [「빌헬름 플리스에게 보낸 편지 118(1899. 9. 11.)」 p.316]

1899년 10월 20일경 인쇄가 완성되고, 11월 4일부터 『꿈의 해석』은 판매된다. 심혈을 기울인 프로이트의 책은 목차뿐 아니라 내용면에서도 이전에 프로이트가 저술한 것과는 완전히 다른 모습을 보여 준다. 이 책에 대한 평가는 엇갈렸다. 프로이트 자신은 『나의 이력서』(1925)에서 독자들이 『꿈의 해석』에 대하여 무관심한 반응을 보였다고 말했지만 실제로 이 책은 철학자·문학가·예술가 등을 통해 수용되고 적용되었다. 프로이트만이 이 책의 중요성을 알지 못했다고 후대의 평론가들은 말한다.

가령 1921년 프랑스의 초현실주의 작가 브르통André Breton 이 프로이트를 방문했을 때, 프로이트는 초현실주의자들의 혁명 의지를 읽지 못하였다. 그들에게『꿈의 해석』은 바이블 이 되었고, 프로이트주의의 혁명 상징물로 이해되었다. 『꿈 의 해석』은 작가인 동시에 해석학자이자 이론가이고 화자인 프로이트가 담긴 저서이다. 프로이트는 이 책에서 총 220여 개의 꿈, 즉 자신의 꿈 47개, 환자나 주변 인물의 꿈 173개를 인용한다. 자신의 꿈을 분석한 이 책은 사실상 자서전에서보 다 더 세밀하게 개인 생활을 드러내고 있다. 프로이트는 1905년에 출판한 도라의 사례 분석에서 "꿈에 대한 깊고 철 저한 연구가 선행되지 않으면 정신신경증에 대한 이해를 발 전시키기는 불가능하다"고 말한다.

4

『꿈의 해석』, 제1차 위상을 제시하다

『꿈의 해석』은『과학적 심리학 초고』의 제3부로 볼 수 있는 저서이다. 프로이트가 꿈과 히스테리 환자 분석을 통해, 심적 구조를 파악하고자 고심한 지 몇 년 후, 정신의 구조는 어느 정도 윤곽을 갖췄다.『꿈의 해석』은 꿈과 히스테리, 꿈과 신경정신병학의 관계를 다루는 데 성공한 책으로 평가된다. 그러니까 1895년의 두 책과 함께『꿈의 해석』은 정신분석의 기술을 구조화하고 보편화한다.

이 책의 서문에서 프로이트는 꿈의 해석의 범위를 한정하고 있다. 그 범위는 바로 신경정신병학적 관점으로 보는 것으로서 말한다. 꿈에서 다루는 재료는 잠자는 자에게서 일어난 정신활동과 잠이 깬 다음의 기억이다.

『과학적 심리학 초고』에서 프로이트는 뉴런의 세 가지 체계를 기술한다. 심적 구조면에서『과학적 심리학 초고』와『꿈의 해석』은 중요한 역할을 한다. 신경학과 정신병리학은 그 구조에서 파생되는 것이다. 1900년경에 프로이트는 구조나 기술면에서 변화를 보인다. 뉴런 체계만 말했던 『과학적 심리학 초고』와는 달리, 『꿈의 해석』에서는 언어에 관심을 갖는다. 매우 이질적인 차원인 신경에서 언어로 프로이트가 나아가는 데는 이유가 있다. 외부에서 내부로 들어오는 것은 양이 아니라 이미지인데 이미지는 내부에서 기호로 저장되고, 연상 작용을 통해 이 기호는 다시 이미지와 결합되어, 외부로부터 유입되는 이미지와 비교가 되기 때문이다. 20세기 초의 프로이트 작품은 동물과는 다른, 인간의 정신을 다루는 프로이트의 관점 변화를 잘 보여 준다.

1895년 프로이트와 브로이어의 공동저서 『히스테리 연구』에서는 아직 희미했던 성적 요소가 이제 1900년에 와서는 정신분석에서 중요한 위치를 점하게 된다. 1908년 재판된 『꿈의 해석』 서문에서 프로이트는 "『꿈의 해석』은 자기분석의 일부이며, 남자의 일생에서 가장 중요한 사건이자 결정적 상실인 아버지의 죽음에 대한 나의 반응을 담은 책"이라고 말했다. 그는 아버지와의 양가적이고 복합적인 상황을 고려하면서 사건을 풀이한다.

그리스・로마시대의 사람들은 전지전능자들의 세계와 연관해서 꿈을 이해한다. 즉 그들은 꿈꾸는 자에게 내려진 신의 계시를 꿈이라고 생각한다. 그러나 아리스토텔레스는 꿈은 그러한 것이 아니라 인간정신의 원칙들로부터 나온 것, 즉 수면 중의 영혼의 활동이라고 정의한다. 그리고 꿈은 유형적으로 볼 때 현재의 일에 한정하여 생각하거나 또는 미래의 일을 예견하는 것으로 보기도 한다.

가령 「창세기」에서 요셉은 꿈을 미래에 대한 예견으로 주로 풀고 있다. 그러나 프로이트는 그동안의 방식과는 다른 꿈 방식에 관심을 갖는다. 뉴런의 기능이 보편적인 것이라면 꿈꾸는 자에게도 일어나야 하기에 각성시와 몽상시의 관계를 정신(심리)의 구조와 연관해서 다룬다. 프로이트가 『꿈의 해석』을 쓰기로 정했을 때 이미 심적 기능을 명백하게 염두에 두었음을 알 수 있다. 꿈의 재료는 체험에서 유래한 것이고, 꿈 작업은 이 기억의 재생이다. 여기서 "우리가 정신적으로 한번 소유했던 것은 아주 흔적 없이 제거될 수 없다"는 숄츠Wihelm von Scholz의 글을 인용한다.

그러나 체험이 매번 꿈에 나타나는 것은 아니다. 전혀 체험하지 않은 사건이 꿈에 나타나기도 한다. 꿈속의 사건을 어떻게 이해해야 할까? 이런 질문에 답하기 위해 프로이트는 꿈의 원천을 네 가지로 분류한다.

① 외적 감각자극(객관적)
② 내적 감각자극(주관적)
③ 내적 신체자극(기관적)
④ 순수한 심적 자극

이런 분류방식은 당시 심리학자들의 견해를 종합한 것이다. 이러한 자극이 각성시에 일상생활을 위한 기능으로 전환되기 때문에 꿈의 내용을 망각한다는 소박한 이론도 제시되고 있다. 그리고 꿈에서 반복된 것은 기억되지만 일회적인 것은 기억되지 않는다는 주장, 그리고 기억되기 위해 감각·표상·사고가 결합되어 있어야 되지만 무질서하고 혼란하기 때문에 기억되지 않는 경우가 많음을 강조한다. 꿈에는 이론도 질서도 없는 듯하지만 제7장에서는 꿈을 설명할 수 있는 일관된 원칙이 있다고 설명한다. 여기서 정신 구조의 제1차 위상인 무의식 · 전의식 · 의식이 등장한다.

5

정신분석 치료법으로서 꿈의 해석: 신경증자의 메커니즘을 밝히다

제1장 '꿈의 문제에 관한 학문적 문헌'은 말 그대로 꿈에 관한 학문적 문헌을 대충 거론하는 것이다. 프로이트 자신의 꿈 이론을 나타낸 것이 아니다. 그러나 지금까지 연구해 온 꿈의 해석과는 전혀 다른 맥락에서 꿈을 다루겠다는 의도를 제1장 마지막에서 보여 준다. 제1장은 이미 확신을 가지고 정리한 자신의 꿈 이론을 더 부각시키기 위해 저술된 것임을 알 수 있다.

자신의 이론은 제2장에 가서 사례 해석을 통해 구체적으로 제시된다. 이 글을 쓸 당시 프로이트는 이미 정신분석적 치료법을 사용하고 있었다. 꿈의 해석 방법과 정신분석 치료법 간의 연관성을 나름대로 확신하고 있었다. 꿈의 해석 방법론으로서 정신분석 기술은 실제로 환자분석에 사용되었다. 제2장에서 프로이트는 꿈의 해석 방법 2가지를 소개하는데 이를 요약해 보자.

첫째 '상징적 꿈의 해석 방법'이다. 「창세기」에 나온 요셉의 꿈 해몽에서, 7마리 살찐 소와 7마리 마른 소는 각각 7년간의 풍년과 흉년을 상징한다. 고대 시인들은 이러한 상징적 해석으로 꿈을 재가공했다. 여기서 단점은 꿈의 해석법이 꿈 전체를 다루는 것이 아니라 개별적 꿈의 내용 하나하나의 상징에 치중된다는 것이다. 필자가 프로이트의 꿈 해석 방법으로 보면, 「창세기」에 나오는 바로의 꿈 또한 소망 충족이고, 꿈을 해석한 요셉의 해석도 소망 충족이다. 이 꿈 해석을 통해 결국 요셉은 자신의 형제와 아버지를 만나고, 죽은 뒤에는 고국에 장사된다.

둘째 '정신분석적 꿈의 해석 방법'이다. 프로이트는 치료학적 관점에서 정신병리학의 형성물(히스테리성 공포증, 강박관념)을 브로이어와 함께 작업하면서 다음과 같은 점을 깨달았다. 환자의 정신생활에 영향을 주었던 본래의 요소로 되돌아가면 병리학적 관념은 소멸된다는 것이다. 그래서 프로이트는 환자에게 일정한 테마를 제시하고 연상되는 것을 말하게 한다. 그랬더니 환자는 프로이트에게 꿈 이야기를 해 준다.

여기서 프로이트가 착안한 것이 바로 꿈을 증상으로 보고, 이를 정신분석적 방법으로 해석하는 것이다. 결국 프로이트는 "꿈 자체를 증상으로 삼고, 병적 관념을 위해 만든 해석 방법을 꿈에 적용하자는 생각이 쉽게 떠올랐다"[18]고 말한다.

프로이트는 "노이로제 환자를 정신분석하면서 나는 아마도 1천 개 이상의 꿈을 해석했을 것"이라고 말한다. 신경증 환자들의 꿈을 분석하는 프로이트의 의도는 무엇일까?

꿈의 분석을 통해 내가 의도하는 것은 복잡한 신경증적 메커니즘의 문제를 해명하기 위한 예비 작업을 하는 데 있다. (『꿈의 해석』 p.109)

그러나 신경증 환자들의 꿈 이야기만으로는 정신분석이

---

18 Sigmund Freud, *Die Traumdeutung, G.W.*, vol. 2~3, p.106. Trad. I. Meyerson, augmentée et revisée par D. Berger, *L'interprétation des rêves*, Paris: P.U.F. 1967, p.94.

쉽지 않다. 정신분석에 꿈이 사용되려면, 그 꿈 제반조건이 파악되어야 한다. 즉 내용이 같은 꿈이라도 꿈을 꾼 사람이나 연결방법에 따라 다른 의미를 감추고 있을 가능성을 전제해야 한다.[19] 그래서 프로이트는 이 책에서 제반조건을 분명히 설명할 수 있는 자신의 꿈을 재료로 삼고 꿈 이론을 풀어간다.

6
『과학적 심리학 초고』에서 제시된 세 뉴런 시스템이 『꿈의 해석』에서 세 심급으로 정립되다

한 아버지가 병든 아들을 극진히 간호했지만 죽었다. 아버지는 커다란 촛불에 둘러싸인 아이의 유골이 안치된 방의 옆방에서 쉬면서도 방문을 열어 놓고 아이의 유골이 보이도록 했다. 한

---

19 위의 책, p.97.

노인에게 유골을 지키게 했고 그 노인은 아들 곁에서 기도를 하곤 했다. 이 아버지가 두세 시간 잠든 중에 이런 꿈을 꾸었다. 아들이 자기 침대 곁에서 팔을 잡고 원망하듯 속삭인다. "아버지, 제가 불에 타고 있는 게 보이지 않으세요?" 눈을 뜬 아버지는 유골이 있는 방에서 밝은 빛이 비쳐 나오는 것을 보고는 황급히 그 방으로 달려갔다. 유골을 지키던 노인은 졸고 있고, 초가 넘어져 아들의 수의와 한쪽 팔에는 불이 붙어 있었다. (『꿈의 해석』 p.513)

불타는 아들이 아버지를 부르고 있지만, 아버지는 아들을 구하기 위해 잠에서 깨지 않는 것이 이 꿈의 수수께끼이다. 왜 그가 꿈에서 깨지 않고 계속 꿈을 꾸었는가라는 질문을 던지면서, 프로이트는 그 꿈의 동기 중 하나는 아들이 살아 있길 바라는 소원성취라고 말한다. 이것이 사고 과정을 수면시 꿈으로 변화시킨 요인이다. 수면시 진행되었던 사고는 유골이 있는 방에서 한 줄기 빛이 새어 나온다. 초가 넘어져 아이를 태우고 있는 것은 아닐까? 노인은 촛불로부터 아들을 제대로 지킬 수 있을까? 하는 잠들기 전 아버지의 염려에서 비롯된다.

이를 앞서 본 사례에 적용시켜 보면, 이르마가 등장하는 꿈에서 프로이트가 진행시킨 무의식적 사고는 '이르마의 병이 오토 때문이었으면 좋겠다'는 것이다. 이 소망은 '노인 때문에 아이가 불에 타고 있고 아이는 아버지를 찾는다'와 '이르마의 병은 오토 때문이다'라는 현재형으로 꿈에서 표현된다. 현재형은 소망을 충족시키는 시제다. 꿈의 사고와 꿈의 내용의 구분으로 프로이트는 '정신(심리)의 구조'를 고안하게 된다. 정신(심리)의 구조는 거울 또는 반사장치 형태로 나타난다. 프로이트는 『꿈의 해석』에서 정신(심리)의 구조를 설명하며 다음 그림을 제시한다.

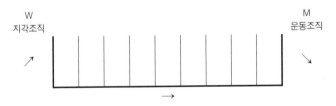

[도표 6] 제1차 위상에서 정신(심리)의 구조 1

이 그림은 『과학적 심리학 초고』의 양식을 반사장치와 망원경 장치에 비교한 것이다. 지각조직은 뉴런의 입수, 운동조직은 뉴런의 방출을 말한다. 뉴런의 양量 100이 들어오면 100이 방출되어야 된다. 그러나 실제로 30이 남는다고 가정한다면, 이는 뉴런의 기본 성질에 위배된다. 남은 것은 질質이 되어 다른 활동을 한다. 프로이트는 이 '남은 것'에 대하여 고민한다. 그것이 머무는 장소와 이 지점에서 발생하는 환각의 경로를 추적한다. 그래서 프로이트는 외부에서 들어오는 길목에 지각조직을 세우고, 이것이 질과 연관된다고 기술하고 있다. 이 조직을 통과하면 기억이 거론된다. 지각조직에는 기억력은 없지만 의식상 감성적이고 다양한 질을 보인다.

프로이트는 기억조직이 어떻게 생기는지는 밝히지 않은 채 기억 자체의 심층이 무의식적이라고 말한다. 기억조직과 무의식은 깊이의 차이와 검문소의 유무로 인하여 다른 조직이라고 말한다. 다음 그림은 기억 · 기억1 · 기억2 · 기억3 등으로 기억이 되살아나는 방향을 표시한다. 지각조직의 끝에는 운동조직이 있다.

[도표 7] 제1차 위상에서 정신(심리)의 구조 2

여기서 프로이트는 지각말단의 깊은 부분을 무의식, 의식
되는 부분을 기억 · 기억n · 전의식 · 운동조직으로 보고 있
다. 비판당하는 쪽이 무의식이고, 비판하는 쪽이 전의식이
다. 프로이트는 지각조직 · 기억조직 · 의식조직 · 운동조직
의 관계에 무의식과 전의식의 위치도 추가하여 다음 그림을
완성한다.

[도표 8] 제1차 위상에서 정신(심리)의 구조 3

여기서 꿈 형성의 동인, 즉 꿈의 원동력이 되는 부분이 바로 무의식이라고 프로이트는 말한다. 바로 위의 그림에서 주의해서 볼 점은 무의식과 전의식 사이에 있는 검문소, 즉 저항의 역할이다. 1895년 프로이트의 양과 질의 개념이 지각조직에서 운동조직으로의 '진행'에 강조점을 두었다면, 1900년 프로이트의 꿈의 사고 개념은 '퇴행'에 강조점을 둔다. 퇴행은 검문소가 휴식하고 저항이 약해지는 수면시 운동조직에서 지각조직으로 진행된다.

7

무의식이 작용하는 원리를 밝히다

기억조직과 운동조직 사이에 무의식·전의식·의식이라는 구도가 설정된다. 전의식에게 검문소의 역할이 맡겨지고 이를 저항이라 부른다. 이 저항이 어떻게 작용하는지 프로이트는 부연한다. 저항은 곧 억압 과정이다. 프로이트는 이 과정을 제1차 과정과 제2차 과정으로 나누어서 설명한다.

불쾌의 원칙 때문에 첫 번째 조직 ψ는 불쾌한 것을 사고 속으로 끌어들이기에는 역부족이다. 이 조직은 오직 욕망만 할 뿐이다. 이렇게 되면 두 번째 조직의 사고 작업은 방해를 받게 된다. 두 번째 조직의 사고 작업은 경험에 의해 축적된 모든 기억들을 자유롭게 사용한다.

여기서부터 두 가지 가능성이 열린다. 첫 번째 가능성은 두 번째 조직의 활동이 불쾌의 원칙으로부터 완전히 벗어나 기억 속 불쾌 따위는 신경 쓰지 않고 계속 자신의 길을 가는 것이다. 또 다른 가능성은 불쾌의 방출을 방지하기 위해 불쾌한 기억에 에너지를 집중하는 것이다.

첫 번째 가능성은 철회될 수 있다. 불쾌의 원칙은 두 번째 조직의 흥분 과정을 조절하는 장치이다. 따라서 두 번째 조직은 기억에 에너지를 집중하여 기억의 방출을 저지하고, 운동성 신경 감응에 비견되는, 불쾌의 방출 역시 저지하게 된다. 서로 다른 두 원칙에서 출발하여 '두 번째 조직에 의한 방출은 흥분 방출을 억제한다'는 가설에 도달하게 된다. '불쾌의 원칙'과 '가능한

한 최소 지출의 신경지배의 원칙'. 우리가 주장할 수 있는 것은
두 번째 조직이 표상에 도달하는 불쾌를 저지할 수 있을 때에
만 표상에 에너지를 집중할 수 있다는 것이다. 이것은 억압 이
론에 이르는 열쇠이다. (『꿈의 해석』pp.606~607)

지각조직(W)은 반사장치와 같은 구조를 갖는다. 이는 의
식 과정이다. 기억력은 없지만 기억조직(S)에 관계한다. 기
억조직(S)은 지각에 가해진 자극을 받아들이며, 기억력이 형
성된다. 지각조직에 가까이 있는 것부터 제1조직(S1)·제2조
직(S2)·제3조직(S3) 등으로 불린다. 제2조직은 제1조직의 순
간적 흥분을 지속적 흥분으로 대치한다. 지각들은 기억 속에
서 서로 결합된다. 그래서 (자유)연상이 가능하다. 기억조직
은 연상의 기반이 된다. 연상은 저항의 감퇴와 진로개척 등
의 결과인데, 제3조직에서 제2조직으로, 제2조직에서 제1조
직으로 옮겨가면서 이루어진다.

비판하는 검문소와 비판받는 검문소가 각각 있다. 비판하
는 검문소는 깨어 있을 때 생활에 깊이 관여하고 의식적 행동
에 관계된다. 이는 운동조직으로 옮겨간다. 반면 비판받는

검문소는 수면 또는 분석 중에 관여한다. 이는 기억조직으로 퇴행하게 한다.

기억조직과 운동조직 사이에는 무의식 · 전의식 · 의식이 놓여 있다. 특히 전의식은 무의식과 의식을 이어주는 역할을 하는데, 두 가지 과정으로 기능한다.

우선 제1차는 무의식 과정이다. 프로이트는 이 과정이 애초부터 인간정신에 주어진 것으로 보고 있다. 이 과정은 유입된 것을 자유롭게 흘려보내는 일에 기여한다(에너지 방출). 유입된 소리와 말은 '이미지'로 번역된다.[20] 심리적 에너지가 아무런 방해를 받지 않고 응축과 전치를 통해 하나의 표상에서 다른 표상으로 자유롭게 전치하게 된다. 이때 쾌 · 불쾌의 원칙이 작용된다.

이 원칙은 불쾌한 긴장을 유지 혹은 증가시키려는 의도를 가지며, 축적한 흥분량으로 지각동일성을 형성하기 위해 방출을 시도한다. 지각동일성이란 지각조직에 유입된 A가 기

---

20 1917년 소쉬르는 『일반언어학 강의』에서 이미지를 청각 이미지와 시각 이미지로 구분했다. 즉 보고 듣고 심지어 느끼는 것까지도 이미지라고 말했다.

억조직을 거쳐 운동조직으로 나올 때도 A라는 이론이다. 프로이트는 이를 '사물의 재현'이라 부른다. 그러나 프로이트가 생각하는 정신기제에서 지각동일성, 사물의 재현은 실제로 획득될 수 없다.

그 이유는 그것들이 무의식 안에서 각인된 사물의 청각-시각 이미지 또는 사물의 조각과 단편으로 구성되기 때문이다. 이런 기억의 이미지나 잔영은 정신기제에 의해 비동일성의 방식으로 재현된다. 정신분석에서는 동일성의 추구를 절대쾌를 추구한다고 말한다. 정신분석에서 근친상간을 이야기하는 것은 바로 이런 의미다.

제2차 과정은 전의식 과정이다. 시간이 흐름에 따라 점차 제1차 과정을 저지·엄폐하고, 나중에는 제1차 과정을 완전히 지배한다. 심리적 에너지는 자유롭게 이동하지 못하고 통제받거나 다른 에너지가 충당됨으로 변화를 일으킨다. 여기서 이미지가 언어로 변환된다. 제1차 과정과 제2차 과정 사이에는 검문소가 있기에 절대쾌가 아닌 부분 쾌감을 얻는다.

프로이트는 언어를 담당하는 전의식의 존재를 가정할 수밖에 없었다. 제1차 과정의 지각동일성의 불가능성을 인정하고 이제는 사고동일성을 획득하기 위해 다른 의도를 꾀한다. 절대쾌 획득을 원하는 것을 쾌·불쾌의 원칙이라고 부른다면, 이러한 광기에 대하여 현실의 요청을 상기하고 절제를 수용하는 제2차 과정을 현실의 원칙이라고 부른다. 이 역시 쾌락을 추구하지만 무의식의 제1차 과정과는 달리 에너지를 재분배하고 현실의 원칙의 지시에 따라 에너지를 천천히 흘려보내는 임무를 담당한다. 프로이트는 이 과정을 '언어의 재현'이라 부른다. 이 두 원칙은 1920년대 이루어질 대주조大 鑄造 때 사용된 용어이다.

언어가 발화되면 청각 이미지나 글에 나타난 시각 이미지 그리고 제스처에서 언어의 양상을 다시 찾게 된다. 즉 언어는 이러한 이미지와 연결되어 말로 표현된다. 청각 이미지는 시각 이미지와 연결되어 있다. 무슨 소리를 듣게 되면 사물에 해당하는 이름과 그 사물 특유의 성질을 떠올리고 그 사물을 의식화하도록 하는 시각기억 연상 이미지와 연결된다.

애초부터 제1차 과정이 있었고 제2차 과정이 나중에 커가면서 생겨 제1차 과정을 저지·통제·엄폐·억압한다면, 무의식적 소망충동으로 형성되어 있는 우리의 본질적 핵심부

는 전의식으로 파악하기가 불가능하다. 다른 한편으로 제2
차 과정은 무의식을 통제하려 해도 완전히 저지할 수 없다.
왜냐하면 전의식은 무의식에서 나오는 소망충동의 목적에
가장 적합한 길을 안내하는 데 그 역할이 한정되어 있기 때문
이다. 즉 전의식이 마련한 길이 적합하지 못할 때 검문소의
응축·전치 작용은 소망충동을 왜곡시킨다. 가령 말실수·
망각·꿈·갑자기 떠오르는 생각·예상치 못한 시어詩語의
떠오름·정신병적 증상의 고통 등이 일상행위로 나타난다.
이것은 밀고 올라오는 감정과 그것을 방해하는 억압 사이에
서 씨름하는 무의식을 보여 준다. 자극의 원천을 '억압된 재
현'이라 부르고, 억압을 벗어난 무의식의 알 수 없는 간격, 틈
을 '무의식의 새싹'이라고 한다.

무의식 속에서 리비도 집중은 쉽고 완벽하게 전이·전치·압
축될 수 있다. 따라서 이러한 생각을 전의식적 자료들에 적용
할 경우에는 논거가 빈약한 결과만을 낳을 것이다. 이것은 이
전의 전의식적 잔여물이 무의식 속에서 작동하는 원칙에 따라
처리된 후 꾸는 꿈에서 명시적으로 드러나는 비슷한 특이성을

설명해 준다. 나는 무의식 속에서 발견되는 이러한 형태의 과정을 제1차 정신 과정이라고 명명해서 우리들이 정상적인 의식 생활 속에서 얻게 되는 제2차 과정과 상치시켰다. 모든 욕동은 그 접점에 무의식적 조직을 갖고 있으므로 그것이 제1차적 과정을 따른다고 말해도 대단히 혁신적인 것은 되지 못한다. (『쾌락의 원칙을 넘어서』 pp.35~36)

프로이트가 이런 과정을 통해 밝혀낸 꿈은 '숨겨진 사고'와 '드러난 내용'으로 달리 이해된다. 그래서 꿈은 같은 내용을 두 가지 다른 언어로 쓴 두 개의 판본 같다고 말한다. 즉 원본으로서 꿈의 사고와 번역본으로서의 꿈의 내용이라는 두 대본이 있는 셈이다. 보통 우리는 꿈의 내용만을 기억한다. 꿈의 해석 방법에 따라 꿈의 사고를 찾아가는 것이 바로 정신분석 기술로 환자를 들여다보는 방식이다. 꿈의 해석을 통하여 프로이트는 '심적 결정론'을 확신하게 된다. 물질세계에는 우연이 존재하지만 정신세계에는 우연이 존재하지 않는다.

꿈에서는 동전 던지기를 할 수 없다. 꿈에서 동전 던지기를 한다면 속임수가 될 것이며, 결과는 무의식에 의해 결정될 것이다. 무의식은 의식의 도움 없이 계산하고 셈한 결과는 '몽유병적 확실성'으로 남게 된다. 이때 숫자를 아무렇게나 선택하는 것은 불가능하다. 선택은 자유롭거나 비규칙적으로 이루어지는 것이 아니라 무의식적으로 결정된다는 것을 정신분석은 보여 준다. 결정론을 믿는 것은 모든 것이 해석 가능하다는 믿음을 심어준다.

응축과 전치는 제1차 과정과 제2차 과정에서 발생한다. 응축은 무의식에서 전의식으로 나오는 과정, 꿈의 사고에서 꿈의 내용으로 나오는 과정, 지각동일성에서 사고 동일성으로 나오는 과정에서 혼란을 초래하는 일종의 왜곡 기능이다. 여러 관념들이 꿈속에서 하나의 이미지로 합쳐진다. 제2장에 소개한 이르마가 등장하는 꿈에서 생각해 보면, M. 박사는 응축 과정을 통해 만들어진 것이라고 프로이트는 말한다.

내 꿈에서 M. 박사는 M. 박사라는 이름을 가지고 M. 박사처럼 말하고 행동한다. 그러나 그의 신체적 특징과 질병은 다른 인물, 즉 내 형의 것이다. 단 한 가지 특징, 창백한 안색은 이중으로 겹쳐 있다. 왜냐하면 실제로 두 사람은 안색이 창백하기 때

문이다. (『꿈의 해석』 p.299)

응축의 다른 예로는 식물학 연구 논문에 관한 꿈 · 아름다운 꿈 · 풍뎅이 꿈 등이 있다. 꿈에 나타나는 한 사람은 두 사람이나 여러 사람의 표상으로 해석할 수 있다. 라캉은 이것을 은유라고 설명한다.[21] 은유는 많은 것들 중 유사한 하나를 선택하는 것이기에 '은유적 응축'이라 부를 수도 있다.

전치는 꿈의 사고와 꿈의 내용 사이의 다름을 보여 주는 동시에 교량 역할을 한다. 꿈의 핵심을 중심으로 꿈의 사고에서 꿈의 내용으로 이동하는 것을 환유, 즉 '환유적 결합'이라 부른다. 그래서 꿈은 하나의 줄거리를 갖게 된다. 전치는 전혀 다른 꿈의 사고와 꿈의 내용을 결합시키기 위해 여러 이야기를 덧붙인다.

---

[21] 1957년 '무의식 안에서 문자의 층위'라는 강연에서 라캉은 은유와 환유를 말했다. 이 요소들은 야콥슨(Roman Jakobson)과 할레(Morris Halle)가 출판한 『언어의 근본』을 읽고 얻어졌다. 이 공저에 들어 있는 논문 「언어의 두 측면과 실어증의 두 형태」는 『일반언어학 에세이』(1963)에 재수록되었다. 이 논문은 라캉에게 무의식-언어라는 가설을 구조적으로 세울 수 있도록 도움을 준다.

분석을 해보면 꿈의 핵심에서 벗어나 있지만 어떤 의도를 이루기 위해 삽입된 듯하다. 이런 의도는 쉽게 드러난다. 즉 이것들은 꿈의 사고와 꿈의 내용 사이를 결합시킨다. 이 가운데는 물론 부자연스러운 억지 결합도 있다. (『꿈의 해석』 pp.312~313)

가령, 프로이트가 꾼 식물학 연구논문을 보자. 이 꿈을 꾼 날, 프로이트는 서점 진열장에서 식물학 관련 책을 보았다. 코카인을 임상에 사용하는 일을 담당한 친구인 안과 의사 쾨니히슈타인(Dr. Königstein)과 대화를 나눴고, 동료의사에게 진료받을 경우 지불해야 할 의료비에 대해 고민했다. 프로이트가 분석하기로, 이런 체험은 아무런 연관이 없지만, 식물학이라는 단어를 중심으로 줄거리가 형성되어 꿈에 나타난다.

프로이트는 이 꿈의 사고를 "동료들 사이의 의무적 활동에서 발생하는 어려움과 갈등 그리고 취미를 위해 너무 많은 대가를 치른다는 비난"이라고 해석한다. 식물학이란 요소가 꿈 중심에 설 수 있었던 것은 바로 이런 꿈의 사고 때문이다. 전치는 꿈의 사고에서 꿈의 내용으로 이동하면서 꿈의 핵심에 줄거리를 첨부시키는 작용이다.

이를 라캉은 환유로 설명한다. 환유는 결합이다. 두 개 이 상의 다른 것들이 은유적 응축에 의해 선택되고, 이러한 선택이 인접된 것의 무엇에 결합되는 것이 바로 환유적 대체 또는 환유적 결합이다. 이는 정신분석의 시간과 공간을 생각할 수 있게 한다. 오랫동안 시간과 공간을 생각한 프로이트는 정신분석에는 유년기가 없다는 말을 하게 된다. 이 말은 과거에 경험된 모든 것이 현재에 작용하고 있다는 것, 심적 현실이라는 것을 의미한다.

정신분석적 발견의 결과로 오늘날 우리들은 '시간과 공간이 사고의 필수 불가결한 형식들'이라는 칸트의 법칙을 논해야 한다. 우리는 무의식적 정신 과정이 그 자체로 무시간적이라는 것을 알았다. 이 말은 우선 그 정신 과정에서는 시간적으로 질서가 만들어지지 않았다는 의미이고, 시간이 어떤 방식으로도 그 과정을 변화시키지 않으며 시간의 개념이 그것에 적용될 수 없다는 뜻이다. 이것들은 부정적인 특징들인데, 이것은 의식적인 정신 과정과 비교가 이루어지면 분명히 이해될 수 있다. (『쾌락의 원칙을 넘어서』 p.28)

「무의식에 관하여」(1915)에서 발전시킨 무의식의 시간 개념을 『쾌락의 원칙을 넘어서』(1920)에서 위와 같이 정리한다. 『꿈의 해석』에서 시작된 시간과 공간의 개념은 20년이 지나 '무시간적 시간', 즉 무의식의 시간론으로 정리된다. 제1차 위상을 제시한 『꿈의 해석』은 제2차 위상의 시기에서는 과학으로서 무의식 개념으로 진전된다.

4

프로이트는 두 개의 욕동(충동)을
말한다: 두 개의 리비도, 두 개의
나르시시즘

1

프로이트, 유아의 성을 연구하다

프로이트가 말하는 유아의 성은 정신분석 기술을 발전시키는 데 중요한 역할을 한다. 하지만 그 당시 빈의 의사를 비롯한 많은 사람들은 이 이론을 납득하려 하지 않는다. 이런 분위기는 장 폴 사르트르가 각본을 쓰고 존 휴스톤 감독이 만든 영화 「프로이트」(1962)에 잘 나타난다. 유대인이 시작한 학문이기도 하고 천진난만한 유아에게 전가한 가혹한 내용 때문에 정신분석에 대한 사람들의 반응은 호불호가 분명하게 나뉘었다. 왜 유아의 성이 프로이트에게 중요한지, 정신분석 기술을 전개하는 원천이 되는지 살펴보자.

한껏 젖을 먹고 분홍빛 뺨에 미소를 띤 채 잠이 든 유아를 보면, 마치 성인이 성적인 만족을 얻었을 때의 표정 같다. 반복되는 성적 만족은 양분 섭취와는 차이가 있다. 이 분리는, 이가 나서 씹을 수 있게 되면 빨지 않고도 음식을 섭취할 즈음 발생한다.

우선 유아는 빠는 행위를 할 때 타인의 몸보다는 자신의 것을 더 선호한다. 그것이 더 편리하고, 아직은 마음대로 다룰 수 없는 자신의 몸을 외부 세계로부터 독립시켜 주기 때문이다. 비록 쾌감이 좀 떨어지는 것이기는 하지만, 이런 행동은 사실상 유아에게 두 번째 성감대를 제공한다. 그러나 두 번째 부위가 첫 번째 부위에 비해 좀 쾌감이 떨어지기에 다른 사람의 부위(가령 입술)를 추구하는 것이다. (『성에 대한 세 편의 에세이』 pp.81~82)

프로이트는 유아의 성에 대한 자료를 아이가 아니라 그가 상담한 사람들로부터 얻는다. 신경증 환자 등을 포함한 대부분의 사람들은 6~8세 이전의 유년기 초기를 잘 기억하지 못한다. 수천 년 전 과거의 일도 아닌 자신의 일인데도 기억하지 못한다. 잊어버린 기억과 느낌은 내면에 깊은 흔적을 남기고 성장 과정에서 결정적인 영향을 미친다는 것이 프로이트가 유아의 성을 연구하면서 얻은 수확이다. 보통 기억상실이란 정말 기억이 없어진 것이 아니고 억압을 통해 의식으로 떠오른 기억이 저지당한 것을 말한다.

문명화된 아이들에게 '댐'의 역할을 하는 것이 있다. 여기서 댐이란 본능을 가로막고 그 흐름을 방해하는 정신적인 힘인데, 이는 교육을 통해 길러진다. 교육은 본능을 억압시키는 역할을 한다. 프로이트는 이 댐을 욕동(충동)으로 표현하며, 본능과 욕동 사이에는 억압이 자리한다고 말한다.

억압 기제가 잘 작동하기 이전, 즉 잠복기 이전 시기에 유아는 본능과 욕동을 구분하지 않고 혼용하여 사용한다. 유아의 빨기와 만지기가 대표적인 표현이다. 가령, '빨기'는 빠는 본능, 양분 섭취(자아 욕동)와 성 만족(성 욕동) 등을 표현하는 복합적인 행위이다. 처음에 빨기는 본능Instinkt적인 행위로 보인다. 점차 양분을 섭취하기 위한 행위로 이어지는데, 엄마를 통해 인도되는 젖빨기는 '자아 욕동Ich-Trieb'인 '자기성애auto-erotismus'로 이어진다. 이 과정에서 빨기의 대상은 변화된다. 처음에는 젖가슴이고, 젖가슴이 자신에게서 멀어지면 자신에게서 가까운 대상을 빨게 된다. 이때 대상은 엄지손가락, 엄지발가락, 타인의 귀 등이 된다. 빨기는 만지기로 이어진다. 그 대상은 타인의 귀, 물건들, 자신의 성기 등도 된다. 수음이라고 불리는 자기의 성기를 만지는 행위는 야뇨증을 일으키거나 몽정과도 관계된다. 이런 과정을 통해 성 욕동으로 발전한다. 성 욕동은 프로이트가 독일어로 Geschlecht-Trieb, Libido-Trieb, Sexual-Trieb 등으로 표기한다.

이처럼 양분 섭취를 위한 빨기는 본능, 자아 욕동(자기보존 욕동, 자기성애), 성 욕동으로 발달한다. 이에 대한 프로이트의 견해를 들어 보자.

성적 행동에서 반드시 언급되어야 할 놀라운 면은 본능이 다른 사람이 아닌 자기 자신의 몸에서 만족을 얻는다는 것이다. 이 현상에 엘리스가 도입한 용어는 '자기성애auto-erotisch'이다. [⋯] 우리가 보는 견지에서 아이의 입술은 성감대처럼 작용하며 따뜻한 젖의 흐름이 주는 자극은 의심할 바 없이 쾌감의 원천이다. 이 성감대의 만족감은 무엇보다도 먼저 양분을 섭취하려는 욕구와 관계된다. [⋯] 엄지손가락 빨기 또는 감각적인 빨기에 관한 우리 연구는 이미 유아기의 성 표현에 대해서 세 가지본질적인 특성을 보여 주었다. 원래 빠는 행위는 그 자체로서 생명 유지에 필요한 신체적 기능 중의 하나다. 그러나 아직 성적 대상이 없기 때문에 자기성애적이다. (『성에 대한 세 편의 에세이』pp.82~83)

'자기성애'는 1920년대 판본에서는 좀 더 구체화된다. 프로이트는 엘리스Henry Havelock Ellis가 사용한 용어와 정신분석에서 사용하는 용어의 차이를 설명하면서 이렇게 덧붙인다.

우리가 사용하는 의미와는 약간 다르게, 엘리스는 외부가 아닌 내부에서 흥분이 생긴 경우에 자기성애auto-erotisch라는 말을 사용한다. 정신분석에서 가장 중요하게 생각한 것은 (흥분의) 기원이 아니라 어떤 대상과의 관계다. (『성에 대한 세 편의 에세이』 p.82, 각주)

프로이트에 따르면 어머니의 유방을 빨면서 배고픔을 채우는 자기성애 단계에서는 내부나 외부가 존재하지 않는다. 왜냐하면 이 단계에서는 내부와 외부를 구분할 수 있는 성 에너지가 거론되지 않기 때문이다. 그러다가 성 에너지가 생성된다. 다시 말해, 자아 욕동의 단계는 아직 안과 밖을 구분할 수 있는 지적 작용이 생성되지 않는다. 안팎을 나누는 존재 판단이 아직 없는 단계이다. 그러나 성 욕동의 단계에는 안팎이 나뉜다. 이 단계에서는 리비도가 내 안에 머물기도 하고, 외부 대상과 관계를 맺기도 한다. 속성판단이 작용된다.

'성'에는 내적 활동과 외적 활동이라는 두 가지 형식이 있다. 우선 내적 활동은 내부의 욕동과 욕망을 통해 내부 대상과 외부 대상 간의 관계를 맺는 것이고, 외적 활동은 외부의 유혹과 체벌을 통해 외부 대상과 내부 대상 간의 관계를 맺는 것이다. 이런 활동은 지적인 활동과 결합하여 성을 탐구하는 데 이른다. 성 탐구는 동생이 태어난다든지 실재적인 관심에서 비롯된다.

프로이트가 정리한 것에 따르면, 환자들이 자신들의 유년기 시절에는 출생에 대한 이론을 정확하게 알지 못한다고 말한다. 성인이 되기까지 그들은 출생에 관하여 내부 이론 또는 외부 이론을 가졌다. 내부 이론이란 출생이 가슴·몸·배꼽·대변을 통해 이루어진다는 것이고, 외부 이론은 황새가 아이를 가져다준다는 이론이다. 프로이트는 '아기가 어디서 온 것일까'라는 물음을 스핑크스의 수수께끼라고 불렀다. 아이들은 동생이 태어나면서 남자와 여자의 해부학적 다름을 알게 되고 이 다름은 같음으로 이어질 것이라고 예상한다. 이러한 예상에는 불안이 내재한다. 남자아이는 여자아이처럼 자신의 성기가 없어질 것이라는 거세불안을 갖게 되는 반면, 여자아이는 이미 없어진 자신의 성기가 자라길 바라는 남근선망을 하게 된다.

아이의 질문은 더 깊어진다. 즉 아이들은 거세되거나 자라게 될 생식기에 대해 집중적으로 관심을 가지면서 점차 '원장면原場面, primitive Scene'이라는 것을 상상한다. 원초적 장면은 아이가 실제로 목격한 것은 아니지만 아이가 성을 탐구한 뒤 스스로 내리는 가설이 된다. 이 용어는 정신분석에서 중요하게 다룬다. 실제로 부모의 성관계를 목격하지는 않았지만 성관계를 통해 아기가 태어날 것이라는 지식은 얻게 된다.

2
프로이트가 주시하는 성은 무엇인가

『성에 대한 세 편의 에세이』(1905)는 다섯 차례 내용이 수정되었다. 그만큼 성에 대한 프로이트의 생각에는 변화가 많았음을 알 수 있다. 그 가운데 「어린아이의 성 이론에 관하여」 (1908), 「나르시시즘입문」(1914)은 그런 면모를 잘 보여 준다. 우선 1905년 작품을 보면서 시작해 보자. 이 책에는 크게 세 편의 글(성의 탈선 또는 도착, 유아기의 성, 사춘기의 변화)이 포함되어 있다. 즉 도착·유아·사춘기의 성을 다루고 있다.

프로이트에 따르면, 성 이론은 일상의 임상관찰에 근거한 정신분석 연구의 산물이기에 완벽할 수 없다고 밝힌다. 정신 분석은 우연적이고 개별적인 요소의 결과다. 계통발생이나 기질은 이미 있어 온 것이지만 개체발생과 우연은 최근에 개인적으로 발생한 것이다. 그런 면에서 개체발생은 계통발생의 반복일 수 있지만 우연은 탈계통화를 의미한다. 정확한 의미에서 정신분석적 경험이란 반복되는 계통발생보다는 우연한 개체발생을 다룬다고 보아야 한다. 이를 강조하기 위해 프로이트는 정신분석적 경험이란 일반 성생물학이나 동물 성생물학과는 관계가 없는 것이라고 말한다.

프로이트는 인간의 성적 기능과 정신분석 연구를 통해 인간 성생활의 생물학을 구성하려 했다. 프로이트는『성에 대한 세 편의 에세이』를 두 가지 측면에서 평한다. 우선 정신분석적인 내용, 가령 무의식·억압·극심한 고통의 갈등요소·질병의 특전·증상형성의 메커니즘 등에 대해 호평한다. 반면 생물학적 측면의 서술에 대해서는 혹평한다. 그렇기에 일반의사가 아닌 정신분석가만이 지속적인 자료검증과 새로운 자료 수집을 통해 인간 성생활의 시작과 그 전개를 확인할 수 있다고 말한다. 그리고 그는 이 책의 한계를 지적한다. 그것은 성욕의 중요성을 깨닫고 이를 확대하면서 생기는 우려이다. 사람들은 프로이트 자신의 생각을 범성욕이라는 말을 만들어 규정하고 모든 것을 성욕으로 환원시킨다고 비난한다. 이에 프로이트는 성 욕동으로 결정되는 인간행동을 말한 쇼펜하우어의 말을 인용하면서, 성욕 개념을 확대한 것은 아동과 도착증 환자 분석을 위한 것이지 모든 것이 성에 귀결되는 것은 아니라고 강력하게 반박한다. 그러면서 플라톤식의 에로스가 정신분석에서 말하는 성과 유사하다고 주장한다.

이 책은 20여 년에 걸쳐 계속 수정·보완되는 가운데 유혹이론을 지양하고 과학적 '성 욕동(성충동)' 이론으로 나가는 계기를 마련한다.

3

아기는 어디서 오는가

「유아의 성 이론」(1908)은 앞서 본 1905년에 출판된 『성에 대한 세 편의 에세이』의 두 번째 편인 '유아의 성'을 잘 요약하고 있다. 거세 콤플렉스를 명확히 언급하고 설명하며 동성애와도 연관 짓는다. 프로이트가 유아의 성 출처는 아이의 말과 행동·신경증 환자의 유아기 회상·신경증 환자의 무의식적 자료 등이다. 즉 정상인이 어린 시절 경험한 것이나 신경증 환자가 들려주는 어린 시절에 관한 이야기 등이다.

이렇게 수집된 자료는 신화나 동화와 비교되기도 한다. 실제로 프로이트주의를 이끈 수요심리학회에서는 실생활의 사례뿐 아니라 문헌 속에 등장하는 예화를 수집하고 토론했다. 이때 모은 사례 중 하나가 '꼬마 한스'이다. 한스는 동생이 태어나면서 부모의 관심을 빼앗기고 자기의 모든 소유물을 나눠야 한다는 불안감을 갖는다. 그리고 '아기가 어디서 온 것일까'라는 질문을 던지는 아이로 성장한다. 프로이트는 한스의 예화를 통해 다음 세 가지의 성에 대한 지식을 얻게 된다.

① 남녀간의 성 차이를 모르는 아이들
② 임신과 탄생에 대한 호기심
③ 원장면

첫째, '남녀간의 성 차이를 모르는 아이들'을 보자. 이는 범 남근주의 · 거세 콤플렉스 · 남근선망으로 정리된다. 남자 아이의 경우, 모든 사람이 음경을 가지고 있다고 생각한다. 그러나 여성의 몸을 보면서 음경이 거세되었다고 생각하고 잘려진 것을 혐오하게 된다. 그리고 잘려진 것에 대한 애착이 없어지고 동성에 대한 관심을 갖게 된다. 이는 동성애로 나가게 된다. 반면 자신도 거세될 것이라는 불안감을 지닌 거세 불안이 등장할 수도 있다.

여자아이의 경우 성장하면서 복잡한 과정을 거친다. 자신이 이미 거세되었다는 불안감을 갖다가 남자처럼 음경이 자라게 될 것이라는 소망뿐 아니라 음경을 가진 것을 더 선호하게 된다. 이 경우 이성에 관심을 두게 된다.

둘째, '임신과 탄생에 대한 호기심'은 구강수정과 배설이론으로 정리된다. 정자와 난자가 결합해서 동생이 생긴다는 것은 유아에게 어려운 설명방식이다. 이는 어머니의 몸에 대한 이해가 정확하지 않기 때문이다. 즉 어머니는 음경이 거세된 상태라고 생각한다. 그래서 아이는 아버지의 음경이 어머니의 입으로 들어가서 아이를 넣어 주고(구강수정) 그 아이는 항문으로 나온다(배설이론)고 이해한다. 또한 배설이론은 아기가 마치 '빨간 두건을 쓴 꼬마' 동화에서처럼 복부 절개 수술을 통해 나온다고 이해한다. 이렇게 배꼽·복부·항문 등에서 아이가 나온다면 남녀 모두 임신과 출산이 가능한 것으로 이해한다.

셋째, '원장면'은 가학적인 성관계에 관계된다. 즉 강한 자가 약한 자에게 하는 것이 성 행위라는 것이다. 성 행위 가운데 아버지가 어머니 위에 있고 어머니는 아픔을 의미하는 소리를 낸다. 그 증거로 침대나 속옷에서 피가 발견된다. 아이는 이런 가학적인 성 행위와 임신을 연관시키지 못한다.

4

성 흥분은 왜 발생하는가

성적 흥분이라는 화학적 근거에 기초한 가설은 성적 생명을 드러내는 심리적 개념들과 너무나 잘 어울린다. 리비도는 성적 흥분 과정과 그 변화가 양적으로 표출되어 측정할 수 있는 힘이다. 우리는 리비도를 정신의 근저에서 작용한다고 가정되는 다른 심적 에너지와 구분한다.

여기서 구분은 리비도의 기원에 상응하는 것으로 우리는 리비도의 양적인 특성과 함께 질적인 특성도 고려한다. 리비도와 다른 형태의 심적 에너지를 구분할 때, 우리는 생물체에서 일어나는 성적 절차는 특별한 화학 작용에 의한 영양섭취 과정과 구분된다는 가설을 세운다. (『성에 대한 세 편의 에세이』 pp.118~119)

매우 짧고 집약적으로 서술된 리비도 개념은 1913년 중반에 고안되고 로마에서 휴가를 보내면서 초안이 작성된다. 1914년 초반에 완성된 글의 제목은 리비도론이 아니라 「나르시시즘입문」이 된다. 우리가 알고 있는 나르시스 신화는 오비디우스가 저술한 『변신 이야기』(金, 2017)에 '나르킷수스와 에코'라는 제목으로 실려 있다. 『정신분석입문』(1917)의 제26장은 '리비도와 나르시시즘 이론'이란 제목인데, 프로이트는 이 두 개념을 분리하기보다는 하나로 묶기를 선호한 것 같다. 여기서는 육체의 '본능'인 배고픔에 비교하며, '성 욕동'으로서의 리비도를 설명한다.

> 리비도를 배고픔과 연관하여 생각하면, 리비도는 힘을 의미한다. 배고픔이 음식섭취 본능을 나타낸다면, 리비도는 성 욕동을 드러내는 힘을 나타낸다. 성적 흥분과 충족은 다른 개념이지만 다른 표현이 필요하지는 않다. (『정신분석입문』 p.323)

'자아 리비도Ich-libido'는 어떻게 생기는가? 얼마나 증감하는가? 그 양은 어떻게 배분되고 변하는가? '자기성애'와 '자아 리비도'는 어떤 관계일까? 프로이트는 『정신분석입문』에서 리비도의 두 형태인 자아 리비도와 대상 리비도Objekt-libido를 다루면서 그런 것을 설명한다.

'자아 리비도'는 한 사람의 신체 모든 기관에서 생기는 성적 흥분을 양적으로 파악한 것이다. 자기성애는 처음에 유아가 생존을 위해 본능적으로 빠는 행위를 통해 설명된다. 하지만 유아가 배부른 후에도 계속 빠는 행위를 지속하는 것은 성적 만족을 위한 것이다. 자아 리비도는 배고픔을 채운 후 성적 만족을 위한 '빨기' 행위와 연관된다. 이런 면에서 프로이트는 자아 리비도를 후천적 경험이라 말한다. 리비도가 애초에는 없다가 점차 생겨나는 것이므로 자기성애의 유아와 자기성애 이후의 유아로 나누어서 생각하면 좋다. 다른 용어로 말하자면 전자는 자아 욕동이고, 후자는 성 욕동이다. 자아 리비도와 대상 리비도가 성 욕동에서 발생한다. 이런 구분은 『성에 대한 세 편의 에세이』에서는 상세하게 나타나지 않고 약 10년이 지나 「나르시시즘입문」(1914)에서 나타난다.

'대상 리비도'는 '자아 리비도'에 이어지는 것으로 아이가 다른 대상과 어떻게 관계를 맺는가를 설명해 준다. 자기 안에 머물던 성 흥분 에너지가 대상을 찾고 그 대상에 머물거나 다른 대상으로 이동한다. 아이는 자신의 신체 부위를 빨거나 자신에게서 가까운 대상을 빨다가 그 행위가 만지기로 이어진다. 대상 리비도는 자아에서 시작된 리비도가 대상에 갔다가 다시 자신에게 돌아오는 과정이다. 이런 면에서 볼 때 프로이트가『히스테리 연구』에서 이미 가정한 전이도 리비도의 이동, 다시 말해 성적 흥분의 양적 이동으로 볼 수 있다. 이런 방식으로 프로이트는 자신과 대상의 관계를 설명해 주는 리비도를 말한다.

복잡해 보이는 프로이트의 제1차 위상에 따른 욕동과 리비도 개념은 아래 도식(도표 9)으로 간단하게 정리된다. 이 도식은 라플랑슈와 퐁탈리스가 쓴『정신분석사전』의 '자아 리비도-대상 리비도' 항목에서 간단하게 제시된 것을 필자가 수정한 것이다. 필자는 이 도식을 토대로 본능과 욕동을 구분하고 욕동을 자아 욕동과 성 욕동(리비도 욕동)으로 구분하는 프로이트의 구도를 좀 더 진전 시켜본다.

[도표 9] 제1차 위상 때의 본능과 이원성의 욕동(충동)

5

제1차 위상 때 욕동의 이원성은 자아 욕동과 성 욕동이다

리비도와 나르시시즘은 어떤 연관성이 있는가? 앞의 인용
문에서 프로이트는 그 이유를 잘 설명하지 못할 뿐 아니라 심
지어 나르시시즘은 등장하지도 않는다. 리비도 개념이 나르
시시즘 구조를 설명하는 내용이라 그럴까?

구분 \ 분화	본능 (Instinkt)	욕동 (Trieb)	
욕동	↙	성 욕동 (리비도) ↘	
	자아 욕동 자기보존 자기성애		
리비도	↓ (리비도 없음)	↙ 자아 리비도	↘ 대상 리비도
나르시시즘		제1차 나르시시즘 (근원적 나르시시즘) (제1차 자기애)	제2차 나르시시즘 (부차적 나르시시즘) (제2차 자기애)

[도표 10] 제1차 위상 때의 본능과 이원성의 욕동

자아 리비도에서 대상 리비도로의 이동은 다른 말로 하면 자아에서 대상으로 사랑이 이동한 것과도 같은 맥락이다. 나르시시즘은 이런 과정을 전체적으로 표현하는 용어다. 프로이트는 이를 근원적 나르시시즘과 부차적 나르시시즘으로 나눠 설명한다. 이를 우리는 '제1차 나르시시즘·제1차 자기애Primärer Narzissmus'과 '제2차 나르시시즘·제2차 자기애Sekundärer Narzissmus'라고 말할 것이다.

'자아 욕동'은 리비도 없는 빨기 행위인 자기성애의 다른 이름이고, '성 욕동'은 리비도와 관계된 '자아 리비도'와 '대상 리비도'이다. '자아 욕동'이 없다면 아이는 죽음에 이르는데, 그 이유는 음식 섭취가 생명 유지에 관계되기 때문이다. 순수한 의미에서 자아 욕동은 생존에 관계되지만, 일단 배고픔에서 벗어난 후에는 성 욕동이 생성된다. 프로이트는 어린아이와 어른의 빨기 행위뿐 아니라 만지기 행위도 자아 욕동 이후의 성 욕동으로 본다.

젖먹이에게서 나타나고 어른에게서도 평생 동안 지속되는 '빨기'는 음식 섭취를 목적으로 하지 않는 입술의 율동적이고 반복적인 운동이다. 대개 입술의 한 부위 · 혀 · 피부의 다른 부분 · 엄지손가락은 빈번한 빨기의 대상이다. [⋯] 귓불을 습관적으로 만지거나 당기는 욕동도 있다. 아이는 엄마의 귓불처럼 타인의 신체에서 자기가 만질 수 있는 부분을 찾는다. (『성에 대한 세 편의 에세이』 p.80)

자기성애의 욕동은 처음부터 존재하고 있다. 따라서 나르시시즘이 형성되기 위해서는 자기성애에 무엇인가 새로운 정신 작용이 부가되어야 한다. (『나르시시즘입문』 p.142)

프로이트가 말하는 자기성애적 욕동은 출생 시부터 존재하지만, 이때 성 욕동은 존재하지 않는다. 여기서 프로이트는 자기성애를 자아 욕동이라고 말한다. 한글 번역본에서 본능과 욕동은 구분 없이 사용되어 혼돈을 준다. 전체적인 구도에서 보면, 프로이트는 본능과 두 개의 욕동(자아 욕동, 성 욕동)을 구분한다.

자아 욕동은 성 욕동으로 이어져야 하는 운명을 지니고 있다. 자기성애인 자아 욕동에서 성 욕동으로 이어지는 과정에서 무슨 일이 발생하는가? 우선 프로이트가 '근원적 나르시시즘'이라 부르는 '제1차 나르시시즘·제1차 자기애'가 나타난다. 이는 앞서 본 자아 리비도의 단계로 자아에서 리비도가 분출되는 시기다. 그러므로 자기성애는 나르시시즘을 향한 통로이다. 자기성애는 삶의 계속성을 야기하며, 성장 세포는 새로운 개체를 형성하면서 전개될 수 있기에 불멸이라 할 수 있다. 그 후 '부차적 나르시시즘'이라 부르는 '제2차 나르시시즘·제2차 자기애'가 나타난다. 이는 대상 리비도의 단계로서, 자아에서 분출된 리비도가 대상과 관계를 맺는 시기다.

자아 리비도와 대상 리비도는 성 욕동의 두 측면이다. 전자는 자아를 향해 방출하는 리비도이고, 후자는 대상을 향해 방출하는 리비도다. 프로이트는 「허무함」[22]이라는 짧은 글에서 리비도의 운명을 아름답게 표현한다. 리비도는 자아와

---

22 Sigmund Freud, "Vergänglichkeit," in *Das Land Gœthes 1914~16*, Gedenkbuch, hrsg. vom Berliner Gœthebund, Stuttgart, 1916, *G. W.*, vol.10. pp.358~361. Trad. franç. J. Alnian, A. Bourguignon, P. Cotet, "Ephémère destinée," in *Résultats, idées, problèmes 1 (1890~1920)*, Paris: P.U.F., 1984, pp.233~236.

대상 간을 왕복한다. 자아에 고착했던 리비도는 자아를 떠나 대상을 향한다. 대상에 도착한 리비도는 자아와 대상을 연결하며 이때부터 자아와 대상은 밀월 관계에 들어간다.

그러다가 대상이 없어지는 경우가 생긴다. 이때 리비도는 대상이 상실되어도 그 대상으로부터 떠나지 않는다. 여전히 자아와 대상을 연결한다. 이전 대상보다 객관적으로 더 나은 대상이 와도 리비도는 여전히 이전 대상을 향해 있고 새로운 대상에게는 관심을 두지 않는다. 정신분석이 집중적으로 관찰하는 것은 바로 상실된 대상에 대하여 애착을 포기하지 않는 리비도다.

우리가 지금 언급하고 있는 나르시시즘Narziβmus과 앞에서 리비도의 초기 상태라고 기술한 자기성애Auto-erotismus는 어떤 관계인가? 둘째, 만일 리비도의 일차적 방출이 자아를 향한다면, 자아 욕동의 비성적 에너지를 성적 리비도와 구분할 필요가 있을까? […]

첫 번째 물음에 관한 의견은 이러하다. 처음부터 한 개인에게는 자아에 견줄 만한 단일성은 존재하지 않는다. 자아는 발달을 감내해야 한다. 자기성애적 욕동은 처음부터 존재하는 반면, 나르시시즘이 형성되기 위해서는 새로운 심리적 활동이 자기성애에 더해져야 된다. 두 번째 질문에 답하는 모든 정신분석가는 불편한 심기를 느낀다. […] 자아 리비도와 대상 리비도와 같은 개념의 가치는 그 개념이 신경증이나 정신병 과정의 본질적 특징을 연구한 결과 파생된 것이다. 리비도를 자아 고유의 리비도와 대상을 향한 리비도로 구분하는 것은 성 욕동과 자아 욕동을 구별했던 최초의 가설에서 필연적으로 귀결된 것이다. (『나르시시즘입문』 pp.141~143)

결국 프로이트는 리비도가 없는 자기성애 단계와 리비도의 방출이 있는 성 욕동의 구분이 필요함을 역설하고 있다. 프로이트는 자아 리비도와 대상 리비도를 나르시시즘이라는 용어로 통합시킨다. 성 욕동이 자아 리비도와 대상 리비도라는 두 형태로 설명되듯이 나르시시즘 또한 두 형태로 나뉜다. 우선 근원적 나르시시즘은 자아 자신에게 모든 리비도를 방출하는 시기에 관한 것이고, 부차적 나르시시즘은 대상에게로 리비도 방출이 전개된 뒤 이 리비도가 다시 자아 자신에게로 귀환하는 것이다.

6

사랑을 일반화시키다

리비도와 나르시시즘은 결국 일상생활에서 한 사람이 다른 사람을 만나 맺는 감정 유대 과정을 설명하는 것이다. 남자와 여자의 경우가 각각 다르기는 해도, 프로이트는 '자아 리비도'에서 '대상 리비도'로 전환되는 과정에서 일반적으로 나타날 수밖에 없는 유형을 이렇게 정리하고 있다.

자식들에 대한 부모의 태도는 이미 오래전에 포기했던 그들 자신의 나르시시즘을 부활·재현시키는 행위라는 사실을 인정하게 된다. [⋯] 대상을 과대평가하는 부모들의 신뢰는 그들의 정서적 태도를 지배하고 있다. 따라서 부모들은 아주 냉철해지지 못해 자식의 잘못을 숨기거나 망각하고 자식을 아주 완벽한 존재로 여기게 된다. [⋯] 아이는 부모가 이루지 못한 꿈을 이루어야 된다. 사내아이는 아버지를 대신하여 위대한 영웅이 되어야 하고 계집아이는 잘생긴 왕자와 결혼해서 어머니가 이루지 못한 꿈을 보상해야 한다. 이 모든 것은 현실의 압박을 심하게 받아 자아의 불멸성에 위협을 받고 있는 부모의 나르시시즘이 자식에게서 피난처를 찾아 안정을 유지하려는 것이다. [⋯] 즉 부모의 나르시시즘은 대상을 향한 사랑으로 변모되고 과거의 나르시시즘적 속성을 그대로 내보인다. 부모의 다시 살아난 나르시시즘, 이것이 바로 부모의 사랑이다. (『나르시시즘입문』 pp.156~158)

이렇듯 사랑의 두 유형인 나르시스적 유형과 의존적 유형은 서로 다른 방향에 서 있다. 나르시스적 유형은 자기중심적 사랑인 반면, 의존적 유형은 대상관계중심적 사랑이다.

우리는 사랑이 자기중심적과 대상관계중심적 중 어느 쪽이라고 말할 수 없다. 그러나 프로이트는 인간을 자기중심적 존재로서 임상 현장에서 빈번히 확인했다. 자기성애 또는 자기보존 욕동(충동)은 본능은 아니고 자아 욕동에 속하면서 리비도가 없는 상태이다. 프로이트의 입장에서 자기성애가 사랑인지 아닌지는 참 고민스러운 문제였다. 결론적으로 말하자면, 제2차 위상 때는 자기성애를 성 욕동(생명 욕동) 쪽에 넣는다.

지금 우리는 제1차 위상의 구도에서 논의 중이라서 자기성애를 사랑이라고는 보지 않는다. 다시 말해, 사랑이 되려면 리비도 작용이 있어야 하는데, 자아 욕동과 구분되는 성 욕동에만 자아 리비도와 대상 리비도가 있고, 자아 욕동에는 리비도가 없다고 본다.

아래에서 자세하게 다루게 되겠지만, 사랑이 자신을 위한 사랑일 때 제1차 나르시시즘이라 하고, 대상을 향할 때 제2차 나르시시즘이라 한다. 대상을 위한 사랑이 되려면, 나Ich를 중심에 두는 프로이트의 리비도 이론과 나르시시즘 이론에 따라 리비도의 진전이 있어야 된다. 이때 리비도는 대상을 위한 절대적 리비도는 아니다. 왜냐하면 외부 대상에게 보낸 리비도는 다시 자신에게 돌아오기 때문이다. 나를 대상으로 삼고 나 속에 머무는 자아 리비도와 남에게 도달하는 대상 리비도 사이에서 발생하는 리비도 배분 문제는 『과학적 심리학 초고』에서 제시된 경제성의 법칙과도 통한다. 그것은 자신이 0을 가지면 남이 100을 갖게 되고, 자신이 100을 가지면 남이 0을 갖는다는 원칙이다.

7

리비도와 나르시시즘에 이론적 변화가 생긴다:
자아 리비도와 대상 리비도, 제1차 나르시시즘과 제2차 나르시시즘

리비도와 나르시시즘은 프로이트가『과학적 심리학 초고』 이후 과학적 경제성 문제를 근거로 진행한 연구 성과라고도 볼 수 있다. 태동된 지 얼마 되지 않아 생물학·물리학 등이 자연과학에 속한 것과는 달리 정신분석이 정신과학에 속하는 못하는 것에 이의를 제기한다. 프로이트는 자연과학의 입장에서 정교하지 못하다는 평을 받은 리비도·욕동·나르시시즘을 설명한 후, 쾌·불쾌의 원칙과 현실의 원칙을 전개시켜 그의 이론에 새로운 진전을 보인다.

처음에 정신분석은 자아 욕동(자기보존, 배고픔)과 리비도적 (libidinösen) 욕동(사랑)을 대립시켰으나, 후에 이를 자기애적 (narziβtischen) 리비도와 대상 리비도의 대립으로 대치시켰다. 최종적인 결론이 내려진 것은 결코 아니다. 왜냐하면 생물학적 으로 생각해 보면, 단 한 종류의 욕동만을 가정하는 것에 만족 하는 것은 금기처럼 보이기 때문이다.

최근 몇 년간의 저서 『쾌락의 원칙을 넘어서』, 『대중심리학과 자아 분석』, 『자아와 이드』에서 나는 오래 억제하고 있던 사변 적 성향을 마음껏 발산하여 욕동문제에 대한 새로운 해결을 계 획하게 되었다. 나는 자기보존과 종족보존을 에로스라는 개념 으로 통합하고, 이를 소리 없이 움직이는 죽음 욕동 내지 파괴 욕동과 대립시켰다. […] 에로스와 죽음 욕동의 협력적이면서 도 대립적인 작용으로 인해 우리의 삶에 대한 그림이 생긴다. (『나의 이력서』 pp.83~85)

나이 예순에 고안한 리비도 · 욕동 · 나르시시즘 이론은 프 로이트의 학문을 완성시킬 수 있는 개념이 된다. 그뿐 아니 라 이를 통해 인류의 고귀한 가치인 사랑을 설명할 수 있게 된다. 마치 프로이트는 인간의 뿌리에는 타인을 사랑할 능력이 없음을 전하는 광야에 서 있는 모세의 인상을 준다.

위에서 인용된 내용은 1925년 출판된 것으로, 과거에 대한 회상이다. 여기서 주목할 것은 자기보존 욕동인데, 이는 독립적인 리비도 형태를 말하지 않는다. 프로이트의 이원적 리비도 이론은 융의 일원적 리비도 이론과 대립하였다. 제6장에서 다루겠지만, 1920년대의 대주조大鑄造 때 프로이트는 삼원적 리비도를 구상한다. 죽음 욕동(자아 욕동)과 생명 욕동(성 욕동) 사이에 제3의 리비도로 고려되었던 자기보존 욕동을 도입한다. 제1차 위상에서는 자아 욕동(죽음 욕동)에 자기보존(자기성애)을 위치시켰는데, 제2차 위상에서는 생명 욕동(성 욕동)에 자기보존(자기성애)을 위치시킨다. 그러니까 제2차 위상에서 자기보존(자기성애)은 리비도와 관련된다. 여기서 제1차 나르시시즘을 고려하게 된다.

우리는 이제 성 욕동을 모든 것의 보존자인 에로스로 인식할 수 있다. 자아의 자기성애적 리비도는 리비도의 저장소에서 끌어내져 다음 단계로 가기에 자기보존 욕동의 리비도적 성격은 더욱 강조된다.

[…] 우리는 애당초 죽음 욕동과 자아 욕동, 생명 욕동과 성 욕동을 엄격하게 구분했다(물론 어떤 시점에서는 죽음 욕동에 자아의 자기보존 욕동을 포함시키려고 했지만 우리는 곧 이런 견해를 철회했다). 우리는 처음부터 이원적이었고 지금도 이전보다 더욱더 이원적이다. 그 이유는 지금은 양극을 자아 욕동과 성 욕동에 두는 것이 아니라 죽음 욕동과 생명 욕동에 두고 있기 때문이다. 이와 달리 융의 리비도 이론은 일원적이다. 그가 하나의 욕동적 힘을 리비도라고 부른다는 점에서 우리의 것과 혼란을 일으킬 수 있으나, 우리와는 전혀 다른 것을 그는 주장하고 있다. (『쾌락의 원칙을 넘어서』pp.56~57)

리비도 이론은 자아 욕동과 성 욕동을 엄격하게 구분한다. 자아 욕동에는 어떠한 리비도도 없고, 단지 성 욕동에만 자아 리비도와 대상 리비도가 있다는 것이다. 여기에 1920년대에는 자아 욕동은 죽음 욕동이라고, 성 욕동은 생명 욕동이라고 부르면서 이론을 섬세하게 발전시켰다.

만약 마음의 구조를 이드·자아·초자아로 구분한 것이 우리

지식의 진보를 의미하려면, 그것들의 역동적 관계를 더 철저히 이해할 수 있게 명료히 기술해야만 한다고 이전에 말했다. [⋯] 욕동은 두 부류로 구분되는데, 그 하나인 성 욕동 혹은 에로스는 훨씬 더 눈에 잘 띄기 때문에 연구하기 쉽다. 욕동은 억제받지 않는 정통적인 성 욕동에서 유래되었지만 목적에 의해 억제되어 승화의 성격을 띤 욕동으로 구성되어 있을 뿐 아니라 자기보존의 욕동도 포함한다. [⋯] 욕동의 두 번째 부류는 지적하기 쉽지 않지만 사디즘을 통해 이해할 수 있다. 생물학적 고찰을 바탕으로 우리는 '죽음 욕동' 가설을 제시한 바 있는데, 이 욕동이 하는 일은 유기적 생명체를 무생물 상태도 이끄는 것이다. (『자아와 이드』 pp. 268~271)

제2차 위상은 제1차 위상에 대폭적인 수정을 가한 프로이트의 말대로 '진보'였다. 앞서 본 자아 욕동과 성 욕동, 죽음 욕동과 생명 욕동이 이드와 어떤 관계를 갖느냐는 지각이 자아와 어떤 관계를 갖느냐는 것과 같은 구도다.

두 욕동은 분열되기도 하지만 융합된다. 성도착은 욕동적 분열의 대표적 예이고, 사디즘이나 양가감정은 욕동적 융합의 대표적 예라고 프로이트는 말한다. 욕동의 이러한 본성은 자아와 초자아에 대한 이드의 본성과도 유사하다. 욕동의 이원성에 대한 일원적 설명은 이드를 통해 전개된다. 그동안 너무 이것과 저것으로 나눴지만, 1920년대 프로이트의 이론은 통합의 시기에 이른다. 이 시대를 대표하는 기표는 이드이다. 제1차 위상 때 이원적 리비도의 큰 저장소가 자아라면, 제2차 위상 때 자아는 이드의 변형된 일부분이다. 그래서 이드는 리비도의 저장소로 명명되고, 자아는 리비도의 최초 종착지점이 된다. 이렇듯 환갑이 넘은 나이에 단행한 대주조는 분열과 융합을 동시에 고려하며 통합적인 면을 강조하려는 의도를 담고 있다. 여기에 관해서는 제6장에서 더 다루어 보기로 하자.

5

가족은 어떻게 사는가:
오이디푸스 콤플렉스

1

비극 『오이디푸스 왕』과 콤플렉스로서 오이디푸스

소포클레스Sophocles의 비극 『오이디푸스 왕』(BCE 430~420)
은 길지 않은 분량의 극본이지만 그 유명세에 비해 잘 읽히지
않는다. 시간을 들여 읽어 보면 여러 면에서 도움이 된다. 여
기서는 내용을 간단하게 정리한다.

폴리보스 왕이 죽었다. 오이디푸스도 이 소식을 듣고 안도하
며, 이오카스테에게 본인과 어머니와의 결혼도 두려워할 필요
가 없겠느냐고 묻는다. 이에 이오카스테는 "인간에게 운명은
절대적이어서 우리는 무엇 하나 앞일을 정확히 모릅니다. 그저
그날그날 아무 걱정 없이 지내는 것이 상책입니다. 어머니와의
결혼! 그건 걱정하지 마세요. 어머니와 동침하는 꿈은 이미 많
은 사람들이 꿔온 것이니까!"라고 말한다.

양치기는 사실을 시인한다. 그 아기는 라이오스 왕의 아들이었
고 왕비는 아이를 죽이라고 했다. 그 아이가 아버지를 죽일 운

명이기 때문이었다고 한다. 이제 오이디푸스는 자신이 바로 라이오스의 아들임을 확신하고는 한탄한다.

오이디푸스도 소리 지르며 침실로 들어갔는데 이미 이오카스테가 밧줄에 목을 매달아 죽은 다음이었다. 밧줄을 풀어 그녀의 몸을 내린 그는 그녀 옷에서 황금 장식 바늘을 빼어 자신의 눈을 수차례 찌른다. 그는 "눈을 찌른 것은 다른 누구도 아니다. 바로 나다. 내가 무엇을 눈으로 보겠는가? 모든 것이 추악한 곳에서 말이다"라고 말했다. (『오이디푸스 왕』 중에서)

2
오이디푸스 이론을 만들다

버려진 오이디푸스는 장성하여 그의 어머니인 이오카스테와 결혼한다. 이 사실을 모르는 오이디푸스와 이오카스테가 나누는 대화에서, 오이디푸스의 아내로서 이오카스테가 내뱉은 농담 같지만 진담인 아래의 대사는 이미 오래전부터 갖고 있던 인간의 욕망을 드러내 준다.

어머니와의 결혼! 그건 걱정하지 마세요. 어머니와 동침하는
꿈은 이미 많은 사람들이 꿔온 것이니까!

'오이디푸스 콤플렉스'는 그리스의 작가 소포클레스가 지
은 비극『오이디푸스 왕』에서 착안하여 만든 이름이다. 프로
이트는 플리스에게 보낸 편지에서 오이디푸스를 언급한다.
앞서 양가감정이나 나르시시즘에서 보았듯이, 남자아이가
어머니에게 애정을, 아버지에게는 질투를 느끼는 것은 아이
들에게 보편적인 것이라고 본다. 2천 년 전에도 있었지만 프
로이트가 가족 구성원에서 발견하고 과학적으로 설명한 것
이 바로 오이디푸스 콤플렉스다.

프랑스에서 출판된『정신분석의 탄생』에는 프로이트와
플리스 사이의 편지와『과학적 심리학 초고』가 담겨 있다.
이 자료들은 프로이트와 상속자 에른스트 프로이트 그리고
안나 프로이트가 소멸시키고자 했던 것이다. 그러나 프랑스
의 편집자들은 이 문헌의 가치를 '정신분석의 탄생'이라고 평

가할 만큼 높이 평가한 듯하다.

프로이트가 '정신분석'이란 용어를 처음 사용한 것은 1896
년 3월 프랑스어로 쓴 논문에서다. 그러나 정신분석이란 제
목으로 이 분야의 근본 골격을 발표한 것은『정신분석입문』
과 미국에서 행한 강의 내용을 편찬한『정신분석에 관하여』
라고 할 수 있다. 정신분석의 탄생은 오이디푸스 콤플렉스를
발견하면서 구조화되었다. 아래에서 보게 될 플리스와 주고
받은 편지에 그 과정이 상세하게 남겨져 있다.

휴가를 보내고 어제 아침에 돌아와서 지금은 활력을 얻어 기분
이 좋고, 아직 일은 시작하지 않았고 정리를 끝낸 후 자네에게
편지를 쓰네. 그리고 오늘은 자네에게 털어놓을 큰 비밀이 있
어. 지난달부터 조금씩 신경증이 나타나기 시작했네. 나는 더
이상 나의 신경증 이론을 믿지 않네. 설명할 수 없는 건 이해할
수 없는 일이겠지. 자네도 내가 말하는 것에 수긍할 걸로 생각
하네. 자초지종을 말하며 믿기 어려운 내용들을 설명해 보지.
우선, 분석을 성공적으로 하고자 했을 때마다 나는 환멸감을
느꼈어. 완전하게 치료될 것 같던 사람들이 도망가고, 내가 기

대했던 완벽한 성공은 없었어. 다르게 분석할 가능성, 다시 말해서 부분적인 성공은 그 부분이 성공한 첫 번째 이유만을 보여줄 뿐이지.

두 번째도 마찬가지로 각각의 사례들마다 도착증을 가진 아버지를 고소하는 놀라운 일들이 있었지. 불확실한 히스테리 환자들이 동일한 결정적 원인 때문인 것이 매번 발견되었네. 아이들의 내면을 위태롭게 하는 이런 도착 행위가 일반적인 것이라고는 도저히 믿을 수 없어. [「빌헬름 플리스에게 보낸 편지 69(1897. 9. 21.)」 pp. 229~230]

"나는 더 이상 나의 신경증 이론을 믿지 않네Ich glaube an meine Neurotica nicht mehr"는 자주 인용되지만 잘 설명되지 않는 문장이다. 편지의 첫 문단에 나오는 이 문장에서 an meine Neurotica는 어떤 의미로 사용되었을까? 나의 신경증일지, 나의 신경증 이론일지가 모호하다. 짐작해 보건데, 한편으로는 프로이트가 자신의 신경증에 관해 말한 것으로 보인다. 즉, 마흔 살을 넘긴 그가 앓고 있던 신경증 증상에 관한 말로 이해된다. 당시 그가 신경증으로 고통을 받았다는 것은 아버지가 죽은 후 오이디푸스 콤플렉스를 고안한 것에서도 짐작할 수 있다. 다른 한편으로는 프로이트 자신이 겪고 있던 신경증을 이론적으로 설명하는 것에 관계된다고 볼 수 있다. 이 문장에 이어 오는 "설명 없이는(설명할 수 없는 건) 이해할 수 없는 일이겠지Das ist wohl nicht ohne erklärung verständlich"는 프로이트의 심정을 잘 보여 준다. 설명이 되지 않으면 이해가 되지 않고, 완전한 성공(진단과 치료)을 기대할 수는 없다. 그래서 그는 "다르게 분석할 가능성"을 찾고 있다고 말한다.

"나는 더 이상 나의 신경증 이론을 믿지 않네"는 아버지의 죽음을 통해 깨달은 것이 자신의 신경증을 치료하는 것에 있어서나 자신의 신경증 이론을 위해서도 대전환점이 됨을 보여 준다.

"이런 도착 행위가 일반적인 것이라고는 도저히 믿을 수가 없다"는 말은 유혹 이론에 이의를 제기한다. 예전에는 환자들의 진술을 말하는 그대로 믿었지만, 이제는 그렇게 하지 않겠다는 결심을 보여 준다. "억압과 그 억압을 부추기는 힘에 대한 이론적 정리"가 필요하며, "환상을 야기할 수 있는 요소"에 관해서도 연구가 필요하다고 말한다.

3

성 정체성(성격)이 형성되는 중에 신경증이 생긴다

1897년 9월 21일은 프로이트가 자기분석에 성공할 수 있는 실마리를 찾은 날이다. 8월부터 자기분석을 하면서 프로이트는 유혹 이론을 지지했고, 사람들이 신경증을 앓는 이유는 도착적인 부모, 특히 아버지 때문이라 생각했다. 그러나 아버지가 돌아가신 후, 아버지의 행동이 준 피해보다 아버지에게 품었던 자신의 감정을 발견하면서, 욕망 이론의 물꼬를 튼다. 특히 프로이트의 아버지 야곱 프로이트가 아들 프로이트에게 들려준 일화는 해석하기에 따라 아버지를 다르게 이해한다.

아버지가 젊었을 때 프라이베르크 거리를 걷고 있었지. 토요일이었는데 아버지는 멋지게 차려입고 모피로 만든 새 모자도 쓰고 있었어. 그때 한 기독교인을 만났지. 그 기독교인은 아버지를 떠밀고 아버지의 모피 모자를 진흙탕에 집어던지며 말했지. "여보시오 유대인! 인도에서 내려가시오" 아버지는 너라면 그 상황에서 어떻게 하겠느냐고 물으며 아버지는 그때 차도로 내려가 모자를 주웠다고 했어. (『꿈의 해석』 p.203)

일화는 프로이트에게 연약한 아버지의 모습을 간직하게 한다. 이 말을 들었을 때, 어린 프로이트는 아직 유대인이 겪어야 하는 사회적 차별과 억압을 이해하지 못한다. 사회적으로 연약한 아버지가 가정적으로 강력한 것에 대하여 납득하지 못한 것이다. 그러나 나중에 자신이 교수 채용 문제로 고통을 겪을 때, 그는 아버지처럼 묵묵히 대처한다. 이로서 그는 아버지를 이해한다. 여기서 프로이트는 아버지에 정체화된 자신의 무의식적 모습을 본다. 그가 그의 내면 모습을 본 것은 아버지가 죽은 뒤였다. 그때 그는 오이디푸스 구조를 착안하고 오이디푸스 이론을 고안한다.

"준비되어 있는 것"은 셰익스피어의 '햄릿'에 나오는 대사이다. 왕은 모든 것을 갖는다. 전지전능자다. 아버지가 왕처럼 되는 것은 가정을 위해 일하는 아버지의 소망이자 부모를 향한 자식의 욕망과도 같다. 그러나 현실에서는 결코 성취될 수 없다. 부모를 향한 프로이트의 유년시절 태도는 마치 햄릿의 대사처럼 완전한 만족을 주지 못하는 부모에 대한 못마땅함이다. 그러나 이 말은 마찬가지로 부모가 된 지금, 정신분석을 행하는 의사로서 풍족한 삶을 누리지 못하는 자신에게 갖는 못마땅함이기도 하다.

"레베카여! 옷을 벗어라. 너는 더 이상 신부가 아니라네!" 프로이트가 이 말을 어떻게 이해하고 사용한지 정확한 의미를 알 수는 없지만, 신부가 들을 수 있는 가장 최악의 말로 이해할 수 있다.

"꿈은 확실하게 가치를 담고 있다"는 프로이트의 확신은 친구 플리스가 인정해 주지 않을 정도로 불투명한 것이었다. 하지만 프로이트는 꿈을 끝까지 연구했고 그 속에서 오이디푸스 콤플렉스의 구조와 내용을 발견한다.

아래의 편지는 프로이트가 오이디푸스 콤플렉스에 대하여

처음 언급하는 대목이다. 이 편지를 쓸 당시 프로이트는 사례들을 분석하면서 결말을 내릴 수 없는 상황에 처해 있다.

1897. 10. 15.

친애하는 빌헬름

자기분석이 완성되려면 본질적이면서도 가장 중요한 일이 해결돼야 하네. 나는 지난 삼일 동안 작업을 하지 못했네. 부모님이 심하게 토로한 불평 때문에 내적 속박감을 느꼈고 결국 나는 떠났지.

내 염려는 환자들이 나를 매우 한가하게 만든다는 걸세. 내 생각에 무게를 실어주는 것은 어느 정도 정복에 성공했다는 걸세. 나는 어머니에게 내 유모를 기억하는지 물었어. [⋯] 자네가 보듯이 이는 내가 꿈의 해석에서 이끌어 낸 결론들이었소. 나는 유일한 실수를 쉽게 설명할 수 있게 되었네. 내가 자네에게 썼듯이 그녀는 나더러 동전을 훔쳐 오라고 강요했지. 그리고 꿈은 실제로 그녀가 훔쳤다는 것을 보여 주지. 꿈 자체는 한 의사의 어머니에게서 동전을 취한다는 점을 강조하는데, 그것이 다는 아니라네. 그 꿈의 진정한 의미는 내가 그녀를 재현한 것이고 의사의 어머니는 나의 어머니를 상징하지. 나는 그 유모가 도둑이었다고는 생각하지 못했네. 그래서 꿈의 해석은 실패했지. [「빌헬름 플리스에게 보낸 편지 71(1897. 10. 15.)」 pp.235~236]

"나는 어머니에게 유모를 기억하는지 물었다네"는 프로이트가 자기분석을 위해 자신의 꿈을 유심히 관찰한 것을 보여 준다. 얼마 전부터 꿈에 나타나는 여성이 어머니인지 헷갈린다. 그래서 프로이트는 어렸을 때 그의 유모에 대하여 어머니께 묻는다. 그때서야 프로이트는 과거의 유모에 대하여 듣게 되었고 자신이 어렴풋하게 생각했던 일들을 이해한다.

당시 유모가 갑자기 사라진 것은 경찰에 고소되어 감옥에 갔기 때문인데, 모두들 이 사실을 프로이트에게 숨겼고 이복형은 장난삼아 어머니가 자리를 비웠을 때 어머니가 함 속에 숨었다고 속인다. 그래서 프로이트는 유모가 어딘가에 숨어 있다고 생각하였다. 이런 숨바꼭질 놀이는 나중에 프로이트의 손자가 했던 실패를 던졌다가 당기는 놀이에 대한 프로이트의 해석을 생각나게 한다.

"그래서 꿈의 해석은 실패했지"라는 말은 꿈의 해석에 필요한 기본적인 배경지식이 부족했다는 것을 의미한다. 어머니의 기억을 끌어낸 프로이트는 평생 안고 있던 의구심을 해소하고 꿈의 모호함 또한 해석한다.

또한 프로이트는 유년시절 원한이 담긴 꿈을 자주 꿨는데, 꿈에 등장하는 원한 관계의 사람과 현실과의 차이점을 확인하면서 꿈의 진실에 의구심을 가진다.

들어보게나. 나는 어머니를 찾지 못해 슬피 울었지. 형 필립은 함을 열었지. 어머니는 없었네. 내가 소리치고 울부짖을 때 날씬하고 귀여운 어머니는 문설주 사이에서 나타났어. … 나는 어머니를 찾지 못한다면 얼마 전에 사라진 유모처럼 어머니도 볼 수 없게 된다는 두려움을 갖고 있었어. … 다른 사람들이 그렇듯이, 어머니를 향한 사랑과 아버지를 질투했던 감정들이 나에게서 발견되네. 그런 감정의 출현이 히스테리를 산출하는 아이들(망상분열증 환자들이 기원·영웅·종교의 창시자를 낭만화하는 것과 마찬가지로)에게서만큼 일찍 나타나지 않아도, 내 생각으로는 모든 아이들에게 공통된 감정이라 생각하네. 냉엄한 운명을 설명하는 가설이 합리적 근거들에 대립되어도, 결과는 『오이디푸스 왕』에서 얻게 되었네. [···] 『햄릿』의 이야기에서도 이런 유사한 것을 발견할 수 있지 않은가? 셰익스피어의 의식적 의도를 생각하지 않고, 나는 그를 부추긴 실제 사건이 있지 않을까 생각해 보네. 그의 무의식은 그 영웅의 무의식을 이해하게 하지. 햄릿의 히스테리적인 이 대사를 어떻게 설명할 수 있을까? "의식은 우리를 완전히 무기력하게 한다." 라에르트를 죽이고도 양심의 가책을 느끼지 않던 그가 삼촌을 죽여 아버지의 원수를 갚고자 할 때 주저한 것을 어떻게 이해해야 하지? 어머니를 향한 사랑과 아버지에게 범죄 행위를 했던 것, 이런 두 중죄를 소망했던 희미해진 과거는 그것을 꿈으로 꿀 때 더 명확해지지. "만약 우리가 우리 공로로 대우받는다면 누가 징벌을 피하겠는가?" 의식은 죄성에 대한 이 무의식적 감정이지. 오펠리에로와 이야기를 나누는 중에 성적인 냉담함, 생식 본능에 대한 비난, 아버지에서 오펠리에로 행동 전이 이런 것들은 전형적으로 히스테리적 표상이 아닌가? [「빌헬름 플리스에게 보낸 편지 71(1897. 10. 15.)」 pp.237~239]

"어머니를 향한 사랑과 아버지를 질투했던 감정이 나에게서 발견되네"는 오이디푸스 이론의 근본 개념을 보여 준다. 이를 긍정적 오이디푸스 콤플렉스라고 말하는데, 남자아이가 아버지에게 질투를, 어머니에게 친근함을 보이는 것을 의미한다. 이와 반대되는 것을 부정적 오이디푸스 콤플렉스라고 한다. 여자아이의 경우에도 이런 구도는 동일하게 나타난다. 하지만 남자아이와 여자아이는 거세에 있어서는 각각의 방식을 따른다.

"삼촌을 죽여 아버지의 원수를 갚고자 할 때 주저한 것을 어떻게 이해해야 하지?" 프로이트는 마치 철로 된 심장을 가진 듯한 햄릿이 아버지의 원수를 갚는 장면에서 희열을 갖고 재빠르게 행동하지 못했던 이유를 질문한다. 이 질문의 밑바탕에는 아버지를 향한 아들의 질투심이나 적개심이 깔려 있다. 아버지의 복수를 갚는 것은 존경의 마음에서 비롯되지만, 적개심이 작용하면 복수를 갚을 필요가 없다고 느끼게 된다는 것이다. 그래서 햄릿은 순간 주춤하는 것이라고 프로이트는 말한다. 이처럼 한 대상에 대한 두 감정을 두고 프로이트는 이를 양가감정이라 불렀다. 이 장면을 두고 어떤 이들은 해석하길, 기도하는 사람을 죽이면 천당에 가기 때문에 원수를 천당에 보내지 않기 위해 그를 죽이지 않았다고 말한다. 프로이트와는 참 다른 해석이다.

"어머니를 향한 사랑과 아버지에게 범죄 행위를 하고자 했던 것"은 오이디푸스 콤플렉스의 핵심 내용을 보여 준다. 셰익스피어는 이 이론을 알지도 주장하지도 못했지만, 이는 인간에게서 발견되는 무의식의 원칙이라는 것이 프로이트의 의견이다. 햄릿에게 아버지는 유년시절의 적이었는데, 지금은 이 적의 복수를 갚아야 하고 이것이 논리적인 행동이 아님을 알고는 머뭇거리고 있다고 프로이트는 해석한다.

이처럼 발달 과정에서 오이디푸스 구도는 성 정체성 형성에 매우 중요한 매개가 되며, 이 과정은 성격 형성과 직접적인 관련이 있다. 성격 형성이 진행되는 중에 신경증, 정신증, 도착증 등의 증상도 함께 엮여서 발달 과정이 이루어진다.

4

아이들에게 행하는 성교육은 자충수일까

프로이트는 아이들에게 성에 대한 설명을 하지 않고 숨기는 것은 오히려 그들을 자극하고 손상시키는 요인이 된다고 말한다. 아이들이 성에 있어서 가장 알고 싶어 하는 두 가지는 우선 남자와 여자의 생식 기관의 차이 그리고 아이의 출생 문제다. 다음은 어머니가 없는 11살 여자아이가 숙모에게 쓴 편지다.

숙모는 결혼했기에 알겠죠. […] 어떻게 황새가 아이들을 데리고 오는지 우리는 알 수가 없어요. 트루델은 황새가 아이들을 셔츠 속에 넣는다고 믿고 있어요. 황새가 아이들을 저수지에서 데리고 온다면, 왜 우린 아이들을 저수지에서 볼 수가 없는 건지도 알고 싶어요. 그리고 아이를 얻게 될 것이란 것을 사람들은 어떻게 알게 되는지도 궁금해요. 자세하게 알려주세요. (「어린이의 성에 대한 설명」 p.24)

이 편지의 내용에 따르면 당시 아이들은 일명 '황새 이론'을 통해 아이들이 생기는 과정을 이해했다. 그러나 그것이 진실이라고는 믿지 않는 것 같다. 그래서 이야기를 나누면서 논쟁이 일어나기도 한다.

프로이트는 아이들에게 성교육을 상세하게 시켜야 한다고 했다. 황새 이론으로는 의혹만 증폭시킬 뿐이라고 말한다. 어머니를 잃은 11살 소녀가 어머니를 통해 성에 대한 지식을 얻지 못하자, 이런 무의식적 질문 때문에 나중에는 신경증 환자가 된다고 프로이트는 말한다.

아이들은 아이의 출생에 대하여 질문하지만 어른들로부터 회피적인 답변과 그것을 알고자 하는 데에 대한 질책을 받는다. 이때 아이들은 황새 이론을 듣게 되는데, 아이들의 의구심이 더 증가하여 마음에 갈등과 분열이 생긴다. 그런 가운데 아이들은 어머니의 배가 불러 온다는 사실을 발견하고 그것과 아이의 출생에 어떤 연관이 있는지 생각하게 된다. 그래서 프로이트는 크게 유아의 성 이론을 세 가지로 정리한다.

우선 첫 번째 이론은 성의 다름에 관한 것이다. 즉 남자아이는 여자아이에게도 남자의 성기가 있는지 궁금해 한다. 이 말은 결국 여자에게는 남자의 성기를 받아들일 구멍이 있는가에 대한 질문을 스스로 하지 못한다는 것이다.

두 번째 이론은 분만에 관한 것이다. 아이들은 아기가 식도와 위를 거쳐 소장과 대장을 따라 내려와 결국에는 대변이 되어 변기에 떨어진다고 생각한다. 또는 아기가 배꼽으로 나오거나, 동화 『빨간 두건을 쓴 꼬마』에서 늑대의 배를 가르자 할머니와 빨간 모자 쓴 아이가 나온 것처럼 배를 찢으면 그 속에서 아이가 나온다고 생각한다. 이를 '배설이론'이라 부를 수 있다.

세 번째 이론은 성 장면의 목격이다. 목격한 아이들의 증언에 따르면, 부모 각각의 위치와 야릇한 소리, 기타 상황들은 마치 사람들이 싸우는 것 같은 인상을 준다는 것이다. 성별이 다른 사람들의 다툼이나 성교의 가학적 이론이라 부를 수 있다.

5

문화의 성 도덕과 인간의 억압:
계통 발생과 개체 발생이 만나는 지점에서 발생한다

「사회화된 성 도덕과 현대의 신경증 환자」(1908)는 문화적 성 도덕을 자연적 성 도덕과 체질적 성 도덕에 각각 비교하며, 문화적 성 도덕이 파괴한 인간의 모습을 지적한다. 즉 성도착, 동성애, 신경증 환자들은 문화적 성 도덕에 의해 만들어진 것이라고 주장한다. 자신의 견해를 뒷받침하기 위해 학자들의 말도 인용한다. 사회화가 욕동의 억압으로 구성된다고 보는 성 욕동은 리비도로 구성된 역동적인 힘을 가진 에너지다. 문명화의 과정 속에서 그 에너지가 고착되면, 성 욕동은 쓸모없게 된다.

그러나 그 에너지가 누름을 피하여 이동하고 교환되면 승화될 수 있다. 성 욕동은 자기애Selbstliebe에서 사랑의 대상으로 이동한다. 그리고 생식 기관에 종속된다. 이렇게 성적 에너지는 재생산을 위해 자유롭게 이동한다. 프로이트는 사회화에 이용되는 성적 에너지의 이동 경로를 세 가지로 구분한다.

① 재생산을 목적으로 하지 않는 경우 성 욕동의 활동은 자유롭다.

② 재생산에 기여하는 것을 제외한 모든 것은 성 욕동 안에서 억제된다.

③ 합법적인 재생산은 유일하게 인정된 성적 목표다.

(「사회화된 성도덕과 현대의 신경증 환자」 p.152)

세 번째 경로는 사회에서 인정하는 성 도덕에 부합한다. 문제는 두 번째 경로다. 이 경로를 따르는 사람들은 대부분 만족을 얻지 못하기 때문이다. 그래서 자기애Selbstliebe에서 사랑의 대상으로 성 욕동이 발달하면 정상적인 사회화의 노선에서 벗어나게 된다. 도착적인 사람들에게 성적 목표는 유아기에 고착되었기에 재생산에 우선권을 두는 성 도덕은 이들에게 맞지 않다. 따라서 동성애자들은 반대의 성을 가진 사람에게서 등을 돌리게 된다.

아이들에게 성 교육을 반대하거나, 결혼이나 이성적 자각

을 할 수 있을 때까지 성 이론을 숨기자고 주장하는 사람들은
어린 시기에 억제된 성 욕동이 한순간에 없어진다고 생각한
다. 그러나 프로이트는 어릴 때의 무의식적 억압이 증상을
만든다고 말한다.

6

『연애심리학에 공헌』에 따른 사랑을 선택하는 네 가지 조건:
오이디푸스 이론을 보여 주다

『연애심리학에 공헌』은 세 편의 논문을 모아서 만든다. 이
글은 신경증 환자들을 정신분석하며 썼기에 오이디푸스 콤
플렉스의 임상적인 측면을 잘 보여 준다.

우선 「남자가 대상을 선택할 때의 특별한 형태」(1910)는 특
별히 오이디푸스 콤플렉스에 부합하는 글이다. 이처럼 명쾌
하게 오이디푸스 콤플렉스를 설명한 글은 없을 것이다. 이
글에서 프로이트는 사랑을 선택하는 네 가지 조건으로 방해

하는 제3자, 창녀에 대한 사랑, 최상의 가치, 사랑하는 애인을 구원해야 하는 과제를 제시한다. 이것이 오이디푸스 구조와 어떤 연관이 있을지 생각해 보자.

우선 처음 두 조건을 설명하는 프로이트의 말을 인용해 보자.

그것(방해하는 제3자)은 주체가 자유로운 여인이 아닌 다른 남자에 속한 여인을 선택한다. 남편이나 약혼자 또는 친구가 있는 여자일수록 더욱 가치를 발한다. 이 조건은 너무도 엄격하여 그 여인이 아무 남자에게도 속해 있지 않다는 이유로 오랫동안 관심 밖에 두거나 무시해 버리는 반면, 다른 남자와 관계를 가지면 그 여자는 바로 그의 정열의 대상이 된다. (『연애심리학에 공헌』「1. 남자가 대상을 선택할 때의 특별한 형태」pp.67~68)

두 번째 조건은 이런 의미를 지닌다. 순결하고 의심의 여지가 없는 여인은 사랑의 대상 범주에서 그에게 매력이 없다. 성 생활이 문란하다는 평판을 가진 여인, 믿음보다는 의심이 가는 여인이 바로 그를 움직인다.

물론, 후자는 넓은 범위로 다양하게 나타날 수 있다. 즉 유희적 연애를 싫어하지 않는 기혼녀에게는 가볍게 나타나고 화류계의 여인이나 사랑의 예술가에게는 명백한 일부다처제의 행위까지 광범위하게 나타난다. … 우리는 이 조건을 아주 노골적인 용어로 창녀에 대한 사랑이라 부른다. (『연애심리학에 공헌』 「1. 남자가 대상을 선택할 때의 특별한 형태」 pp.67~68)

위의 내용을 정리하면, '어떤 남자'에게 속해 있지만 그에게 멸시받는 '여인'이 있을 수 있고, 그녀를 사랑의 대상으로 선택하는 '또 다른 주체'가 있을 수 있다. 이 주체는 자신이 그 여인을 구원해야 된다고 생각한다. 그는 자발적으로 그 여인의 애인이 된다. 그 여인이 애정 생활에서 창녀처럼 나쁜 평판이 있어도 그는 상당한 심리적 소모를 유발시키는 그녀와의 사랑을 갈구한다. 그는 이 여인과의 애정 관계를 유지하기 위해 다른 모든 이익을 거부한다. 왜냐하면 그녀가 '최상의 가치'[22]이기 때문이다. 주체는 그 여인이 타락에 빠지지 않고 도덕성이 유지되려면 자기의 도움이 필요하다고 생각한다. 그래서 주체는 애인을 구원하려는 의도[24]를 드러낸다.

7

심리적 불안이 성관계를 막는다

『연애심리학에 공헌』의 두 번째 논문은 「연애에서 가장 일반적인 자존심 하락에 대하여」(1912)이다. 이 글은 성관계를 불가능하게 만드는 심리적 불안에 관한 연구다. 프로이트는 이를 '심적 성교 불능'이라고 표현한다. 정신분석가를 찾는 사람들 가운데 가장 빈번한 경우는 생식 기관이 성적 행동을 성취하지 못한다는 데 기인한다. 그래서 정신분석가는

23 Sigmund Freud, *Beiträge zur Psychologie des Liebeslebens* Ⅰ. *Über einen besonderen Typus der Objektwahl beim Manne, G. W.*, vol.8. p.69. Trad, franç. J. Laplanche, "Contributions à la psychologie de la vie amoureuse. Ⅰ. D'un type particulier de choix objectal chez l'homme," in *La vie sexuelle*, Paris: P.U.F., 1977, p.49.

24 위의 책, 같은 곳.

"애정은 무엇인가"라고 자문하게 된다.

이 문제를 연구한 많은 분석가들에 따르면, 인식능력을 벗어난 심리적 복잡함이 만든 억눌린 행동이 문제를 일으킨다고 한다. 심리적 복잡함은 병의 원인이 되는 요소들보다 우선적이라고 본다. 예를 들어 어머니나 여자 형제에게 고착된 근친상간적 에너지가 그런 것이다. 이 에너지는 금기되기 때문에 여자라는 성적 대상에게 보내지는 리비도는 제 역할을 하지 못하게 된다. 심리적 장애를 일으키는 임상적 사례를 연구해 보면, 그 감정의 근저에는 눌림이 자리하고 있다. 눌림은 리비도가 정상적인 발달단계를 가지지 못하고 전개되는 것을 말한다. 이는 정상적인 사랑의 행위가 이루어지기 위해서는 결합되어야 하는 아이의 두 가지 감정, 다정과 관능이 결합되지 못했기 때문이다.

두 감정 중 오래된 것은 다정함이다. 이것은 매우 이른 시기에 아이에게 생긴다.

자기보존 욕동에 근거해 형성되며 가족 구성원이나 자신을 돌보는 사람에게로 향한다. 다정함은 처음부터 성 욕동, 성에 대한 관심에 이바지하고 이것은 신경증 환자들에게서 나중에 발견된다. 성 욕동은 '유아의 근원적인 대상 선택'에 관계되는 것으로서 성 욕동은 자아 욕동에 대한 평가에 따라 첫 번째 대상들을 찾는다. 정확히 말해 성에 대한 첫 번째 만족은 생명 보존에 필요한 육체적 기능에 의지한다. 아이들을 돌보는 사람들의 다정함, 자신들의 성적 호감을 숨기면서 행하는 다정함(아이는 성적 노리개다)이 아이들의 리비도를 방출시켜 성욕을 증가시킨다. (『연애심리학에 공헌』 pp.79~80)

이렇게 다정에서 관능으로의 과정은 오이디푸스 콤플렉스의 전개 과정이며, 자아 리비도에서 대상 리비도로의 에너지 방출이다. 결국 이 둘의 결합은 오이디푸스 콤플렉스가 소멸된 후, 나타나는 결과로 볼 수 있다. 그 결합방식을 푸는 과정이 정신분석의 과정이다. 프로이트는 아버지 죽음에서 처음 오이디푸스 콤플렉스를 발견했지만 고전과 임상 사례를 통해 점점 오이디푸스 구조가 보편적인 것이라고 이해하고 확신한다. 그래서 오이디푸스 삼각 구도는 세 요소와 양가감정이라는 불변의 상수를 제시한다. 이 상수를 받아들이는 라캉은 어머니-아이라는 '2자 관계'에서도, 어머니가 φ에 예속되어 있다는 이유로 φ-어머니-아이의 '3자 관계'를 말한다.

6

제1차 세계대전 이후의 변화:
쾌락의 원칙과 제2차 위상,
죽음 욕동 · 생명 욕동,
이드 · 자아 · 초자아

1

정신분석은 쾌·불쾌의 원칙을 설명할 수 있는 메타심리학의 요소를 필요로 한다: 위상학, 역학, 경제학은 정신 과정을 완벽하게 설명한다

정신분석 이론에 따르면 정신적 사건은 쾌락의 원칙에 의해 자동으로 규제된다. 다시 말해 그런 사건의 경로는 항상 불쾌한 긴장에 의해 조절되고 그 결과는 최종적으로 긴장 완화, 즉 불쾌를 피하고 쾌를 얻는 것이다. 그런 경로를 고려하는 것은 '경제적 관점'을 우리 작업에 끌어들이는 것이다. 만약 우리가 이런 과정에 위상적 요소와 역동적 요소를 경제적 요소에 포함시킨다면, 정신 과정에 대해 우리가 할 수 있는 가장 완벽한 서술이 될 것이며, 메타심리학적이라 할 수 있을 만한 서술일 것이다. (『쾌락의 원칙을 넘어서』 p.3)

프로이트는 자신이 발견한 치료기법을 정신분석이란 이름으로 말하기도 하고, 메타심리학이란 용어로 설명하기도

한다. 정확한 개념 정리 없이 사용되기 시작한 용어인 메타심리학은 위상적, 역동적, 경제적이라는 세 구도로 복잡한 정신을 다각적으로 정리하는 절차이다. 즉 메타심리학은 위상학(Topology), 역학(Dynamics), 경제학(Economics)의 도움을 받아 정신분석을 학문의 한 영역으로 자리매김하고자 도입된다.

위의 인용문에서 보듯이, 정신분석과 메타심리학은 한 단락에서 사용되고 있다. 프로이트는 불쾌의 원칙과 쾌락의 원칙을 위상학, 역학, 경제학의 관점으로 설명한다. 위상학, 역학, 경제학은 항상성의 법칙에 기반을 둔다. 그래서 프로이트는 항상성의 법칙과 쾌락의 원칙을 연결하면서, 정신의 과정을 과학의 범주에서 이해한다. 앞서 우리가 1895년을 기념하는 두 번째 일에 다루었듯이 뉴런의 제1차 과정은 항상성의 법칙에 근거한다.

쾌락의 원칙은 항상성의 법칙에서 나온다. 항상성의 법칙은 쾌락의 원칙을 받아들이도록 여러 사실들을 통해 추론된 것이었다. 더군다나 세부적으로 살펴보면, 정신 기관의 속성으로 보이는 항상성이 안정성을 추구하는 경향이 있다는 페히너의 이론과도 어울린다. […] 이 중 어느 것도 쾌락의 원칙에 모순되지 않는다. 반복, 즉 동일한 어떤 것을 다시 경험하는 것은 분명 그 자체로 쾌락의 한 요소이기 때문이다. 그러나 분석을 받고 있는 사람의 경우, 어린 시절의 사건을 전이 속에서 강박적으로 반복하는 것은 확실히 모든 면에서 쾌락의 원칙을 범한다. 환자가 어린애처럼 행동하는 것은 그에게 유아기 때의 경험에 대한 억압된 기억의 흔적들이 묶여 있지 않기 때문이다. 이는 우리가 2차적 과정을 따를 수 없다는 사실을 보여 준다. 또한 그 기억의 흔적들이 과거의 잔재물과 결합해 꿈에서 소망이 담긴 환상을 엮어 낼 수 있는 것도 억압된 기억의 흔적들이 묶여져 있지 않다는 사실 때문이다. (『쾌락의 원칙을 넘어서』 p.10)

프로이트는 쾌락과 불쾌를 단순한 정신의 현상이라 보지 않는다. 과학이 말하는 관성의 법칙처럼 정신에도 그런 원칙이 있다는 것을 증명하고자 한다.

프로이트는 1920년의 저술에서 '쾌락의 원칙'을 가설로 내세운다. 인간의 마음에서 가장 불투명하고 접근하기 어려운 부분이 쾌와 불쾌인데도, 철학과 심리학은 인간의 감정에 관하여 정신분석에 유용한 자료를 제시하지 않았다고 말한다. 단지 정신 물리학과 체험 심리학을 정립한 페히너Gustav Theodor Fechner의 『조직체의 창조와 발생학에 나타나는 관념』 (1873)에서 프로이트는 유용한 가설을 발견하게 된다. 페히너에 따르면 '정신과 신체', '영혼과 물질'의 안정과 불안정에 따라 쾌와 불쾌가 생성된다고 한다. 즉 땅은 살아 있는 존재이고 의식은 우주에 퍼져 있으며 영혼은 죽지 않고 영원하다고 믿는다. 그 또한 1873년에는 물리학자 마이어Julius Robert von Mayer에 의해 공식화된 에너지 보존의 법칙을 이론화한다. 항상성의 법칙은 물리학의 개념인데, 프로이트는 신경학에도 이런 원칙이 적용된다는 가설 하에 심리학적 작업을 추진한다. 현대 과학에서는 완전히 사라진 이 원칙에서 프로이트는 쾌락의 원칙을 끌어낸다.

쾌락의 원칙이란 원하는 모든 것을 성취하려는 정신기제다. 이는 자기를 보존하기 원하는 욕동(자기보존Selbsterhaltung, 자기성애autoerotismus)에서 발생한다. 그러나 프로이트는 이 원칙이 성공하지 못한다는 것을 임상을 통해 매번 경험하게 된다. 무의식과 전의식 사이에는 억압이라는 검문소가 있는데, 항상성의 법칙이 대기大氣에서 경험될 수 없듯, 정신분석도 저항이라는 기관이 작동되는 한에서는 억압에서 자유롭지 못하다는 것을 알게 된다.

2
능동적인 현실의 원칙은 수동적인 쾌락의 원칙에 저항한다

자아의 자기보존 욕동의 영향 아래 쾌락의 원칙은 '현실의 원칙'으로 대치된다. 현실의 원칙은 쾌락을 성취하겠다는 의도를 포기하게 만들지는 않는다. 하지만 현실의 원칙은 쾌락에 이르는 길고 간접적인 여정의 만족을 지연시키고, 만족에 이르는 여러 가능성을 포기시켜 불쾌를 참아내도록 요구한다. 쾌락의 원칙은 길들이기가 매우 힘든 성 욕동에 의해 끈질기게 지속된다. 그래서 이런 욕동에서 출발하는 쾌락의 원칙은 자아에 손상을 입히면서까지 현실의 원칙을 극복하는 데 성공하는 경우

가 많다. (『쾌락의 원칙을 넘어서』 pp.6~8)

프로이트는 쾌락의 원칙에 제재를 가하는 심리장치가 있다는 것을 임상에서 관찰하며 이를 현실의 원칙이라고 부른다. 프로이트가 언급하는 정신기관은 지각에 관계되는 모든 것을 의미한다. 지각기관은 외부적인 요인들에 의해 방치되나 지각기관이 침탈당하지 않는 것은 현실의 원칙 덕분이다. 쾌락의 원칙과 현실의 원칙은 대립적인 것 같이 설정되지만, 꼭 그렇지만은 않다. 프로이트의 말처럼 현실의 원칙은 지연 · 가능성 포기 · 인내를 요구한다. 이런 사례를 외상성 신경증 사례에서 찾을 수 있지만 정상적인 유아의 행동에서 찾는 것이 더 밝고 진취적일 것이라고 프로이트는 말하면서 아주 유명한 사례를 소개한다. 이는 프로이트가 손자 에른스트 Ernst(Ernstl) Halberstadt를 관찰한 것이다. 일명 '실패 놀이하는 아이'라고 불린다.

나는 18개월 된 아이가 스스로 고안한 첫 번째 놀이를 하는 것을 보고 우연히 어떤 것을 착안했다. 그것은 단순하게 스치고 지날 정도의 놀이는 아니었다. [...] 어느 날 나는 내 의견을 확인시켜 주는 한 가지 사건을 관찰했다. 아이는 실이 감긴 나무 실패를 갖고 있었다. 아이는 실패를 침대 옆 커튼으로 집어던졌다. 실패는 틈으로 사라졌고 아이는 '오-오-오-오'라는 소리를 냈다. 그리고 나서 아이는 실패를 다시 잡아당겼다. 아이는 다시 실패가 보이자 즐거운 듯 'da(여기)'라고 소리쳤다. 이것은 사라짐과 나타남의 놀이였다. 사람들은 보통 반복되는 처음 행동만을 주시하나 나는 이 놀이의 더 큰 즐거움은 두 번째 행위와 연관되어 있다고 확신한다. (『쾌락의 원칙을 넘어서』 pp.11~13)

이 예화는 반복 · 부재와 등장 · 전이 등을 이야기할 때 언급되기도 하지만 쾌락의 원칙에 대립각을 세우는 현실의 원칙을 설명하기 위해 제시된다. 에른스트는 가족의 관심을 끌기에 충분히 귀여운 아이여서 가족들은 아이의 놀이를 두고 나름대로 한마디씩 했다. 이때 프로이트는 이 놀이에 색다른 해석을 하면서 쾌 · 불쾌의 원칙에 이어지는 현실의 원칙을 구상한다. 이 놀이의 핵심은 반복행위인데, 프로이트는 이 행동을 보상심리에 해당된다고 말한다.

프로이트는 말도 못하는 유아의 문화적 업적을 높이 산다. 아이를 통해 쾌락의 원칙뿐 아니라 현실의 원칙까지 발견하기 때문이다. 아이는 자신이 가장 믿고 따르는 대상인 어머니의 부재를 견디고 있다. 실패를 던지는 놀이를 통하여 어머니의 부재가 주는 고통을 경감시키고 대리보상을 받으려고 한다. 이 놀이의 목적은 어머니를 떠나보내는 데 있지 않고 다시 돌아오게 하는 데 있다. 다시 말해 프로이트는 '오-오-오-오' 소리 내며 '가버려'라고 외치는 첫 번째 놀이보다 '여기'라고 소리 내며 '여기로 오라'는 의미의 두 번째 놀이에 더 큰 의미를 둔다. 어머니의 사라짐은 아이를 수동적인 상황으로 몰아넣었지만 이런 놀이를 통해 아이는 능동적인 주체가 된다.

이 관찰 이후 1년이 지나, 프로이트는 말을 배운 아이의 놀이를 본다. 아이는 "전선(前線)으로 가라"는 말과 함께 장난감을 바닥에 집어던지고 논다. 당시 아이의 아버지가 전쟁에 나가 있던 때라 이 말을 배운 것 같다고 한다. 이 부분에서 프로이트는 아이가 전선으로 간 아버지를 기다리는 것이 아니라, 오히려 어머니를 독점하는 데 방해받고 싶지 않는다는 충격적인 해석을 내린다. 힘든 현실에서 살아남기 위해 몸부림치는 인간의 정신은 행동을 통해 그대로 재현한다.

> 아이가 경험의 수동성에서 놀이의 능동성의 상태로 변화해 감
> 에 따라 불·유쾌한 경험을 자신의 놀이 친구에게 전이시킨다.
> 이런 방식으로 대체된 인물에게 복수하는 것이다. (『쾌락의 원
> 칙을 넘어서』 p.15)

현실의 원칙은 인간이 왜 놀이를 하는지 설명한다. 정신분석은 이렇게 현실에서의 인간을 설명하는 해석학에 지나지 않는가? 물론 그렇지 않다. 오히려 정신분석은 현실의 원칙 이면에 있는 쾌락의 원칙의 저항에 주목한다. 여기에 정신분석의 임무가 있다.

처음에는 분석가가 할 수 있는 일이 단순히 환자에게 감춰 있는 무의식적 재료를 발견하고 합쳐 그에게 전달하는 것이었다. 그것이 그 당시 정신분석의 해석 기술이었다.

이런 것이 치료문제를 해결해 주지 못했기에 분석가는 목표를

바꿨다. 즉 환자의 기억에서 나온 재료를 토대로 분석가는 구성하고 이 사실을 환자가 다시금 확인하게 하는 것이다. 이런 과정에서 저항이 발생하였다. 그래서 분석가의 기술은 가능한 한 빨리 이 저항을 발견하여 환자에게 설명해 주며, 이런 인간적 영향력을 통해(여기서 전이라는 심리 기제가 작용한다) 환자가 저항을 버리도록 유도하는 것이다. (『쾌락의 원칙을 넘어서』 p.16)

프로이트는 기억이라는 장치로는 무의식에 감춰진 재료들은 의식화하는 데 성공하지 못한다는 것을 깨닫는다. 기억되지 않는 것은 가장 본질적인 부분인데, 이 부분을 기억으로 확인할 수 없다면 반복행위를 통해 알 수 있다고 본다. 또한 반복행위는 항상 유아기의 성생활, 오이디푸스 콤플렉스의 상황을 보여 주며 환자와 분석가의 전이 관계로 드러난다.

3

자아는 리비도의 최초 저장소다. 그 이후 이드가
리비도의 저장소가 된다

자아의 많은 부분이 그 자체로 무의식이고 자아의 핵심은 더욱
그렇다. 오직 주변부만을 전의식이란 용어로 설명할 수 있다.
서술적인 용어를 구조적·역동적 용어로 대체함으로서 환자
의 저항이 자아에서 나왔고 동시에 반복강박이 억압된 무의식
에 의해서 생겨난다는 사실을 인식하게 된다. 반복강박은 치료
작업을 어느 정도 진척시켜 억압을 좀 푼 다음 그 의미를 알 수
있게 될 것이다. (『쾌락의 원칙을 넘어서』 p.18)

프로이트는 제1차 위상 때의 세 용어(무의식·전의식·의식)
가 너무 서술적이었기에 좀 더 구조적이고도 역동적인 정신
의 모습을 구상한다. 프로이트는 자아Ich라는 용어에 정신분
석적 세례를 가한다. 이전에는 무의식과 의식의 대극적 구도
를 내세웠다면 이제부터는 자아와 억압된 것, 즉 자아와 이

드를 대극적으로 본다. 이제 인간 정신의 지형도가 변한다.

아이들의 초기 리비도 발달 과정을 연구함으로서 자아가 리비
도의 진정한 최초 저장소이며, 리비도가 대상물에 미친다는 결
론에 도달했다. 이제 자아는 성적 대상물 사이에 자리 잡게 되
었고 그 속에서 최고의 위치를 차지한다. 이런 식으로 자아 속
에 자리 잡은 리비도는 '나르시시즘적'이라고 불리게 되었다.
나르시시즘적 리비도는 필연적으로 처음부터 자기보존 욕동
과 동일하게 이해되었다.
따라서 자아 욕동과 성 욕동 사이의 최초의 양극성은 부적합한
것으로 판단된다. 자아 욕동의 일부분은 리비도와 관련되어 있
었고, 성 욕동은 아마도 다른 욕동들과 나란히 자아 속에서 작
동하고 있는 것으로 드러났다. (『쾌락의 원칙을 넘어서』 p.55)

프로이트가 '자아'라는 용어를 리비도 개념과 연관하여 설
명한 것은 「나르시시즘입문」에서다. 이 논문에서 그는 욕동
의 이원성과 리비도의 두 종류를 언급한다. 우선 욕동은 자
아 욕동과 성 욕동으로 구분된다. 자아 욕동에는 리비도가

존재하지 않고 자기보존 욕동(자기성애적 욕동), 근원적 욕동이라고도 부른다. 성 욕동에는 리비도가 있는데, 자기 안에 머무는 리비도를 자아 리비도, 대상과 관계를 맺는 리비도를 대상 리비도라고 부른다. 자아 리비도는 리비도가 처음으로 생성되는 곳이며 리비도의 저장소이다. 일명 나르시시즘적 리비도가 자리하는 곳이다.

여기서 프로이트는 난항에 부딪힌다. 자아가 리비도의 최초 저장소라면 리비도는 자아 욕동, 즉 자기보존 욕동에서 비롯되는 것이 아닌가하는 점이다. 제1차 위상에서 자아 욕동의 자기보존 욕동에는 리비도가 없었지만 자기애Selbstliebe의 기원인 이 지점에 리비도가 있어야 된다는 생각은 제2차 위상에서 반영된다. [도표 11]에서 볼 수 있듯이, 자기보존 욕동은 생명 욕동의 자리에 위치한다. 제2차 위상에서 이드는 리비도의 저장소가 되고 자아는 리비도의 첫 종착지점이 된다.

프로이트의 정신분석은 범성욕주의라는 비난을 받고 있는데, 프로이트가 욕동의 이원성을 주장한다는 것은 리비도가 자아 욕동에서는 없고 성 욕동(리비도 욕동)에 생성된다는 것에서 보듯이, 범성욕주의 주장은 아니다. 범성욕주의를 피하기 위해 프로이트는 욕동의 이원성은 불변하는 가설이라고 주장한다. 욕동의 일원성을 주장한 융이 오히려 범성욕주의에 빠질 수 있는 약점을 가진다고 볼 수 있다.

4

제2차 위상 때 욕동의 이원성은 죽음 욕동과 생명 욕동이다

죽음 욕동과 생명 욕동을 한마디로 설명하기는 쉽지 않다. 프로이트는 그것들의 명확한 개념이나 사례를 제시하지 않기 때문이다. 우리는 단지 그의 여정을 따라가며 그가 말했던 것을 이해할 뿐이다. 이 두 욕동은 리비도와의 관계에서 이해한다. 이것은 제1차 위상 때의 두 욕동(자아 리비도와 대상 리비도)과는 차이가 있다. 하지만 그 차이를 명확하게 지적하기는 쉽지 않기에 아래의 인용문을 읽어가며 프로이트의 의도를 추적해 보자.

개인 전체보다 더 오래 살아남아 기초적인 유기체들의 운명을 지켜보는 욕동·유기체들이 외부 세계의 자극에 무방비 상태일 때 안전한 거처를 제공하는 욕동·다른 생식 세포들과의 만남을 주선하는 욕동 등 이러한 것들이 성 욕동의 집단을 형성한다.

그것들은 살아 있는 물질의 이전 상태를 복원하려고 한다는 점에서 다른 욕동들처럼 보수적이다. 더욱이 그들은 외부적 영향에 대해서 특이하게 저항한다는 점에서 더 보수적이다. 그리고 그들은 생명체를 비교적 오랫동안 보존하기에 또 다른 의미에서 보수적이다. 그들이야말로 진정한 생명 욕동이다. (『쾌락의 원칙을 넘어서』 p.42)

프로이트는 세 가지 다른 의미로 '보수적'이란 말을 사용한다. 욕동의 힘은 생명체를 유지시키는 힘으로 이해될 수 있지만 죽음으로 몰아넣는 힘으로도 이해될 수도 있다. 이는 욕동의 일원성이 거부되고 이원성이 주장되는 근거가 된다.

생명체를 죽음으로 이끄는 욕동적 힘 또한 처음부터 원생동물

原生動物 속에서 작동하고 있을 것이다. 그러나 그 효과는 생명 보존의 힘에 완벽하게 은폐되기 때문에 그것이 존재한다는 직접적인 증거를 찾기는 매우 어렵다. […] 바이스만August Weismann의 주장대로 원생동물이 죽지 않아도, 원생동물은 죽음의 발현이 늦어진 취득 형질이라는 그의 주장은 죽음의 '명시적' 현상에만 적용되는 말이다. 다시 말해 그것이 결코 죽음을 '향해 가는' 과정에 대한 가정을 불가능한 것으로 만들지는 못할 것이다. 그리하여 생물학이 죽음 욕동이라는 것을 정면으로 부정하리라는 우리의 예상은 아직 들어맞지 않았다. […] 체물질體物質과 생식질生殖質에 대한 바이스만의 구분과 죽음 욕동을 생명 욕동과 구별하는 우리의 인식 사이에는 분명한 유사성이 존재하며 이는 중요한 의미를 지닌다. (『쾌락의 원칙을 넘어서』 pp.52~53)

프로이트는 자아 욕동과 성 욕동으로 구분할 때와 마찬가지로 죽음 욕동과 생명 욕동으로 구분할 때도, 리비도가 자아 욕동과 죽음 욕동에는 없고 성 욕동과 생명 욕동에는 있다고 주장한다. 프로이트는 계속 철저히 이원적 주장을 한다. 이런 면에서 바이스만의 체물질과 생식질도 이해할 수 있다.

욕동의 이원론적 견해를 좀 더 살펴보자. 헤링Ewald Hering의 이론에 따르면, 두 종류의 과정이 살아 있는 물질 속에서 항상 반대 방향으로 작용한다. 하나는 건설적이거나 동화적이고 다른 하나는 파괴적이거나 이화적이다. [⋯] 이런 두 가지 방향 속에서 우리는 생명 욕동과 죽음 욕동이라는 두 개의 욕동 행위를 읽어 낼 수 있을까? [⋯] 정신분석의 리비도 이론은 세포들의 상호 관계에 적용할 수 있다. 각 세포에서 활동적인 생명 욕동 혹은 성 욕동은 다른 세포들을 대상으로 삼고 그 대상 속에 있는 죽음 욕동을 부분적으로 중화시키며 생명을 보존한다고 생각할 수 있다. 그런가 하면 다른 세포들도 '그들'을 위해 같은 일을 할 것이고 또 다른 세포들도 이러한 리비도적 기능을 수행하는 과정에서 자신들을 희생할 것이다. 생식 세포들은 완전히 나르시시즘적 방식으로 행동할 것이다. (『쾌락의 원칙을 넘어서』 p.53)

체물질에 대극적인 생식물질들은 리비도를 필요로 한다. 정신 에너지로서 리비도를 생각하는 우리에게 생식 세포도 리비도가 필요하다는 것이 이상할 수 있다. 프로이트는 다시

금 생물학적 환원을 시도하고 있는 것인가!

학문으로서 정신분석을 정립하려는 프로이트는 생물학(바이스만, 헤링)과 철학(쇼펜하우어)과 대화한다. 그는 쇼펜하우어를 몰랐을 때 이미 성 욕동을 주장하는데, 주위 사람들은 성 욕동이 쇼펜하우어의 '삶에의 의지'와 유사하다고 알려 준다. 생물학적인 것과 철학적인 것에서 유사성을 발견한 프로이트는 메타심리학의 가설이 사실에 기반을 둔 것이라는 희망을 가진다.

프로이트가 자아 개념을 정리하면서 '욕동의 이원성'에도 변화를 가져온다. 이전에는 자아 욕동와 성 욕동의 대극을 말했지만 이제는 죽음 욕동Todestrieb와 생명 욕동Lebenstrieb의 관계를 말한다. 이 관계가 대립인지 상보적인지 프로이트주의는 고심하게 된다.

1900년대에 말한 자아 욕동과 성 욕동이 1920년대에 와서 죽음 욕동과 생명 욕동이 된다. 여기서 자아는 생명 욕동과 관계있다. 이를 그는 리비도와 연관시키며 욕동의 이원성을 주장한다. 이는 정신분석이 범성욕주의라는 평가를 벗기 위한 것이라 볼 수 있다. 이런 면에서 자아와 관련된 자기보존 욕동 등은 죽음 욕동이 아니라 생명 욕동에 포함되게 된다. 생명 욕동이 리비도에 의한 것이라면 죽음 욕동은 리비도와 상관없는 것이 된다.

프로이트 전기 작가인 비텔스Fritz Wittels, 프로이트 주치의 슈어Max Schur, 가이Peter Gay 등 프로이트 연구가들에 따르면, 죽음 욕동은 1919년 7월 타우스크Viktor Tausk의 자살, 1920년 1월 암으로 프로인드Anton von Freund의 사망, 1920년 7월 프로이트의 딸 조피Sophie Halberstadt의 사망에서 비롯된다고 본다. 특히, 딸의 죽음 때문에 '죽음 욕동'이 정립된 것이라는 견해에 대해 프로이트는 이 견해를 받아들이지 않는다.

지금까지 우리가 탐구한 연구결과는 자아 욕동과 성 욕동을 뚜렷하게 구분한다. 전자가 죽음을 향해, 후자가 생명 연장을 향해 압력을 가한다는 견해였다. 그러나 이러한 결론은 여러 면에서 우리 자신에게 불만족스럽다. 더욱이 우리가 반복강박에 해당하는 보수적 혹은 퇴행적 성격을 예측할 수 있는 것은 실제로 자아 욕동뿐이다.

우리의 가설에 따르면 무생물이 생명을 얻음으로 생긴 자아 욕동은 그 무생물적 상태를 복원하려 한다. 반면 성 욕동이 유기체의 원시적 상태를 재생하는 것도 사실이지만, 모든 수단을 동원하여 성 욕동이 목표로 하는 것은 특수한 방식으로 분화되어 있는 두 생식 세포의 결합이다. 만약 이러한 결합이 성취되지 않으면, 생식 세포는 다세포 생물의 다른 요소들과 더불어 죽고 만다. [⋯] 그러나 이런 죽음의 내적 필연성에 관한 믿음은 존재가 주는 짐을 지기 위해서 우리가 지어낸 또 다른 환상에 불과할지도 모른다. 확실히 그것은 인류역사의 초기 믿음은 아니다. 원시 종족들에게는 자연사라는 개념은 아주 낯선 것이었다. (『쾌락의 원칙을 넘어서』 pp.46~47)

프로이트는 '죽음이 자연사다'라는 개념을 얻기 위해 생물학을 살펴봐야 한다고 말한다. 이 말은 21세기에 살고 있는 우리가 볼 때 상식 이하의 말로 들릴 수 있다. 그러나 문화사적으로 볼 때 죽음은 질병·전쟁·사고 등으로 찾아오는 경우가 많다. 죽음 욕동은 돌연사에 대한 불안이 아니다. 오히려 태어나면서부터 죽기 시작하는 세포의 성질에 대한 것이다. 태어나면서부터 죽기 시작하는 동시에 태어나면서부터 살기 위해 안간힘을 쓴다는 말은 이원적이다. 프로이트는 이를 등식으로 공식화시킨다.

제2차 위상 때 프로이트는 등식으로 '자아 욕동=죽음 욕동'과 '성 욕동=생명 욕동'을 정형화시켰을까? 제1차 위상에서 자기보존 욕동이 자아 욕동에 속했다. 그렇다면 제2차 위상에서 자기보존 욕동은 죽음 욕동에 포함되어야 할까? 그러나 프로이트는 자기보존 욕동을 생명 욕동 쪽으로 옮긴다. 죽음이란 단어의 엄격성을 유지하기 위한 의도이다. 1910년대의 프로이트가 자아 욕동을 리비도에서 배제시켰으나 1920년대의 프로이트가 자아 개념을 리비도의 저장소라고 제한시킨 것은 어떤 의미에서는 이론의 진보로 볼 수 있으나, 생물학에 너무 의존한 것이라 어떤 의미에서는 환원적이라고 비판받을 수 있다.

쾌락의 원칙은 실제로 죽음 욕동에 봉사하는 것처럼 보인다. 쾌락의 원칙이 두 욕동에게 위험스럽다고 간주되는 외부의 자극을 계속 감시하기 때문이다. 쾌락의 원칙은 살아가는 일을 더 어렵게 만들 수도 있는 내부에서 오는 자극의 증가를 특별

히 더욱 경계한다. (『쾌락의 원칙을 넘어서』p.69)

우리가 발견한 정신기관의 가장 근원적이고 중대한 기능 중 하
나는 그것에 부딪치는 욕동을 묶고 그 속에서 지배적으로 작동
하는 제1차 과정을 제2차 과정으로 대치시키는 것이다. [...] 이
러한 변형 과정이 진행되는 동안 발생하는 불쾌의 문제에 대해
서는 누구도 주목하지 않는다. 그렇다고 이것이 쾌락의 원칙의
중단을 암시하는 것은 아니다. 오히려 그 변형 과정은 쾌락의
원칙을 위해 발생한다. 그 묶기 과정이 쾌락의 원칙의 지배성
을 유도하고 확보해 주는 예비적 조치이기 때문이다. (『쾌락의
원칙을 넘어서』p.67)

여기서 프로이트의 고민은 쾌락의 원칙에서 현실의 원칙
으로의 이동 과정이다. 쾌락의 원칙이 묶여 멈추고 난 후, 현
실의 원칙이 작동되는 것이 아닌가에 대한 의문이다. 완전한
묶음과 묶임은 없다. 그래서 쾌락의 원칙은 계속해서 밀고
올라오고 현실의 원칙은 이에 대응한다.
『꿈의 해석』을 저술할 당시 프로이트는 무의식의 제1차

과정을 근친상간, 즉 절대쾌(지각동일성)를 추구하는 것으로 본다. 그러나 쾌락은 저지당한다. 저지당한 것은 계속해서 부분쾌를 추구한다. 이것이 제2차 과정이다. 쾌와 불쾌가 제로가 되는 것이 항상성의 원칙이다. 그러나 우리의 마음은 항상 균형을 유지할 수 없다. 이런 상황에서 현실의 원칙이 작용한다. 쾌락의 원칙을 넘어서는 지점에서 프로이트는 부분적인 쾌락의 원칙뿐 아니라 현실의 원칙도 고려한다. 앞서 제4주제에서 프로이트의 제1차 위상에 따른 욕동과 리비도 개념을 라플랑슈-퐁탈리스의 도식(도표 9)으로 표현했듯이, 제2차 위상에 따른 욕동과 리비도의 관계는 아래와 같다.

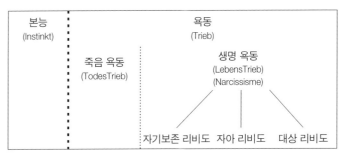

[도표 11] 제2차 위상 때의 본능과 이원성의 욕동

5

모든 것은 무의식에서 비롯된다

정신계를 의식적인 것과 무의식적인 것으로 나누는 일은 정신 분석의 기본 전제다. … 정신분석은 정신계의 본질을 의식 속 에서 찾지 않고 의식을 정신적인 것의 한 특성으로 간주하며 이것이 다른 특성들에 덧붙여 존재할 수도 있고 혹은 부재할 수도 있다는 입장을 취한다. (『자아와 이드』 p.239)

프로이트는 정신계를 의식적인 것과 무의식적인 것으로 나누고 이를 정신분석의 기본 전제라고 말한다. 여기서 정신 계의 본질은 무의식이다. 프로이트는 정신계의 본질을 의식 에서 찾지 않는다고 말한다. 데카르트 이후 철학자들은 의식 을 정신계의 본질로 간주해 왔다. 그런데 이 지점에서 프로 이트는 이런 종류의 의식철학을 거부한다. 일명 '의식철학' 은 잠재적 정신 현상에 전의식과 무의식을 포함시킨다. 여기 서 무의식은 의식의 잠재된 일부분에 불과하다.

그러나 '정신분석학'은 무의식을 정신계의 본질로 보며, 의식과 전의식 또한 무의식의 또 다른 모습이라고 다룬다. 이는 프로이트에게서 비롯된다. 의식은 정신 특성의 한 부분이며 그런 특성들과 함께 존재하거나 혹은 존재하지 않을 수도 있다고 말한다. 이는 데카르트 이후 코기토에서 비롯되는 철학에 있어 중요한 사건이다.

　억압은 어떤 관념이 의식화되기 이전에 존재한 상태를 말한다. 그리고 저항은 분석 중에 그런 억압을 만들고 유지시키는 힘이다. 이와 같이 우리는 억압 이론에서 두 종류의 무의식이 존재한다는 것을 알 수 있다. 첫째로 잠재되어 있으나 의식화될 수 있는 것, 둘째로 억압되어 있는 그 자체로는 의식화될 수 없거나 쉽게 의식화될 수 없는 것이다.
　정신의 역동성에 대한 이런 통찰력은 용어 선택이나 서술면에 영향을 끼친다. 역동적인 의미가 아니고 오직 서술적으로만 잠재적인 것을 전의식이라고 부른다. 반면 억압되어 역동적인 무의식적인 것을 무의식이라 부른다. … 서술적 의미로는 두 종류의 무의식이 있고 역동적 의미는 오직 하나의 무의식밖에 없다는 사실을 잊지 않는다면 의식 · 전의식 · 무의식이라는 세 개의 용어를 자유롭게 구사할 수 있다. (『자아와 이드』p.241)

프로이트는 서술적 의미에서는 두 종류의 무의식(무의식, 전의식)이 존재하지만 역동적 의미에서는 오직 하나의 무의식만 존재한다고 말한다. 서술적 의미로서의 무의식, 즉 '전의식-무의식' 개념은 포기된다. 단지 '역동적 의미로서 무의식'만을 무의식이라고 말한다. 두 종류의 무의식은 의식화될 수 있는 것(전의식)과 의식화될 수 없거나 의식화되기 어려운 것(무의식)이다. 모든 것이 의식화될 수 있다고 보는 것은 코기토적인 신념일 뿐이다.

각 개인 속에는 정신 과정을 일관성 있게 조직화하는 존재가 있다는 생각을 갖게 되었다. 이것을 그 사람의 자아라고 부른다. 바로 이 자아에 의식이 부착된다. 자아는 흥분을 외부세계로 방출하는 것을 막는다. 자아는 자신의 모든 구성 과정을 감독하는 정신기관이다.

자아는 밤에 휴식한다. 물론 이때도 꿈 검열은 계속된다. 이 자아에서 억압이 생기는데, 이 방법을 통해 마음속에 있는 어떤 성향을 의식뿐 아니라 다른 형태의 유효성과 행위에서도 제거하려는 시도가 생긴다. [⋯] 신경증 발생을 의식과 무의식의 갈등에서 유래하는 것으로 보려고 하면, 불분명하고 어려운 처지에 놓이게 된다. 우리는 이런 대극 구조를 다른 대극 구조로 바꿔야 한다. [⋯] 일관성 있는 자아와 여기서 떨어져 나온 억압된 것 사이의 대극 구조가 바로 그것이다. (『자아와 이드』 pp.243~244)

1900년대에 프로이트의 이론에서 밤에 쉬는 것은 의식이지만, 1920년대에 와서 밤에 쉬는 것은 자아가 된다. 그렇다면 자아와 억압된 것이 대극적인 것이라면 자아는 억압되지 않은 것인가? 프로이트는 자아에도 억압이 생기고 또한 자아에서 떨어져 나와 억압된 것도 존재한다고 말한다.

이제 자아는 무의식 · 전의식 · 의식을 모두 포함하는 개념이 된다. 이렇게 자아 또한 무의식적인 것으로 볼 때, 억압된 것은 역시 무의식적인 것이 된다. 이때 두 종류의 무의식이 문제되는데 이 둘은 서로 대극이다. 하나는 기억되고 재생되

는 무의식이고, 또 하나는 기억되지도 재생되지도 않는 무의
식이다.

무의식이 억압된 것과 일치하지 않는다는 사실을 알게 되었다.
억압된 것은 무의식이지만 모든 무의식적인 모든 것이 억압된
것은 아니다. [⋯] 자아의 일부 역시 무의식이다. 자아에 속한
이 무의식은 전의식처럼 잠재적이지 않다. [⋯] 의식화시키는
과정은 매우 어려울 것이다. 억압되지 않은 제3의 무의식을 가
정해야 할 때, 우리는 무의식적인 것의 특징들이 그 의미를 상
실하기 시작했다는 사실을 인정해야 한다. (『자아와 이드』
pp.244~245)

위 인용문은 매우 애매하다. 대체 프로이트는 무슨 말을
하고 있는가? 억압되지 않은 제3의 무의식은 무엇인가? 이는
무의식적인 것도 아니고 전의식적인 것도 아닌 '의식적인 무
의식'을 말한다. 제1차 위상에서 의식은 의식적 의식이다. 반
면, 모든 것이 무의식에서 비롯된다고 보는 제2차 위상에서
의식화되지 않는 것과 잠재된 것 이외의 제3의 무의식이라

는 것은 가능할까? 프로이트는 억압되지 않은 의식적 자아를 제3의 무의식이라고 가정하는 것 같다.

그러니까 여기서 의식적 자아란 의식화된 무의식적 자아다. 이 단계에서 순수한 의식은 없다. 모든 것이 무의식에서 비롯된다. 프로이트는 무의식의 무의식 · 전의식의 무의식 · 의식의 무의식 이렇게 3개의 무의식을 가정하고 있다. 이는 곧 모든 것이 무의식적인 것이라는 말로 이해될 수 있다.

이제 우리는 한 개인을 알려지지 않고 무의식적인 상태, 정신적 이드(정신적 이드의 표면에 자아가 있는데, 이 자아는 핵인 지각조직에서 발전해 나온 것이다)로 바라볼 것이다. 자아는 이드에서 칼로 자른 듯이 분리되어 있지 않다. 자아의 일부는 이드와 병합되고 억압된 것도 역시 이드와 병합되어 이것의 일부를 구성할 뿐이다. 단지 억압된 것은 억압의 저항 때문에 자아와 완전히 단절되어 있다. 그러나 억압된 것은 이드를 통해서 자아와 의사소통한다. (『자아와 이드』 p.252)

프로이트는 자아 개념을 좀 더 진전시킨다. 자아 개념은 자아에서 떨어져 나가 억압된 것과 함께 거론되어야 된다. 프로이트는 자아에서 떨어져 나가 억압된 것을 독일어의 3인칭 단수 중성 대명사 Es(에스)로 표현한다. 프랑스어 번역은 에두아르 피숑Édouart Pichon에 의해 Ça(싸라고 발음함), 영어 번역은 제임스 스트레이치에 의해 Id(이드)로 제시되었다. 이 용어는 위 본문에서 잠깐 나왔듯이 1923년에 그로데크가 창안하여 같은 해에 프로이트가 개념화했다. 이 개념은 '길들이지 않은 열정'의 장소나 잘 조직되지 않은 욕동의 저장고 또는 카오스와 유사하다고 간주된다. 이드는 자아의 간섭 없이는 욕동적 열망의 노리개가 될 것이며 불가피하게 자기의 소멸로 가게 될 것이라고 한다.

자아와 이드는 서로 붙어 있다. 견과류 호두의 알맹이와 껍데기의 관계로 비유할 수 있을까! 풋호두는 알맹이와 껍데기가 명확하게 분리되지 않는다. 하지만 다 성장한 후에는 호두의 열매와 껍데기가 분리되듯이 억압이 가해지면 자아와 이드도 분리된다. 억압된 것은 자아에서 분리되지만 이드를 통해 자아와 의사소통한다. 제1차 위상에서 자아가 리비도의 원천이자 리비도의 종착지점이었다면, 제2차 위상에서 이드는 리비도의 원천이 되고, 자아는 리비도의 종착지점이 된다.

『새로운 정신분석입문 강의』제31장에서 프로이트는 자아와 이드의 각각 운명과 역할을 각각 고찰했다. 여기서 그는 'Wo es war soll ich werden?'라는 문장을 남기는데, 이 문장을 어떻게 해석할 것인가에 대해 의견이 나뉜다. 직역하면 '그것(이드)이 있는 곳에 자아가 있다'는 것이다. 이 강의가 1932년에 진행된 것으로 봐서 이 구절은 제2차 위상에 따라 해석되어야 한다. 우선 에고심리학에서는 이드를 지배하는 자아를 고려해, 분석을 돕는 자아의 역할에 특권을 부여한다. 반대로 라캉은 분석이 자아의 방어를 극복하기 위한 길을 열어야 한다는 생각 하에 무의식적 욕망의 출현을 강조한다. 라캉은 '그것(이드)이 말한다Ça parle!'는 말을 통해 자아의 방어를 극복한 이드의 출현에 의미를 부여한다.

만약 자아가 단순히 지각조직의 영향에 의해서 수정된 이드의 일부, 즉 정신 속에 있는 실제 외부 세계의 대변체라면, 우리가 다뤄야 할 문제는 간단하다. 그러나 거기에는 더 복잡한 문제가 있다. 우리는 자아 속의 한 등급, 자아 내에서 분화된 어떤 것 (우리는 이것을 자아이상 또는 초자아라고 부를 수 있다)이 존재한다는 가설을 다른 곳에서 언급한 바 있다. 그 가설은 아직도 유효하다. (『자아와 이드』 p.256)

제2차 위상의 한 심급인 초자아는 이드 안에 근거를 두고, 무자비한 방식으로 자아에 판단과 검열 기능을 수행한다. 위 문장에서 보듯이 프로이트는 『자아와 이드』(1923)에 초자아 개념을 분명히 규정하지 못한다. 이 개념은 「나르시시즘입문」(1914)에서 시작된 오랜 노력의 산물이다. 프로이트는 유아의 나르시시즘을 대체할 수 있는 '자아이상自我理想'을 1921년 「군중심리학과 자아분석」에서 구성한다. 1923년 『자아와 이드』에서 초자아를 도입한다. 초자아는 자아의 큰 구분에 따라 무의식으로 고려된다.

프로이트는 자아와 초자아의 관계를 세밀하게 규정한다. 자아가 본질적으로 외부 세계, 즉 현실의 재현인 반면에 초자아는 내부 세계, 즉 그것의 대리인처럼 자아 맞은편에 위치한다. 자아와 이상 사이의 마찰은 외부 세계와 내부 세계

분화\구분	본능(Instinkt)	욕동(Trieb)		
욕동		자아 욕동 (자기보존 욕동) (자기성애)	성 욕동 (리비도) (Narcissisme)	
리비도		(리비도 없음)	자아 리비도	대상 리비도
나르시시즘			제1차 나르시시즘 제1차 자기애 (근원적 나르시시즘)	제2차 나르시시즘 제2차 자기애 (부차적 나르시시즘)

[도표 12] 제1차 위상 때의 본능과 이원성의 욕동

분화\구분	본능(Instinkt)	욕동(Trieb)				
욕동		죽음 욕동	생명 욕동(=리비도의 저장소인 이드)			
리비도		(리비도 없음)	자기보존 리비도 (자기성애)	자아 리비도	대상 리비도	
나르시시즘			제1차 나르시시즘	제1차 자기애	제2차 나르시시즘	제2차 자기애

[도표 13] 제2차 위상 때의 본능과 이원성의 욕동

사이의 대립을 인정하는 상태에 있다. 초자아의 기능은 이상과 금지 그리고 어떤 때는 억제적 기능에 속한다.

제1차 위상과 제2차 위상의 내용을 위와 같이 정리하면서 이 장을 매듭짓는다. 이것은 프로이트가 일흔에 가까운 나이에 일구어 낸 변화이다. 하지만 프로이트주의는 이것을 잘 계승하기보다 편의상 선별하여 사용한다. 프로이트주의는 죽음 욕동을 거북한 개념으로 취급한다. 또한 용어 번역도 고려 대상이 된다. 프로이트가 제시한 Es Ich ÜberIch는 영어권에서 Id Ego Superego로 번역하고, 한글로는 이드, 자아, 초자아로 번역하였다. 영어에서는 독일어 Es, Ich를 라틴어 Id, Ego로 번역하고, 한글에서는 라틴어의 발음인 이드, 한자인 자아自我로 표기한다. 독일어 Ich에 해당하는 우리말의 '나', 영어의 'I'가 인색하게 사용되는 이유는 무엇인지 프로이트가 창안한 정신분석을 공부하면서 질문하게 된다. 이 외에도 프로이트가 사용한 용어가 제대로 의미를 전달하지 못하는 부분은 매우 많다. 이런 부분을 수정해 가면서 프로이트를 읽고 이해하는 과정이 요청된다. 이런 단면적인 부분만 봐도 오늘에 이르기까지 프로이트의 수고는 왜곡되어 전달되고 있음을 보게 된다.

7

정체화는 수직축과 수평축으로
짜인다: 수직축으로서 됨의
정체화·가짐의 정체화,
수평축으로서 상호적 정체화

1

나에게 미치는 영향력의 기원: 먼저 어머니에 정체화되기, 나중에 아버지에 정체화되기

'Identification'은 동일시同一視, 동일화同一化, 정체화停滯化 등으로 번역할 수 있다. 이 책에서는 정체화로 번역한다. 그 까닭은 주체가 타인에 의해 수동적으로 영향을 받고, 그 결과 타인이 되어 머물기 때문이다. 그런 의미에서 정체화로 번역한다. 즉, A가 B로 변하는 것이 모방이라면, B에 의해 A가 영향을 받아 B 상태로 되는 것이 정체화다. 리더십학에서 강조하는 것이 영향력Influence, 즉 영향력 주고받기이다. 그래서 리더십학은 외부에서 내부로 들어오는 또한 내부에서 외부로 나가는 영향력에 관한 것을 다룬다. 셀프 리더십 또한 자신을 성찰할 때 요구되는 영향력을 다룬다. 이 영향력은 스스로에게서 나오기도 하겠지만 외부에서 오는 다양한 원리에서 비롯된다. 프로이트는 리더십의 주요원리와 정체화를 연결하는 글을 1921년에 작성한다. 바로 『대중심리학과 자아 분석』이다. 이 글은 타자의 욕망, 즉 타자가 갖고 있는 욕망에 사로잡히는 주체를 말한다. 라캉식으로 말하면 Autre(Other, 대타자, 큰타자)에 관한 글이고, 프로이트식으로 말하면 자아와 이드를 가르고 자아 이상, 초자아를 창안하는 자리이다. 또한 타자의 욕망을 밀어내는 주체의 욕동(충동)을 말할 수 있다. 타자의 욕망과 주체의 욕동(충동)이 어느 정도 밀고 당기느냐에 따라 주체의 모습이 변한다. 프로이트의 정체화 이론은 프랑스의 의사이자 사회심리학자인 르 봉의 책 『군중심리학』(1895)과 영국(미국)의 사회심리학자인 맥두걸의 책 『집단정신』(1920) 등을 다루면서 고개를 내민다. 이 이론은 리더가 없는 군거herde와 리더가 있는 군집horde을 구분하는 프로이트식 정치학에서 욕동을 가진 개인을 다룬다고 볼 수 있는, 매우 복잡한 이론이다.

> 남자아이는 아버지에 정체화하는 것과 동시에 혹은 그 이전에 어머니라는 확실한 대상에 리비도 방출을 시작한다. (『대중심리학과 자아 분석』 p.115)

아버지에 정체화되기와 대상으로 아버지를 선택하는 것의 차

이를 하나의 공식으로 설명하는 것은 간단하다. 첫 번째 경우의 정체화는 사람들이 아버지가 되고 싶어 하는 것이고, 두 번째 경우는 아버지를 갖고자 하는 것이다. (『대중심리학과 자아 분석』 p.116)

소년이 아버지에 정체화될 때 그는 아버지처럼 되기를 원하는 것이다. 반면 소년이 아버지를 대상으로 선택하면 그는 아버지를 갖길 원하는 것이다. 전자의 경우에서 소년의 자아가 아버지를 모델로 변화되지만 후자의 경우에 그것은 필요하지 않다. (『새로운 정신분석입문 강의』 p.69)

우리는 방금 근친상간적인 대상 선택이 오이디푸스 콤플렉스에 나타난다고 기술했다. 초기에 아이는 금기를 제시하는 존재자로서 '방해하는 제3자'를 상관하지 않았다. 왜냐하면 그는 우선적으로 어머니에게 근친상간적 리비도를 방출하고, 그 뒤 아버지에 정체화되기 때문이다.

아버지에 정체화도 초기 신화에서 그 논리적 근거를 찾을 수 있을 것이다. "토템 자체는 아버지의 대리적 표현일 뿐이다"[25]라는 프로이트의 말은 토템이 아버지를 죽이는 것을 금한다는 사실을 보여 준다. 토템은 아들과 어머니 또는 누이와 남동생 사이의 근친상간을 금지하는데, 이러한 근거로 프로이트는 토템 체계를 유지시킨 족외 결혼을 아래와 같이 정의 내린다.

남자가 그 집단 여인과 성적 결합하는 것을 금한다. 다시 말해 혈연적 관계가 전혀 없는 여인들과의 성적 결합만 허용된 것이다. (『토템과 터부』 p.10)

초기 인류에게 왕이 전지전능을 의미하듯이, 아이는 아버지에게 전지전능을 부여한다. 왕에 대한 백성의 태도는 아버지를 대하는 유아적 행동과 일맥상통한다. 달리 말하면 일반 평민 또는 귀족들이 왕이 되고 싶어 하는 것처럼, 아이도 아버지의 자리를 탈취하고자 한다. 사람들이 왕가의 기념식에

---

25 Sigmund Freud, *Totem und Tabu. Einige übereinstimungen im Seelenleben der Wilnen und der Neurotiker, G. W.*, vol.9, p.178. Trad. franç. S. Jankélévitch. *Totem et tabou*, Paris: Payot, 1989, p.221.

참여할 때, 그들은 왕에게 완벽하고 최상의 것들을 마련해 주면서도 다른 한편으로 왕에게 복수하기를 원한다. 이런 양가적 태도가 동일하게 개인에게서도 발견된다. 이때 일반적으로 증오와 애정 가운데 어떠한 감정이 우위를 차지하느냐가 문제된다. 프로이트는 왕실의 의식에 참여하는 개인의 양가감정적 태도를 '왕실의 의식 금기'라 부르며, 아래와 같이 설명한다.

> 그러므로 왕실의 의식 금기는 겉으로 보기에는 가장 엄격하게 존중되는 표현이고 가장 안전히 왕을 지키는 방도다. 그러나 실제적으로 왕실의 의식 금기는 왕의 명예를 탐하는 백성들이 왕실을 향해 고양된 감정을 가하는 채찍질이고 불타는 복수다.
> (『토템과 터부』 p.65)

'아버지에 정체화되기'에서 아이는 아버지를 자기가 '되어야 할 것'이라고 인식하며, 증오의 대상으로서 아버지를 생각하지 않는다. 아버지가 되면 어머니를 소유할 수 있고, 그가 원하는 모든 것을 할 수 있을 것이라고 아이는 생각한다.

여기서 아버지는 아이에게 방해하는 제3자로서 나타나지 않는다. 아이에게 아버지는 '이상적 자아理想的 自我'가 된다. 아버지를 무서워하기보다 좋아한다는 관점에서, 아이는 아버지에 대해 열등감을 갖는다. 이로서 아버지에 정체화되기는 긍정적으로 종결되었음을 알 수 있다. 이제 아이도 방해하는 제3자가 되어, 어머니를 사랑의 대상으로 취해 전능한 권위자가 된다.

2
정체화는 오이디푸스 콤플렉스의 과정을 구체화한다

정신분석은 정체화를 타인과의 감정적 결합이 나타나는 초기 형태로 본다. 이것은 오이디푸스 콤플렉스의 초기단계에 비롯된다. 남자아이는 아버지처럼 되어 모든 면에서 아버지를 대신하고 싶어 한다. [···] 전형적인 남성의 모습을 보인다. 이는 오이디푸스 콤플렉스와 훌륭한 조화를 이룬다. [···] 남자아이는 어머니와 결합하려는 자신을 아버지가 방해하고 있다는 것을 알게 된다. 그래서 아버지에게 정체화되기는 적대적인 색채를 띠게 되고 어머니에 대해서도 아버지를 대신하는 존재가 되고 싶은 욕망이 생기게 된다. 이 정체화는 처음부터 양가감정적이어서 부드러운 애정표현으로 바뀔 수도 있지만 누군가를 제거하고 싶은 욕망으로 바뀔 수도 있다. (『대중심리학과 자아 분석』 p.115)

프로이트는 오이디푸스 콤플렉스에서 발견되는 남자아이가 아버지에게 정체화하는 것을 단순한 모방으로 보지 않는다. 여기에는 중요한 심적 요소가 있다고 생각하게 된다. 아버지에 대한 존경과 질투 양면적인 감정은 꿈 사례에서 빈번하게 확인된다.『꿈의 해석』에서 프로이트는 부모의 죽음을 꿈꾼 아이에 대해 이렇게 정리한다.

만약 아이가 자기와 경쟁적인 그의 형제와 자매의 죽음을 원한다는 사실을 아이의 이기주의로 설명할 수 있다면, 자신에게 애정을 아끼지 않고 필요를 충족시켜 주는 부모의 죽음을 소망하는 것을 어떻게 이해하며, 동시에 보호를 욕망하는 이기적인 여러 이유들은 어떻게 이해해야 할 것인가? (『꿈의 해석』 p.261)

프로이트는 부모의 죽음에 관한 아이들의 다양한 꿈에서 하나의 논리를 구축한다. 소년이 아버지의 죽음을 꿈꾸고 소녀가 어머니의 죽음을 꿈꾸는 이유는 편애가 존재한다고 그들이 여기기 때문이다. 따라서 이는 오이디푸스 수수께끼에 관심을 갖게 한다. 아이까지 포함된 세 명의 부부 생활과 아이의 타고난 양성이 바로 오이디푸스 콤플렉스의 두 가지 요소이다.

프로이트가 『연애심리학에 공헌』의 「1. 남자가 대상을 선택할 때의 특별한 형태」라는 논문에서 전개한 오이디푸스 콤플렉스의 삼각관계를 검토해 보자. 그는 신경증 환자들의 애정 생활 사건을 모으면서 그의 연구를 시작한다.

사랑을 결정짓는 네 가지 조건에 따르면, 아무에게도 속하지 못한다는 이유로 멸시받는 한 여인(어머니)이 있고, 이 멸시받는 여인을 사랑의 대상으로 선택하는 어떤 주체(아이)가 있을 수 있다. 아이는 자신이 어머니를 구원해야 된다고 생각한다. 아이는 자발적으로 애인이 된다. 아이의 태도는 근친상간적이다.

　그런데 프로이트는 왜 주체가 이미 한 남자에게 속한 여인을 선택해야만 한다고 말하는가? 방해하는 제3자는 누구인가? 우리가 짐작하기로 프로이트는 처음의 두 조건들 안에서 오이디푸스 콤플렉스의 첫 번째 요소인 삼각 구조를 이미 예견한 듯하다. 왜냐하면 창녀는 아이의 근친상간적 욕망의 대상인 어머니를, 방해하는 제3자는 근친상간에 대한 금기법을 제시하는 아버지를 지칭하기 때문이다. 프로이트는 아버지를 방해하는 제3자로 본다.

　아이는 비록 어머니가 아버지에게 속하였지만 자신의 모성애의 대상이 된다는 것을 이해한다. 그리고 여기서 제3의 방해꾼이 아버지 아닌 다른 이가 될 수 없음을 즉시 이해할 수 있을 것이다. (『연애심리학에 공헌』「1. 남자가 대상을 선택할 때의 특별한 형태」 p.71)

　아이가 어머니(또는 유모)의 젖으로 양분을 섭취하는 한, 아버지에 속한 사랑의 대상으로서의 어머니 또는 그 대리물을 선택해야 하는 운명에 처한다. 결과적으로 그는 배고픔을 채우기에 연관된 기관으로서의 자기 입술을 통한 만족을 경험한다. 어머니가 자기의 필요를 채워줄수록, 아이는 근친상간적 대상으로서 그녀를 욕망한다. 다시 말해, 어린이에게 있어서 구강감각 만족을 반복하려는 필요는 양분 섭취에 대한 필요와 혼돈된다. 점차 아이는 어머니에게 대상 리비도의 방출을 발전시키지만, 어머니는 아이의 필요를 채우는 데 등한시한다. 게다가 어머니의 욕망이 점차 아버지에게로 쏠리게 됨을 확인한다.

오이디푸스 콤플렉스에서 설명해야 할 두 번째 요소는 바로 아이의 타고난 양성이다. 이 요소 덕분에 우리는 양성 기관에서 유래하는 것 같은 양가Ambivalence 개념에 접근할 수 있다.[26] 일반적으로 남자아이의 긍정적 오이디푸스 콤플렉스는 아버지에게 적대적 태도와 어머니에게 친근한 태도

---

[26] 프로이트는 『성에 대한 세 편의 에세이』에서 도착을 취급하면서 양성의 역할을 말한다. 각 개인에게서 성 기관은 해부학적 관점에서 남성인 동시에 여성이지만, 예외적인 경우에 두 성의 성 기관은 양성구유(兩性具有)에서처럼 이것과 저것이 상호 공존한다.

로 표현된다. 그러나 이 상황은 아이가 가진 타고난 양성
이 작용하며 바뀔 수도 있다. 프로이트는 그것을 이렇게 설
명한다.

그(남자아이)는 아버지에게 딸처럼 행동하며 친근한 여성적 위
치를 나타내는 반면, 어머니를 차지한 아버지에게 질투 섞인
적대감도 나타낸다. (『자아와 이드』 p.261)

양가감정 때문에 긍정적 오이디푸스 콤플렉스에서 남자아
이는 아버지에게는 반항적이고 어머니에게 호의적이다. 여
자아이에게 그 현상은 완전히 반대로 나타난다. 반면 부정적
오이디푸스에서 남자아이는 아버지에게 다정하고 여자아이
는 어머니에게 적대적으로 행동한다. 여자아이는 이와는 대
척 위치에 있다. 결국 우리는 긍정적 오이디푸스 콤플렉스에
서 양가감정을 발견한다.

우리가 방금 제시한 것에 따르면, 오이디푸스의 본질적인
두 요소(셋의 부부 생활과 타고난 양성)는 오이디푸스의 구조를
구축한다. 그러므로 우리는 오이디푸스 콤플렉스가 정체화

의 출발점이라 생각하는 타당한 이유를 가진 셈이다.

3

됨의 정체화와 우울증: 나(A)는 B이다, 나(A)는 B가 아니다,
Zu sein oder nicht zu sein, To be or not to be

우울증 환자들의 냉혹한 비난은 현실에서 잃어버렸거나 실수로 가치 하락된 인물과 성적 대상물에게 적용된다는 것을 확인했다. 만약 우울증 환자가 자기 리비도를 대상으로부터 퇴각시켰다면, 리비도는 이 대상으로부터 떨어져 자아에게로 돌아온다. 이 과정에 우리는 나르시스적 정체화라는 이름을 붙여줄 수 있다. (『정신분석입문』 p.443)

프로이트는 우울증의 세 가지 조건으로 첫째는 대상 상실, 둘째는 아버지에 대한 두 감정 사이의 양가감정적 갈등 그리고 셋째는 자아 내부로의 리비도 퇴행을 제시한다.

프로이트는 애도와 멜랑콜리를 비교하면서 그 둘 간에 있는 여러 유사성을 발견한다. 하지만 애도에는 우울증 환자의 핵심요소로 여겨지는 자존심 하락이 없다고 확인한다. 우울증 환자는 스스로를 가치 없고 비난받을 만한 무용(無用)한 존재라고 느끼기 때문이다.

그(우울증 환자)는 허점들을 만들고 욕설을 퍼부은 뒤 추방과 처벌을 기다린다. 사람들 앞에서 천하게 굴고, 자기 인격과 결부된 무가치한 것들을 슬퍼한다. (『애도와 멜랑콜리』 p.431)

여기서 우리는 한 가지 질문을 던질 수 있다. 왜 우울증 환자는 자기의 상황을 바꾸지 못하는가? 달리 말해 왜 그는 그 대상에 고착되어 닫힌 상황 속에 머무르는가?

우리는 우울증 환자에게서 모순을 발견하게 된다. 우울증 환자는 나르시스적 대상에 강력하게 고착되어 있지만 그 대상을 상실했을 경우 나르시스적 대상으로부터 퇴행regression 하면서 방출된 리비도에 대해서는 저항이 매우 약하다. 부연하면, 그가 하나의 대상을 선택할 때 자기 자신과 닮은 것으로 고르고 그 대상에 리비도를 방출한다. 그러므로 그는 나르시스적 토대 위에 근거한 대상에 정체화한다.

대상과의 나르시스적 정체화는 사랑에 대한 리비도 방출의 대체물이 된다. [···] 사랑의 관계는 포기되지 않는다. (『애도와 멜랑콜리』 pp.435~436)

프로이트가 이렇게 말하는 까닭은 만약 사랑의 대상이 상실되면, 우울증 환자는 사랑의 대상으로 다른 대상을 찾지 않고 자기 자신을 취하기 때문이다.

대상에 대한 리비도 방출은 저항이 약화될 것이라는 게 명확해졌고, 그 저항은 제거되었다. 그러나 여분의 리비도는 다른 대상으로 전이되지 않고, 자아 안으로 옮겨졌다. 바로 거기서, 여분의 리비도는 어떠한 사용성도 찾지 못하고, 포기된 대상에 자아를 정체화시키기에 기여한다. (『애도와 멜랑콜리』 p.435)

자아는 대상을 상실해도, 대상에 대한 사랑을 포기하지 않는다. 우울증 환자의 리비도는 나르시스적인 특정 대상 위에 방출되며, 이 대상에 강하게 고착된다. 그 환자의 리비도가 이 대상으로부터 물러나도, 비非나르시스적인 새로운 대상에게로 전이되지 않는다. 나르시스적 대상은 자아 밖에 있는 것이 아니라 자아 내부 또는 자기 자신 안에 있다고 프로이트는 말한다. 그러므로 우울증 환자가 나르시스적 대상을 상실해도, 그 상실은 실제적인 것이 아니다. 이렇게 우울증은 실제적인 상실을 비실제적인 상실로 받아들인 데서 비롯된다.

여기서 우리는 자아의 두 가지 모습을 본다. 첫째는 비판당하는 자아와 둘째는 정체화에 의해 변화된 자아다. 이 두 측면에서 프로이트는 아래와 같은 분리를 지적한다.

이런 식의 대상 상실은 자아 상실로 변형되고, 자아와 사랑하는 사람 사이의 마찰은 비판당하는 자아와 정체화로 변화된 자아 사이의 분리로 변형된다. (『애도와 멜랑콜리』 p.435)

비판받는 자아는 정체화에 의해 변화된 자아와는 다르다. 전자의 자아는 근친상간의 금지 때문에 거세된 성 욕동으로 나타난다. 근친상간을 금지하는 부모의 이상을 대상으로 삼고 정체화하지만, 거세 불안 때문에 부모의 금지에 종속된다. 결국 자아는 성 욕동을 구체화하는 것을 포기하고 초자아를 구성한다.

반면 후자인 정체화에 의해 변화된 자아는 지속적인 욕동을 드러낸다. 그는 쾌락을 포기하지 않고 금지된 대상에 대한 성 욕동을 계속해서 간직한다.

전자인 비판받는 자아는 욕망의 완전한 만족을 포기하는 반면, 후자인 변화된 자아는 욕망을 지속하려 한다. 법이 쾌락을 금지할 때, 불안은 거세의 위험 신호로 나타난다.

양가감정은 나르시스적 대상에 대한 사랑과 대체 대상에 대한 증오로 드러난다. 나르시스적 대상에 대한 사랑은 보통 그 대상(우울증 환자에게는 자기 자신)에 대한 증오보다 우위에 있다. 만약 도치되면, 그것은 자살 시도로 이어진다.

나르시스적 대상에 대한 사랑이 의미하는 것은 자아가 특정한 대상에 리비도를 발산하고, 이 대상은 즉각적으로 포기됨을 말한다. 그러나 대상에 대한 사랑은 간직되는데, 자아가 초기부터 나르시스적 대상을 내재화시키기 때문이다. 대체된 대상에 대한 증오가 의미하는 것은 자아가 리비도를 나르시스적 대상에서 걷어내는 것이다. 그러므로 자아는 대체 대상이 된다. 자아는 대체 대상을 모욕하고 비하시키면서 가학적 만족을 구한다. 즉 우울증 환자는 자기 스스로를 사랑과 미움의 대체 대상으로 삼는다.

포기되고 포기될 수 없는 대상을 위한 사랑이 나르시스적 정체화 안으로 숨는다면, 우울증 환자는 이전의 대상을 대체하는 자기 자신을 모욕하고 자존심을 짓밟고 고통을 준다. 또한 이 고통으로부터 가학적 만족의 이익을 끌어내면서 대체 대상으로서 자기 자신에게 증오를 발산한다. (『애도와 멜랑콜리』 p.438)

우리가 설명했듯이, 우울증 환자는 근본적으로 나르시시즘의 구조를 따른다. 우울증 환자에게는 대상에 대한 리비도는 물론이거니와 리비도의 진행도 없다. 대상을 향한 사랑과 증오의 충돌 안에서, 자아는 가장 탁월한 대상인 스스로에게 짓밟힌다.

그(우울증 환자)가 자신을 하나의 대상으로 대할 때와 외계에 있
는 하나의 대상에 대해 자아의 근원적 반응을 표현하며 적의를
품을 때만, 그는 죽을 수 있다. (『애도와 멜랑콜리』 p.439)

우울증 환자에게 대상의 사랑은 자아 자신에 대한 사랑이
다. 그가 나르시스적 대상을 사랑하면 할수록, 그는 그 대체
대상을 미워한다. 결국, 그가 나르시스적 대상을 상실할 때,
대체 대상으로서 자기 자신이 상처받고 상실되기를 시도
한다.

4

가짐의 정체화와 강박행위: 나(A)는 B를 갖는다, 나(A)는 B를 안 갖는다, Zu haben oder nicht zu haben, To have or not to have

10년 전에 결혼한 그녀의 남편은 신혼 첫날밤에 무능력을 보인
연상의 남자다. 그는 첫날밤에 치루는 일을 성공하기 위해 자

기 방에서 아내 방을 왕래하며 밤을 지새웠다. 그러나 매번 성공하지 못했다. 날이 밝자 그는 난처해하며 "난 침대 정리할 하녀에게 너무 창피해"라고 했다. 그는 방에서 우연히 발견한 붉은 잉크액을 침대보에 부었지만, 핏자국이 묻어야 할 자리에 정확하게 뿌리지 못했다. (『정신분석입문』 pp. 268~269)

이 여인은 자기 방에서 옆방으로 급히 뛰어가서 방 중앙에 놓인 탁자 앞에 서서 하녀를 부른다. 그리고 그녀에게 무슨 일을 지시하거나 곧장 그녀를 돌려보낸다. 그런 다음 즉시 자기 방으로 도망친다. (『정신분석입문』 p. 269)

이 증상을 분석하기 전에, 우선 살펴보아야 할 것은 프로이트가 꿈의 본질적인 성격을 밝히기 위해 도입한 퇴행 개념이다. 사람이 대상을 상실했을 때, 그는 무의식적으로 유년 시기 또는 과거에 자기에게 만족을 가져다주었던 다른 대상으로 그 관심을 바꿈으로써 보상을 받는다.

프로이트의 이론을 비판하는 이들 가운데 어떤 이는 퇴행 이론을 반대한다. (가령 Jean-Paul Sartre, *L'être et le néant*, Paris:

Gallimard, 1943, pp.616~635) 왜냐하면 그들은 프로이트가 현재
를 망각하고 과거에 집착하여 연구한다고 생각하기 때문이
다. 물론 프로이트가 과거의 사건을 해석하지만 살아 있는
환자와 함께 작업한다는 사실이 중요하다. 퇴행regression은
과거의 대상을 향해 인도되는 리비도 방출이고, 진행progress-
ion은 현재의 대상을 향해 방출되는 리비도를 일컫는다.

대상에 리비도를 발산하는 주체는 늘 현재에 있다. 퇴행에
있어서 프로이트적 시간은 통시적通時的이라기보다 공시적共
時的이다. 프로이트는 증상들을 분석하며 모든 환자들이 자
신들에게 흡족함을 주었던 과거의 시간적 틈 속에 머물러 있
다는 점을 발견한다.

이 여인에게 그 강박행위는 신혼 첫날밤에서 비롯된다. 그
녀의 퇴행은 기억될 만한 시간의 공간에 가까이 있다. 우리
는 이 경우를 통해 '가짐의 정체화'를 이해할 수 있다. 그 이유
는 그 반복 행위 덕분에 여인의 증상이 무의식 체계와 관계가
있음을 증명할 수 있기 때문이다. 프로이트에게 이 무의식
체계는 결코 의식적인 것이 되지 않는다. 만약 그것이 의식
적이면, 의식의 검열 때문에 무의식이 변형되어 나타난다.

프로이트는 무의식을 두 번째 방에 접해 있는 응접실에 비유한다. 문지기가 두 공간의 문턱에 있고 의식은 두 번째 방의 끝 부분에서 관객의 역할을 수행한다.

우리는 무의식 체계를 큰 응접실에 비유한다. 이 응접실에서는 심리적 힘이 압박당한다. 이 응접실 옆에는 이보다는 협소한 살롱식의 또 다른 방이 있다. 이 안에 '의식'이 거주한다. 이 살롱 입구에는 심리적인 힘을 감찰하는 문지기가 있는데, 만약 어떤 심리적인 힘이 그의 마음에 들지 않으면 살롱에 들어가지 못하게 방해한다. 그 문지기가 문간에서부터 심리적 힘을 차단하거나 살롱 안에 들어와도 다시 추방한다면, 그 차이는 그다지 크지 않고 그 결과도 거의 같을 것이다. (『정신분석입문』 p.305)

증상은 무의식으로부터 출발하여 문지기를 통과한 뒤 의식의 방에서 나타나고, 검열 때문에 왜곡된 형태다. 무의식은 대상의 특성을 담고 있는 시간적 공간을 표상한다. 자아는 무의식에 속하는 이 공간에 정체화한다. 프로이트는 이 여인에게 "왜 당신은 그 행위를 합니까?"라고 묻는다. 모든 환자들이 그렇듯이 그녀는 "나도 도대체 모르겠습니다"라고 답한다. 이 증상에서 우리가 발견하는 것은 강박행위로 나타나는 무의식의 표상이다. 무의식이 환자에게서 파생되는 반면에, 이 환자는 자신의 행위를 전혀 이해하지 못한다. 반면 분석가는 무의식의 표상을 감지하고 해석한다. 그렇기 때문에 언제나 강박행위와 분석에는 불일치가 존재한다.

그 여자 환자에게서 남편에 대한 양심의 가책을 제거하자, 어느 날 프로이트는 강박행위의 동인이 되는 이야기를 들을 수 있었다. 그녀의 강박행위는 위에서 인용한 내용대로, 신혼 첫날밤에 무능력을 보인 연상의 남편이 난처해하며 했던 말과 행동에서 유래한다. 남편은 붉은 잉크병을 침대보에 붓지만, 핏자국이 묻어야 할 자리에 정확하게 뿌리지 못했다.

남편의 말과 행위는 중요한 의미를 갖는다. 왜냐하면 그 말과 행위가 부인의 강박적이고 반복된 행위의 밑바탕이 되기 때문이다. 그 행위는 신혼 첫날밤 장면의 의미심장한 표상이 된다. 그 결과 환자는 증상 속에서 일상을 보낸다. 아마 증상은 무의식과 분석가의 만남의 장소일 것이다.

왜 이 여인은 신혼 첫날밤의 남편 행위를 반복하는가? 그것은 그녀가 남편의 만족치 못한 욕망을 보상하길 원하기 때문이다. 우리는 남편과 젊은 아내의 각 행위의 의미 차이를 관찰할 수 있다. 남편의 행위는 욕망의 불만족에 대한 반응이다. 반대로 젊은 부인의 행위는 남편의 욕망을 성취시키려는 시도이다. 즉 증상은 만족스럽지 못한 욕망을 보상하려는 행위를 지칭한다. 왜냐하면 그녀는 남편을 잃어버리기를 원치 않으며, 그의 욕망을 보상하는 것만을 추구하기 때문이다. 이 사건으로 인해 그녀는 증상에 빠지게 되고 더는 존재하지 않는 대상의 상징적 특징에 정체화한다. 흥미로운 사실은 과거의 끔찍한 사건을 수정하고 최상의 자리에 자기 남편을 앉히려는 의도를 지닌 그녀의 강박적인 행위가 지니는 의미를 그녀는 모른다는 것이다.

그녀에게 자기 남편으로부터 자유로워지려는 것이 문제가 될 수 없다. 오히려 그에게 신실하기 위해 두려움을 느끼고, 시험에 빠지지 않기 위해 은닉 생활을 하며, 그녀는 자기 상상 속에서 남편을 용서하고 그를 훌륭하게 만든다. (『정신분석입문』 p.271)

나쁜 화제로부터 남편을 보호하고 침실의 분리를 정당화시켜 가능한 한 유쾌한 별거 생활을 남편에게 제공하는 데 이 강박행위의 목적이 있다. 여기서 우리는 한 가지를 알 수 있다. 환자는 증상 속에서 성취되지 않는 욕망을 간직하면서 즐거움을 추구한다. 만약 그렇게 하지 않는다면 더는 현실에서 살아갈 수 없을 것이다.

신경증적 증상 형성에서, 우리는 더 복잡한 상황으로부터 정체화를 추출해 낸다. 우리는 엄마와 동일한 증상에 감염된 소녀의 경우를 이용해 우리의 논리를 전개해 나갈 것이다. [...] 그 증상은 아빠를 연애 대상으로 삼은 것을 표현한다. 그것은 죄의식의 영향 아래서 엄마의 대체물이 되고자 하는 실현이다. 소녀는 엄마가 되기를 원했고, 적어도 고통 속에서 지금 소녀는 바로 엄마가 된다. 그러므로 이것은 히스테리 증상 형성의 완벽한 메커니즘이다. (『대중심리학과 자아 분석』 p.117)

왜 이 아이는 자기 엄마와 동일한 증상을 가지게 되었을까? 우선 거세 콤플렉스를 검토해 보자. 초기에 이 소녀는 모든 사람이 남자의 성기를 가졌다고 생각하고 거세에 대해 말로 위협받았을 때 견디지 못한다. 그래서 소녀는 자신의 성기가 더 열등하다고 생각한다. 소녀는 엄마가 거세되었고, 자기 또한 그렇게 되었다고 생각한다. 그러나 소녀는 남자의 성기를 갖길 원하며, 그것을 갖지 못한 엄마를 증오한다. 결국, 소녀는 엄마로부터 분리된다. 엄마와 소녀의 이중 관계는 오이디푸스 이전 단계인 전前오이디푸스기에 형성된다.

이 시기가 지나자, 소녀는 아빠에 대하여 욕망을 느낀다. 이것이 소녀에게는 거세 불안의 끝인 동시에 오이디푸스 콤플렉스의 시작이다. 소녀는 엄마를 향해 친밀한 감정과 미워하는 감정을 동시에 갖는다.

이때 초자아는 법과 쾌락 사이에 개입한다. 자아의 일부분은 법에, 다른 부분은 근친상간에의 쾌락에 관여한다. 전자는 초자아를 구성하고, 후자는 초자아를 피해 간다. 소녀는 초자아 때문에 엄마를 죽이지 못한다. 그러나 아이는 엄마를 제거하는 것을 포기하지 않는다. 초자아는 소녀가 욕망하는 것 자체를 방해할 수는 없다. 이 소녀는 엄마를 기침으로 대신한다. 그 결과 소녀는 신경증 환자가 된다. 프로이트는 "너는 엄마가 되기를 원했고, 적어도 고통 안에서 지금 소녀는 바로 엄마가 된다"[27]라고 요약한다. 기침 속에서 엄마가 된다는 것은 됨(sein, be)의 정체화이지만 엄마의 기침을 가진다는 의미에서는 가짐(haben, have)의 정체화이다. 이렇게 됨(sein, be)과 가짐(haben, have)은 연결되어 있다. 이것이 헤겔이 말하는 '지양하다(aufheben)'는 용어와 통한다.

5
상호적 정체화와 기숙사의 친구들:
나(A)는 B에게서 C가 되고, C를 갖는다

매우 빈번하고 의미 있는 증상 형성의 세 번째 경우는 정체화된 사람에게서 대상적 관계를 완전히 제외한다는 것이다. 예를

---

[27] Sigmund Freud, *Massenpsychologie und Ichanalyse, G. W.*, vol.13, p.117. Trad. franç. P. Cotet. etc., "Psychologie des foules et analyse du moi," in *Essais de psychanalyse*, Paris: Payot, 1993, p.169.

들어, 기숙사에 사는 한 소녀가 연인으로부터 편지 한 통을 받았을 때, 그 소녀는 히스테리 발작을 일으켰다. 이 사실을 알고 기숙사 내 친구들 중 몇 명이 심리적 전염으로 이 발작에 감염된다. 이것은 유사한 상황 속에 들어가려는 능력 또는 의지 위에 근거한 정체화 메커니즘이다. (『대중심리학과 자아 분석』 pp.117~118)

'상호적 정체화'에는 적어도 세 명의 주체가 등장한다. 즉 첫 번째 주체가 세 번째 주체에 이미 정체화된 두 번째 주체에 정체화하는 것이다. 이는 복잡하고도 풀기 쉽지 않은 것이다. 단순하게 생각하면 첫 번째 주체와 두 번째 주체 간에는 직접적인 감정적 유대가 없다. 두 번째 주체는 세 번째 주체와 감정적 유대가 있다. 여기서 첫 번째 주체도 세 번째 주체의 상황을 알고 있을 수 있다. 여기서 감정적 유대란 리비도적 관계를 말한다. 이를 통해 프로이트는 리비도 방출이 없는 정체화 모델을 도입하게 된다.

우리는 편지의 정확한 내용은 알 수 없다. 단지 이 편지를 받은 소녀가 기숙사 내의 친구들의 연민을 자아내게 했다는 것만 알고 있을 뿐이다. 소녀(가령, 세 번째 주체에 정체화된 두 번째 주체에 해당함)가 이 편지를 받은 이후 경련을 일으키고, 즉시 친구 중 한 명(가령, 첫 번째 주체에 해당함)이 동일한 증세를 보인다. 이것을 프로이트는 '심리적 전염을 통한 경련'[28]이라 부른다.

심리적 전염을 설명하면서, 프로이트는 연민과 정체화의 관계를 다룬다. 그는 소녀의 친구가 소녀에 대한 연민으로 경련을 일으킨 것은 아닌 것 같다고 말한다. 왜냐하면 그 친구는 비밀스런 연애 관계를 원하기 때문이다. 프로이트는 "이 전염 또는 모방이 기숙사의 친구들 사이에서 생기는 것과는 달리, 정체화는 그 전에 이미 두 사람 간의 연민을 받아들이는 상황 속에서 동일하게 생긴다"[29]며 이 정체화의 구조는 "유사한 상황 속에 있으려는 가능성 또는 의지"[30]에 근거를 둔다고 했다.

28 위의 책, p.170.

29 위의 책, p.170.

30 위의 책, pp.169~170.

친구는 경련이라는 상호 매개에 의해 그 소녀에 정체화한다. 이러한 이유로 친구는 동일한 경련에 정체화하는 것이다. 됨의 정체화는 가짐의 정체화와는 다르게 대상에 리비도의 방출 없이 이루어지는 정체화다. 플로랑스는 "이런 종류의 정체화는 사전에 모방된 인물과 주체를 연결하려는 것인데, 대상에 리비도 방출 없이 성립될 수 있다"고 말한다.(Jean FlorenceJ, "Les identifications," Sous la direction de G. Taillandier, *Identifications, confrontation de la clinique et de la théorie de Freud à Lacan*, Paris: Denoël, 1987, p.174) 또한 도르는 "타자의 욕망에 정체화"라는 표현으로 이를 대신한다.(Joël Dor, *Introduction à la psychanalyse de Lacan, tome 2, la structure du sujet*, Paris: Denoël, 1992, p.113)

프로이트는 정체화의 세 구조(됨·가짐·상호적 정체화)를 수직축과 수평축으로 나눈다. 나르시스적 정체화(됨의 정체화)와 가짐의 정체화가 개인과 자아 이상 간의 수직 관계를 다루는 것이라면 상호적 정체화는 개인들의 수평 관계를 다룬다. 수직 관계를 규정하는 대상은 추상적인 관념이나 신 등으로 대체될 수 있다고 본다. 각 개인이 대상과 맺는 리비도 관계에 근거한 가짐의 정체화와는 달리, 상호적 정체화는 이미 수직적 정체화를 맺은 개인들 간의 수평적 정체화이다. 그래서 상호적 정체화는 매우 복잡한 양상을 보인다. 프로이트가 개인 심리 분석을 시작할 때부터 이미 사회 속의 개인을 보았다는 것은 꿈 분석이나 개인 분석 사례를 통해 확인할 수 있다. 1921년에 이르러서는 대중과의 관계 속에서 개인(Ich, 자아, Einzelwesen)을 다루면서 자아와 자아 이상을 구분하고 초자아(UberIch, 나의 위에 있는 자)를 끌어내는 중이다.

프로이트가 주로 관심을 쏟은 것은 수직적 정체화이다. 그래서 앞서 본 정체화의 세 구조 중 처음 두 가지만을 상세하게 부연한다. 프로이트는 아버지에 정체화하는 것에 몰두한다. 반면 아버지로부터 비교적 자유로웠던 라캉 같은 학자는 환상에 근거한 수평적 정체화에 관심을 갖고 이 분야를 발전시킨다. 해석학적인 관점에서 정신분석에 관심을 가진 리쾨르는 프로이트처럼 수직적 정체성을 인식하는 부류에 속하고, 라캉처럼 수평적 정체성의 환상을 다루는 데는 소홀한 편에 속한다.(Paul Ricœur, *De l'interprétation, essai sur Freud*, Paris: Seuil, 1965, p.380)

이런 속성은 사례 분석에도 영향을 미친다. 가령 프로이트가 시도한 도라의 사례가 보여주듯, 히스테리 환자로서 도라는 아버지와 K 여인이라는 환상화된 커플의 관계에 주목한다. 도라는 이 관계가 단절되기를 바라면서도 지속되기를 바라는 묘한 반응을 보인다. 수직적 정체화의 구도로는 이런 사례를 성공적으로 분석하기 어렵다. 그렇기에 프로이트가 도라의 사례에서 어려움을 겪었다고 볼 수 있다. 라캉도 프로이트가 다룬 도라의 사례가 미진한 이유를 여기서 찾는다.(Jacques Lacan, *Les quatre concepts fondamentaux de la psychanalyse*, Paris: Seuil, 1973, pp.65~66) 그런 면에서 볼 때, 정체화의 세 구분은 개인과 대중을 함께 통찰하는 임상에서 중요한 비계가 된다는 것을 알 수 있다.

8

증상은 세 형태로 구조화된다:
신경증 · 정신증 · 도착증

1

증상에는 기원이 있다: 생후 첫 5년이 인생을 결정한다

태어나고 나서 5년 동안의 체험은 그 이후의 어떤 체험보다 중
요하다. … 별로 알려지지 않았지만 중요한 사실은 심적인 장
치에 완전한 수용 능력이 없을 듯한 시기에 주위 환경을 통해
받는 인상이다. (『인간 모세와 유일신교』 p.234)

어린아이가 말을 배우기도 전에 받아들인 유아기 인상이 의식
적으로 기억할 수 없는 강박적 성격을 만들어 낼 수 있다는 것
을 알게 되었다. (『인간 모세와 유일신교』 p.238)

인용문은 영국으로 망명한 프로이트가 마지막으로 저술한
책에 남긴 내용이다. 프로이트가 유아의 정신구조를 밝힌 이
래, 생후 5년이 인생을 지배한다는 것은 상식처럼 통용되고
있는 것 같다. 앞서 보았듯이 프로이트가 말하는 정신구조는
제1차 위상(무의식·전의식·의식)과 제2차 위상(이드·자아·초

자아)이다. 그러나 이런 정신구조 자체가 처음부터 제 기능을 다하는 것은 아니라고 한다.

만약 유아의 정신구조가 제 기능을 다 한다면, 어떠한 환경에 노출되더라도 유아는 그 상황을 나름대로 극복할 수 있을 것이다. 그러나 프로이트가 접한 사례를 보면, 성인이 되면서 어른의 정신구조는 경험한 일을 나름대로 정리하고 조정할 수 있는 능력을 갖게 된다. 하지만 유아 때 경험한 일들은 그 영향력에서 벗어나 잠재되어 있을 뿐이다. 그래서 정신분석이 생후 5년의 시기로 거슬러 올라가기 위한 분석기술을 개발한 것이다. 오이디푸스 콤플렉스는 그 상황을 잘 반영해 준다.

2
증상은 세 형태로 분류된다: 신경증·정신증·도착증

분석 경험을 통해 프로이트는 정신의 고통을 신경증 · 정신증 · 도착증 이렇게 세 가지로 분류한다. 정신적 고통의 종류가 많을지라도 모두 이 세 분류에 포함된다. 프로이트는 이 세 분류를 제목으로 글을 쓰지는 않았다. 다만 앞의 두 항목만을 제목으로 한 글을 썼다.

프로이트는 자아와 이드 사이의 갈등이 신경증이라면, 자아와 외부현실 사이의 갈등이 정신증이다. 큰 구도에서 보면 이런 방식으로 두 증상을 구분한다. 그러면 프로이트의 임상 사례인 도라, 슈레버, 마조히즘 환자를 통해 신경증·정신증·도착증에 대해 알아보자.

3
신경증과 도라 사례

1) 도라 사례 1: 소녀의 꿈에서 판타즘을 발견하다

도라 사례사라고 불리는 단편논문으로 엮은 『히스테리 분석단편』이 1905년 11월에 출판된다. 치료는 실패하지만 이 사례는 결정적인 실패원인을 해명해야 된다는 측면에서 미래지향적이고 최면 이론을 사용하지 않은 것이다. 그리고 프로이트가 히스테리 연구에서 얻은 유혹 이론을 지양한다는 의미에서 정신분석의 새로운 출발을 알린 사례가 된다.

프로이트는 도라의 아버지를 치료한 적이 있다. 도라의 아버지가 그녀를 프로이트에게 데리고 왔다. 도라는 아버지의 음모로 자신이 성적 교환 대상으로 취급되었다고 불평한다. 그러면서도 도라는 프로이트에게 환상을 이용하여 K씨와 K씨 부인에 대한 사랑과 정신적 외상을 동시에 이야기한다. 프로이트는 이 사례를 통해 감정 전이와 동성애 문제를 깊이 거론하지 못한 것을 후회한다고 책 '후기'에서 밝힌다.

프로이트가 행한 사례연구 방식은 개인의 역사를 수집하고, 가족의 역사를 정리하는 것이고, 이를 바탕으로 주변의 인물들과 연관성을 해석한다. 특히 이 당시 프로이트는 환자의 꿈을 면밀하게 분석한다.

히스테리를 가지고 있는 도라는 아버지가 결핵에 감염되었기 때문에 B도시로 이사간다. 도라는 8세 때부터 신경장애를 보였고 지속적인 호흡기 질환으로 고통을 받았다. 열두 살 경에는 기침발작과 편두통이 나타났다. 편두통은 드물게 나타나다가 16세경 사라지지만 심한 감기로 생긴 신경증 기침발작은 계속되었다. 18세 때 그녀는 프로이트의 치료를 받는데, 신경증 기침이 한 번 시작되면 약 3~5주, 심지어는 몇 달씩 계속되기도 한다.

2) 도라 사례 2: 정신적 외상은 몸으로 드러난다

정신적 외상 또는 성적 외상은 쉽게 말해 외부의 유혹으로 개인이 겪은 사건을 의미한다. 프로이트는 히스테리의 심리적 조건은 정신적 외상·정서적 갈등·성적인 영역에서의 충격이라 한다. 또 그는 육체적 증상에 상관없이 성적인 흥분에 불쾌감을 느끼는 사람들을 히스테리 환자로 여긴다. 이러한 정서 전도 증세에 담긴 메커니즘을 밝혀내는 일이 신경증의 중요하면서도 어려운 과제다.

도라가 겪은 첫 번째 정신적 외상 사건은 도라가 14살 때의 일이다. 도라가 K씨의 가게에 들어갔을 때, 손님은 도라뿐이었다고 한다. 햇빛 가리개를 내리면서 K씨는 이층 계단으로 오르는 문 곁에서 도라와 거리가 좁혀지길 기다리더니 도라를 껴안고는 입을 맞추었다는 것이다. 도라는 그 순간에 역겨움을 느꼈고, 그를 과격하게 밀쳐내며 가게를 빠져나갔다. 어떠한 남자에게도 성적 흥분 같은 것은 물론 무슨 감정조차도 느껴보지 않은 도라는 이 사건을 통해 가슴에 복받치는 무엇을 느꼈다고 한다.

도라는 이 사건을 겪고도 K씨 집에 간혹 들렀다. 프로이트는 이것을 그녀는 격렬한 포옹을 할 때 입술의 키스뿐만 아니라 발기된 성기가 자신의 몸 안으로 밀려들어오는 듯한 느낌을 받았을 것이라고 해석한다. 불쾌감을 불러일으킨 이 느낌은 기억에서 제거되어 억압되고, 흉부의 압박이라는 건전해 보이는 감각 작용과 대치된다. 억압된 근원에서 엄청난 에너지를 얻는 이 감각 작용은 하체에서 상체로 새로운 전이가 이루어진다.

첫 키스 때 자연스럽게 나타날 수 있는 성기의 감각 작용 대신, 도라의 경우에는 소화기관 입구의 점막에서 생겨난 불쾌감, 즉 구역질이 일어난다. 키스에 의한 입술의 흥분과 다른 요소가 작용했을 것이라고 프로이트는 해석한다. 이런 사례가 바로 앞서 프로이트의 인용문에서 말하는 전이 신경증이다.

도라의 두 번째 정신적 외상 사건은 다음과 같다.

1898년 6월 말, K씨 부부와 도라, 도라의 아버지는 알프스 호숫가에서 여름휴가를 보내고 있었다. 도라에 따르면 호숫가를 산책하던 도중 K씨가 자신에게 프로포즈를 했다는 것이다. 그러나 K씨는 그것은 사실이 아니며 그런 상상을 불러일으킬 만한 행동은 추호도 한 적이 없다고 부인한다. 도라의 유모가 알려 주었듯이, 도라가 만테가자가 쓴 『사랑의 생리학』 등을 주로 읽은 것으로 프로이트는 의심한다.

3) 도라 사례 3: 성적 판타즘이 증상을 만든다

도라가 정신적 또는 성적 외상이라고 들려준 사건은 실제 사건이 아닌 것으로 판명된다. 히스테리를 연구하면서 유혹이론에서 떠나게 된 프로이트에게 이 사건들은 욕망 또는 성적 판타즘fantasme 때문이었다고 이해된다. 프로이트는 위 사건 이외에 많은 부분에서 그런 점을 찾아낸다. 가령 아버지가 자기를 병들게 만들었다고 비난한 후에 느끼는 자책감 · 대하증帶下症(냉증) · 지갑을 가지고 장난치는 일 · 여섯 살 이후에도 잠자리에 오줌을 싸는 습관 등의 증상은 프로이트는 자위행위 때문이라고 규정한다. 프로이트는 도라의 사례를 도라와 K씨 사이의 불미스런 관계로 보지 않고, 오히려 도라와 아버지 사이의 정상적이지 못한 오이디푸스 콤플렉스 과정으로 본다.

도라는 아버지의 성병과 자신의 성병을 연결시킨다. 도라가 10살 때 아버지는 안과질환을 앓았다. 안과의사는 이 병이 매독성 질환에서 생긴 것으로 진단한다. 어머니도 하복부의 통증과 대하증으로 고생하여 요양한다.

도라는 엄마의 성병이 아버지로부터 온 것이라 생각한다. 그리고 언제부터인지 모르나 프로이트는 도라가 점막에 염증이 있다는 사실을 알게 된다. 이 사실을 알게 된 도라는 자신의 병이 아버지에게 유전된 것이라고 생각한다. 아버지를 성병환자로 여기는 도라는 모든 남자들이 성병을 앓고 있다고 상상한다. 여기까지 보면 모든 아버지는 성폭력적이라는 유혹 이론에 해당된다고 볼 수 있지만 사실 도라의 염증은 아버지의 유전이 아니라 자신의 자위행위에서 비롯된 것이라고 프로이트는 말한다. 그래서 프로이트는 도라가 아버지를 이렇게 비난하는 이유를 자책감에서 비롯된 것이라고 본다.

도라는 자위행위를 완강히 거부한다. 분석침대에 누워서 상담할 때 도라는 돈지갑을 열고 손가락을 집어넣었다가 다시 지갑을 닫는 등의 행동을 했다고 한다. 증상행위란 인간이 자동적이고 무의식적이면서 신경을 쓰지 않고 장난치듯이 행하는 일인데, 그 행위에서는 중요한 의미가 담겨 있다고 프로이트는 말한다. 두 겹으로 된 도라 지갑은 마치 여성의 성기처럼 보인다. 지갑을 열고 손가락을 집어넣는 식의 장난은 그녀가 하고 싶은 일, 즉 자위행위를 거리낌 없이 드러내는 것이라고 프로이트는 단언한다. 이런 면에서 자위행위는 증상행위라 볼 수 있다.

도라의 호흡곤란 증상 또한 이런 환상과 같은 맥락에서 설명된다. 부재중인 아버지를 도라가 그리워하게 될 때쯤 호흡곤란과 천식증상이 나타난다. 첫 발작은 도라가 산으로 소풍을 갔을 때 과로하여 실제로 숨이 차는 것을 느꼈던 일 연후에 나타난다. 도라는 아버지가 밤에 헐떡거리는 어머니와 함께 있을 때 얼마나 힘들었을지 염려한다. 또 자신이 호흡곤란과 함께 성적 오르가즘에 이르게 하는 자위행위를 할 때 과로하지 않았는지 걱정한다.

1890년 이후 도라에게는 호흡곤란이 일어난다. 이는 야뇨증 때문이라고 추측된다. 이 습관으로 인하여 첫 번째 호흡곤란을 일으키는 단계로 발전한다. 호흡곤란을 일으키는 원인을 증상행위와 또 다른 징후들을 통해 추측해 낸 바에 따르면, 아이의 호흡곤란은 밤에 헐떡거리는 소리를 몰래 엿들음에서 유래한다. 프로이트는 성적 흥분을 나타내는 표현들인 호흡곤란, 가슴이 두근거리는 히스테리 현상, 불안신경증 등의 메커니즘은 성행위에 그 기원을 둔다고 한다. 이 기원을 프로이트는 원장면이라고 말한다.

4) 도라 사례 4: 신경질적 기침과 환상

프로이트는 성적인 상황을 공상하는 것을 통해 신경질적 기침을 설명한다. 도라는 K씨 부인이 자신의 아버지를 사랑하는 이유는 단지 그가 능력 있는 남자이기 때문이라고 생각한다. 그러나 분석 작업을 통해 끄집어낸 주변적 상황에서 이 문장의 이면에는 정반대의 것이 숨겨져 있다는 것을 감지할 수 있었다. 즉 아버지는 무능력한 남자라는 것이다. 이것은 성적인 의미에서 그렇다. 아버지는 남자로서 무능력하다고 도라는 추측한다. 발기부전을 겪고 있는 남자라는 뜻이다.

　도라가 아버지와 K씨 부인의 관계가 정상적인 사랑의 관계라고 확신할 때, 프로이트는 성교 불능자로서 아버지와 K씨 부인이 어떻게 그러한 관계를 가질 수 있는지 도라에게 질문한다. 즉 프로이트는 도라에게 성기 이외의 다른 신체기관으로 성관계가 가능하다고 생각하는지 묻는다. 그녀가 염두에 둔 것은 그녀 스스로 흥분상태를 만들 수 있는 신체부위, 즉 목과 입이다. 그녀는 보통 목을 간질여서 자극을 줄 때 일어나는 것과 같은 간헐적인 기침을 통하여 사랑의 관계를 맺을 수 있다고 생각한다. 즉 도라는 두 사람 사이에서 입을 통해 이루어지는 성적 만족의 상황을 상상한다. 구강성교는 유모가 들려준 이야기와 책을 통해 얻은 성 지식이다. 프로이트는 도라의 신경증적 기침을 아버지의 목기침 증상과 구강성교 환상과 연관지어서 해석한다.

　도라는 분석하는 동안 두 개 꿈을 반복해서 꾼다. 정신분석에서 반복은 의미를 담고 있다. 유아기의 의문을 풀 수 있는 열쇠가 담겨 있다. 특히, 꿈은 신경증자에게서 중요한 의미를 지닌다. 우선 첫 번째 꿈-내용의 일부분을 보자.

집에 불이 났어요. 내 침대 옆에 서 있던 아버지가 나를 깨우고, 나는 급히 옷을 입어요. 엄마는 자신의 보석함을 챙기려고 해요. 그러나 아빠는 "당신의 보석함 때문에 나와 두 아이들이 불에 타 죽을 수는 없소"라고 말해요. 우리는 서둘러 밑으로 내려와요. 바깥으로 나오는 순간 나는 잠에서 깨어나요. (『히스테리 분석단편』 p.225)

도라는 호숫가 사건이 일어난 마을에서 사흘 동안 이 꿈을 꾼다. 그리고 도라는 분석 당시 이 꿈을 또 꾼다. 이 꿈은 엄마가 밤에 부엌문을 잠그는 것에서 시작된다. 이 일로 아빠는 엄마에게 화를 낸다. 출구 없는 방에서 자는 오빠가 밤에 갇힌다는 게 아빠의 불만이었다. 그러나 꿈-내용은 변형되어 나타난다. 즉, 아빠가 오히려 도라를 구하고, 엄마에게 호통을 친다. 현실에서는 엄마가 주도권을 가지고 있는데, 꿈에서는 아빠가 주도적인 역할을 한다. 현실에서는 도라가 아빠의 관심 밖이지만 꿈에서는 아빠의 관심 대상이다. 이것은 소망충족에 해당한다.

이 꿈의 또 다른 배경은 도라가 K씨로부터 보석상자를 선물받은 것이다. 이 꿈에 나오는 보석상자는 바로 그 선물이다. 도라는 그 보답을 해야 된다고 생각한다. 도라는 K씨에게 호감을 갖고 있지만 자신의 보석상자가 위험하다는 환상도 갖는다. 이 꿈은 아빠의 사랑을 두고 엄마와 경쟁하는 도라를 보여 준다. 엄마는 K씨 부인을 대치하고 있고 아버지도 K씨를 대체하고 있다고 볼 수 있다. 불이 의미하는 것은 도라의 환상에 집혀진 강렬한 무엇이다. 아버지와 K씨는 애연가였고, 입에서 담배 냄새가 엄청났다고 한다. 아버지가 화재(불)로부터 자신의 보석상자를 보호하는 용감한 행동은 도라에게 소망충족으로 볼 수 있다.

그리고 두 번째 꿈-내용의 부분을 보자.

어떤 미지의 도시에서 산책을 하면서 낯선 광장과 거리들을 구경해요. 그리고 나서 나는 집으로 가요. 내 방으로 올라간 나는 어머니의 편지를 발견해요. 어머니는 내가 부모님에게 알리지 않고 집을 떠났고, 아버지가 아프다는 사실도 전하지 않았다고 했어요. 아버지가 지금 돌아가셨으며, 원한다면 와도 좋다고도 말했어요. 나는 이제 기차역으로 가요. 가는 도중에 '기차역

은 어디 있습니까?'라는 질문을 백 번도 더 하지만 매번 '5분'이
라는 똑같은 대답을 들어요. (『히스테리 분석단편』 p.256)

이 꿈에서 '기차역'은 바로 위에서 언급한 그 그림을 의미
한다고 프로이트는 말한다. 이 그림은 젊은 기술자가 도라에
게 선물한 사진 앨범의 표지그림이기도 하다. 아버지는 돌아
가셨고 다른 가족들은 이미 묘지로 떠났다는 것은 도라 혼자
집에 있다는 의미이다. 그렇기 때문에 도라는 자신이 좋아하
는 그림책을 조용히 읽을 수 있다. 그래서 두 번째 꿈이 의미
하는 것은 부모로부터 금서로 지정된 그림책을 마음껏 볼 수
있다는 소망충족을 담고 있다. 또한 이 꿈은 구강성교에 대
한 도라의 강렬한 욕망을 보여 준다.

신경증은 자아와 이드 사이에서 생겨난 갈등의 결과이다.
이는 자아가 이드의 강력한 욕동을 받아들이지 않을 때 발생
한다. 또한 이드가 욕동의 탈출구를 안내하지 않음에서 비롯
된다. 달리 말해 목표하는 대상에 성 욕동이 방출되지 못하
도록 이드가 금기하기 때문이다. 이렇게 억압된 자료는 자아
가 미치지 못하는 곳에서 증상이 된다.

$$4$$

정신증과 슈레버 사례

1) 슈레버 사례 1: 망상증 환자의 기록에서 정신증 구조를 발견하다

우리가 다룰 슈레버(Daniel Paul Schreber, 1842-1911) 사례는 정신증에 관한 것이다. 프로이트의 주요 다섯 사례(도라, 한스, 쥐인간, 슈레버, 늑대인간) 중 슈레버 사례는 정신증에 속한다.

앞서 증상의 두 구조에 관한 프로이트의 글을 잠시 살펴보았는데, 여기서는 정신증에 관해 중점적으로 쓴 글의 한 대목을 살펴본다.

마이네르트(Theodor Meynert)의 사례(가장 극단적이고도 심각한 환각적 착란)는 외부 세계가 전혀 지각되지 않고, 지각되더라도 아무런 영향을 끼치지 않는다. 자아는 두 가지 역할을 함으로써 외부세계의 지배를 받는다.

첫째는 늘 새롭게 변화될 수 있는 현재의 상황을 지각하는 것이고, 둘째는 자아의 소유물이자 일부분인 '내면세계'에 초기 지각들의 기억을 비축하는 것이다. 그러나 정신박약에서는 새로 지각한 것들이 받아들여지지 않을 뿐 아니라 외부세계의 복사본이자 지금까지 외부세계를 대신했던 지금의 내면세계가 아무런 의미를 갖지 못한다. 이에 따라 자아는 독단적으로 외부세계와 내면세계를 합쳐 새로운 세계를 만든다. 이드가 소망하는 욕동에 따라 이 새로운 세계는 구성된다. 외부세계로부터 이런 분리가 일어나는 것은 소망이 현실로 인하여 매우 심각한 좌절을 겪었기 때문이다. (『신경증과 정신증』 pp.388~389)

이처럼 프로이트는 자아와 외부세계 사이의 갈등으로서 정신증, 자기애적narziβtischen 정신신경증으로서 우울증을 거론한다. 프로이트는 슈레버와 만난 적이 없다. 그래서 그의 병력에 관한 부분은 그가 쓴 자서전을 분석하면서 이뤄졌다. 그 결과 그는 슈레버의 사례를 망상증Paranoides, Paranoïa 구조로 본다. 프로이트는 환자의 망상증적 발언을 조심스럽게 해석하면서도, 당시에 당국의 검열 과정을 거친 출판물이기에, 환자의 기록이 삭제된 상황을 감안하면서 과감한 해석을 시도한다. 이 자서전은 2010년 『한 신경병자의 회상록』으로 국내에 번역 출간되었다.

2) 슈레버 사례 2: 죽은 아버지와 죽은 형은 다시 돌아온다

프로이트가 분석한 슈레버의 증상 이야기를 요약하자면 아래와 같다.

슈레버는 첫 발병시 플렉지히가 근무하는 병원에서 치료를 받았는데, 심한 우울증을 앓았다고 한다. 그리고 두 번째 발병 전 어느 날 새벽에 꿈을 꾸며 "성교할 때 복종하는 여자가 되는 것도 참 괜찮을 거야"라고 했다. 두 번째 발병 시 그의 망상은 점점 신비적이고 종교적인 양상을 보이기 시작했다. 그는 신과 직접 대화한다고 하였고 혹은 자기는 악마의 장난감이라고도 했다. '기적적인 출현'을 보았고, '성스러운 음악'을 들었으며, 나중에 가서는 자기가 다른 세상에 살고 있다고 믿게 되었다"고 존넨쉬타인 요양소의 베버Weber 박사는 1899년 보고서에 기록하고 있다. (『망상중 환자가 쓴 자서전에 대한 정신분석적 고찰』 pp.244~245)

슈레버는 박해망상증에 시달린다. 자기를 괴롭히고 다치게 하는 사람들이 있는데 그중 가장 대표적인 사람이 첫 번째 발병 시 자기를 치료한 의사 플렉지히라고 생각한다. 의사 베버는 이러한 망상증이 시간이 지나서 두 가지 형태로 나타난다고 기록했다.

첫 번째는 자신이 여자로 변하는 것이고, 두 번째는 구원자의 역할을 담당하기다. (『망상증 환자가 쓴 자서전에 대한 정신분석적 고찰』 p.248)

슈레버의 경우 성적 박해망상증에서 신비적 과대망상증으로의 망상증적 이행이 있음을 알 수 있다. 다시 말해서 자신에 대한 성적 박해자는 플렉지히이고, 나중에는 신이 그 역할을 담당한다.

슈레버는 신이 플렉지히 교수와 관련되어 궁지에 빠져 있었다고 상상했고, 나중에 가서는 "신은 나의 영혼을 죽이고 나의 몸을 매춘부처럼 사용하려는 주모자이거나 공범자"라고 말한다.

슈레버는 그의 영혼을 죽이고 거세하려는 시도는 신과 약한 한 인간 사이의 불평등한 싸움인데, 결국 신이 승리한다고 했다. (『망상증 환자가 쓴 자서전에 대한 정신분석적 고찰』 p.249)

신의 이러한 음모에 슈레버는 저항하지만 결국 신에게 굴복하는 것, 자신이 거세되는 것이 신과 자신 간의 갈등을 해결하는 방법임을 인정한다. 거세 망상증과 구원자 관념이 연결되는 것은 1895년 11월경인데, 슈레버는 자선전에 이렇게 기록한다.

내가 좋든 싫든 만사萬事의 원칙은 나의 거세가 꼭 필요하다고 요구하고 있다. 나는 여자로 변형된다는 생각을 받아들이는 길 밖에 선택의 여지가 없다는 것을 확실히 알게 되었다. 물론 내가 거세되어야만 신성한 빛살에 의해 잉태될 수 있다. (『망상증 환자가 쓴 자서전에 대한 정신분석적 고찰』 p.250)

정리해 보면, 슈레버가 거세를 받아들여 여자로 변하면 잉태를 하게 되어 종교적 구원자 역할을 한다는 것이다. 인간이 몸과 신경으로 구성된다면, 신은 인간보다 더 복잡한 신경으로만 이루어져 있다고 슈레버는 말한다. 그래서 신경은 인간과 신의 공통점으로서, 신은 빛살을 통하여 인간의 신경계에 접근한다.

그는 말기에 가서 자신이 예수 그리스도라고 생각한다. 슈레버의 구원자적 사명은 세상을 떠난 영혼들이 즐기는 천국의 행복과 자신의 관능적 만족감 사이에 밀접한 관계가 있다는 생각에서 비롯된다. 이 밀접한 관계는 신과 화해를 통한 고통의 끝을 의미한다. 다시 말해 신이 슈레버의 몸을 통하여 관능적인 만족을 누리고자 하는 것이다. 그래서 슈레버는 스스로 관능을 키워야 한다는 의무[31]를 만든다. 그리고 "영적인 관능을 배양해서 신에게 향유를 제공하는 것이 자기의 의무"[32]라고 말한다.

---

[31] Sigmund Freud, *Psychoanalytische Bemerkungen über einen autobiographisch beschriebenen Fall von Paranoia(Dementia paranoides)-Schreber, G. W.*, vol.8, p.265. Trad. franç. M. Bonaparte et Luwenstein, "Remarques psychanalytiques sur l'autobiographie d'un cas de paranoïa(Dementia paranoides)-le président Schreber," in *Cinq Psychanalyses*, Paris: P.U.F., 1992, p.281.

[32] 위의 책, p.283.

발병 전에는 성적으로 금욕주의자였고 종교적으로 회의론자였던 슈레버가 여성적인 태도로 신앙과 성적 향유를 동시에 갖는다. 그는 하나님의 여인[33]이라고 스스로 느낀다. 이것은 첫 번째 발병 시에 꾼 꿈의 실현과 관계된다. 그 꿈의 내용에 반발하고 현실에서 그것이 이루어지지 않도록 싸우지만 누군가가 적개심을 갖고 자기를 여자로 변형시키려고 성적 박해를 하고 있다고 인식한 후부터는 플렉지히와 하나님을 자기망상의 공모자와 주모자로 간주한다. 결국 이 망상을 받아들이고 그는 신의 의도에 합치된다.

기본적으로 박해망상증 또는 피해망상증 환자는 박해자와 단순한 관계가 성립한다. 이 박해자는 발병 전 환자의 감정에 중요한 역할을 한 사람이거나 그 사람을 대치하는 사람이다. 즉 하나의 대상이 사랑하고 존경하는 대상이 되기도 하고 미워하고 두려워하는 대상이 되기도 하는데, 망상증의 목적은 이 감정전이를 정당화하는 것이다. 특히 슈레버에게서는

33 위의 책, p. 281.

대상에 대한 여성적 태도가 문제시된다. 즉 첫 번째 발병 시 자기를 잘 돌봐준 플렉지히 의사는 그 대상이 되고 동성애적 리비도는 발병 원인이 된다. 이 갈등에서 증상이 생긴다.

프로이트는 인간이 일생 동안 이성애적 감정과 동성애적 감정 사이를 왔다 갔다 한다고 기록한다. 감정적인 리비도의 집중적 전이가 문제가 되는 것이다. 전이는 자신에게 중요한 사람에게서 다른 사람에게로 옮겨가는 것을 말한다.

그러면 슈레버에게 중요한 사람은 누구인가? 프로이트는 그 사람이 '아버지'거나 '형'일거라고 생각한다. 그의 개인 이력을 보면, 첫 번째 발병 이전에 이미 아버지와 형은 사망한다.

슈레버가 망상을 갖기 전에 플렉지히 의사는 슈레버에게 사랑과 존경의 대상이었는데, 망상을 갖게 되면서 플렉지히 는 슈레버에게 박해자로 인식된다. 또한 플렉지히의 공범자 로 여겨진 신은 슈레버로 하여금 여성이 되라고 강요한다. 플렉지히와 신은 어떤 인물이 대체된 것일까? 분석을 통해 프로이트는 플렉지히는 슈레버의 죽은 형, 신은 작고한 아버 지의 대체물이라고 단정한다. 첫 번째 망상이 발생했을 때, 프로이트는 이렇게 설명한다.

그에게 그토록 심한 반발을 일으켰던 여자다움의 환상은 성애적 사랑으로까지 발전한 아버지와 형에 대한 갈망에서 비롯된 것이다. (『망상증 환자가 쓴 자서전에 대한 정신분석적 고찰』 p.286)

슈레버의 갈망이 형에 관한 것일 때 플렉지히와의 관계가 문제시되고, 아버지에 관한 것일 때 신과의 관계가 문제시된다는 점에서, 슈레버의 망상은 논리를 갖고 있다.

슈레버가 신에 대하여 비난하는 것을 보면 경험을 통해 배우지 못하는 자, 시체하고만 이야기하고 살아 있는 사람을 이해하지 못하는 자 등으로 나타난다. 이는 그의 아버지가 의사라는 사실을 보여 준다. 실제로 그의 아버지는 아주 유명한 외과 의사였다. 아버지가 죽었을 당시 슈레버는 19살이었다. 슈레버는 죽은 아버지를 신으로 대치시킨다. 그는 신을 향한 의무라는 망상을 갖는다. 이 망상 속에는 신에 대한 복종과 반항이 양가적으로 나타난다. 양가감정은 망상 속에서 주요 기능을 한다.

자신이 신에 대하여 비난을 퍼부은 것은 바로 신으로서 변형된 아버지가 자신에게 퍼부은 비난임을 알 수 있다. 플렉지히에게 영혼 살해자라고 했던 비난은 사실 슈레버를 향한 비난이 된다. 플렉지히와 슈레버의 싸움은 신과 슈레버의 갈등으로 진전된다. 프로이트는 이것을 아버지와 슈레버가 가졌던 슈레버의 유아기 단계의 갈등으로 해석한다. 유아기 단계에서 아버지는 슈레버의 만족을 방해하는 사람으로 나타난다. 특히 아버지는 슈레버에게 거세자로 나타난다. 그 거세 위협은 슈레버가 여성으로 변형되고자 하는 욕망으로 가득 찬 환상을 가지게 한다. 처음에 그 욕망은 저항되었지만 나중에는 받아들여진다. 왜냐하면 실제로 슈레버에게는 이 욕망이 전이될 만한 실재 대상이 없다. 만약 아들이 있었다면 그의 동성애적 리비도는 아들에게로 투사되었을 것이다. 그런 이유로 슈레버는 자신이 여자였다면 아이를 가지는 일을 더 잘 해낼 수 있었으리라는 환상(증상, 망상)을 만들고 그 속에서 살아간다.

앞서 제시한 『신경증과 정신증』에서 보았듯이, 보통 자아는 현재 외부세계를 지각하거나 유아기 때의 지각을 기억함으로써 외부세계의 지배를 받는다. 정신증의 경우, 자아는 독단적으로 외부세계와 내부세계를 합쳐 새로운 세계, 즉 망상중적 세계를 만든다. 이 망상중적 세계는 이드가 소망하는 욕동에 의해 구성된다. 이때 자아는 잠잘 때처럼 검열이 느슨해져서 내부세계와 외부세계를 분리한다. 프로이트는 현실에서 겪은 심한 '좌절' 때문에 이런 현상이 생긴다고 본다. 정신증으로서 망상증은 지각과 외부세계를 떠난, 마치 꿈꾸는 상태와 같다고 볼 수 있다.

앞서 본 도라의 신경증과 지금 다루는 슈레버의 정신증이 담고 있는 공통점은 유년 시기의 심한 '좌절'에 있다. 자아가 외부세계에 대항하면서 이드를 잠잠하게 만들면 신경증이 되고, 반면에 자아가 현실에서 분리되어 이드에 굴복하면 정신증이 된다. 이 지점에서 중요한 것은 초자아라고 프로이트는 말한다. 초자아의 기능은 신경증과 정신증에 함몰되지 않고 균형을 잡는 것이다. 초자아에는 통합기능이 있다. 초자아는 '외부에서 오는 충격을 받는 자아'와 '이드에서 오는 충격을 받는 자아'를 조절한다. 이때 자아와 초자아 간에 갈등이 생기면 우울증이 생기고, 자기애적narziβtischen 정신신경증이 된다.

프로이트는 도라의 신경증 사례(1905)와 슈레버의 정신증 사례(1911)를 『신경증과 정신증』(1924)에서 개념적으로 정리하고, 공식을 제시한다.

도라의 사례처럼 전이신경증은 자아와 이드 사이의 갈등이다. 슈레버의 사례처럼 자기애적 정신신경증은 자아와 초자아 간의 갈등이고 또한 자아와 외부세계 사이의 갈등이다. 이 공식은 확신이기도 하지만 가설이기도 하다. 이러한 신경증과 정신증이라는 증상구조로 나누는 작업은 메타심리학적 성격을 띤다. 프로이트가 제시하는 증상의 또 다른 구조는 도착증이다. 자크 라캉은 프로이트가 제시한 증상의 세 구조를 그대로 받아들인다. 그럼 이제 '매 맞는 아이'라고 알려진 도착증의 사례를 살펴보자.

5
도착증과 매 맞는 아이 사례

1) 매 맞는 아이 사례 1: 어떤 아이가 매 맞고 있어요

만일 성도착이 오이디푸스 콤플렉스에서 생겨난다면 이 콤플렉스가 차지하는 비중은 더 커진다. 왜냐하면 오이디푸스 콤플렉스는 신경증의 실질적 핵심이며, 이 시기의 성욕은 신경증의 주요 요인이 된다고 우리는 알고 있기 때문이다.

무의식에 남은 이 콤플렉스의 여파는 성인이 되어서 신경증을 일으키는 요인이 되기도 한다. '매 맞는 환상'과 유사한 성도착적 고착 역시 오이디푸스 콤플렉스의 침전물 때문에 남게 된 상처라고 볼 수 있다. [···] 매 맞는 환상에서는 마조히즘의 원인이 확실하게 밝혀지지 않았다. 단지 마조히즘은 1차적 욕동으로 발현되는 것이 아니라 자신을 가학하는 사디즘에서 기원한다(대상에서 자아로 퇴행)고 확인되었다. 사디즘이 마조히즘으로 바뀌는 것은 억압 행위에 끼어든 죄악감의 영향 때문으로 보인다. (「매 맞는 아이, 성도착의 원인 연구에 기고한 논문」 pp.213~215)

프로이트의 「매 맞는 아이, 성도착의 원인 연구에 기고한 논문」(1919)은 「성에 대한 세 편의 에세이」(1905)의 연장선상에서 다뤄볼 수 있다. 후자의 논문은 '성의 도착, 유아기, 사춘기'의 세 편의 성을 다룬다. 이 글에서 프로이트는 신경증을 '도착증의 음화ein Negativ der Perversion, 陰畵'라고 보았다.

'음화'는 사진의 필름에 감광시켜 현상한 화상인데, 흑백이 실물과는 반대로 보인다. 사진의 시대를 맞은 프로이트는 신경증과 도착의 관계를 필름의 '음화'와 '양화'의 관계로 비유한다. 현상한 필름에서 보면 밝은 부분이지만 인화해서 보면 어둡게 보이고, 어두운 부분이지만 밝게 보이는 것처럼, 신경증과 도착증의 관계를 설명한다. 신경증과 도착증을 묶어서 설명하는 이런 견해는『문명 속의 불만』(1930)에서도 이어진다.

「매 맞는 아이, 성도착의 원인 연구에 기고한 논문」은 사디즘과 마조히즘이 공존하는 정신의 측면을 보여 준다. 보통 사디즘Sadismus은 가학증, 학대음란증으로 번역된다. 사디즘은 타인이 고통하는 것을 보고 만족해하는 도착적 모습이다. 크라프트-에빙Richard von Krafft-Ebing은 프랑스 작가 사드D.A.F. Sade의 이름에 근거하여 사디즘을 만든다. 국내에『광기와 성』으로 번역된 크라프트-에빙의 책을 참조할 수 있다.

마조히즘Masochismus은 피가학증, 피학대음란증으로 번역된다. 이는 사디즘과 반대로 모욕당한 주체가 경험하고 표현하는 고통에서 만족을 얻는 성도착을 명명하기 위해, 크라프트

-에빙이 오스트리아 작가 자허-마조흐Leopold von Sacher-Masoch 의 이름에 근거해서 만든 용어다. '마조히즘 환자'는 이 두 용어를 결합시켜 사도-마조히즘sado-masochismus으로서 해석할 수 있는 사례이다.

사디즘은 성 대상을 항상 난폭한 태도로 대하는 사례에서부터 상대방을 모욕하고 학대하는 조건에서만 만족을 얻는 사례까지 모두 포괄한다. 마조히즘은 성생활과 성 대상에 수동적 자세를 보이고 고통을 당해야만 쾌감을 얻는 형태로 나타난다.

마조히즘은 사디즘보다 정상적인 성 목적에서 더 멀리 떨어져 있는 것으로 보이지만 마조히즘이 사디즘보다 먼저 생겨나는지 아니면 사디즘의 변형 형태인지 잘 알 수 없다. 마조히즘은 종종 환자 자신의 자아로 되돌아간 사디즘의 연장으로 볼 수 있다. 성도착에서 가장 괄목할 만한 것은 능동적 형태와 수동적 형태가 통상적으로 같은 사람에게서 함께 일어난다는 사실이다. 그러므로 어느 하나가 더 두드러지게 나타나 사디스트sadist인 동시에 마조히스트masochist가 될 수 있다. 마조히즘은 종종 환자자신의 자아로 되돌아간 사디즘의 연장으로서 무엇보다도 자신이 성 대상을 대신하는 것이라고 볼 수 있다.

「매 맞는 아이」에서 프로이트는 남자아이와 여자아이가 가진 매 맞는 환상의 세 단계를 구분하여 설명한다. 왜냐하면 남녀는 오이디푸스 콤플렉스 과정을 각각 다르게 거치면서 성 정체성을 확립해 가기 때문이다. 오이디푸스라는 불변의 상수를 중심으로, 그 전개 과정에 따라 신경증·정신증·성도착을 구분하는 정신분석은 환상을 통해 근원적 억압에 접근한다. 프로이트가 도착적인 구조에서 환상에 접근하는 이유가 무엇인지 살펴보는 것은 흥미로울 것이다.

매 맞는 환상의 첫 번째 단계는 "내 아버지가 그 아이를 때리고 있어요"라는 말로 시작된다. 근데 이 말은 "아버지는 내가 미워하는 아이를 때리고 있어요"로 변할 가능성이 많다.

첫 번째 환상과 다음 번 환상 사이에서 때리는 사람은 같으나 맞는 아이가 바뀌는 큰 변화가 있다. 환상을 일으키는 아이가 등장하고 이 환상은 즐거움과 큰 만족을 준다. "나는 아버지에게 맞고 있어요"라고 말하는 이는 환상을 일으킨 사람으로서 이는 마조히즘적 특징이다.

두 번째 단계는 모든 단계 중에서 가장 중요하다. 하지만 어쩌면 이 단계는 없다고 보아도 되는데 왜냐하면 이 단계는 절대기억되거나 의식화되지 않기 때문이다. 두 번째 단계는 분석의 구조에 필요하기 때문에 이 단계가 필요하지 않다고 말하는 것은 아니다.

세 번째 단계는 다시 첫 번째 단계와 비슷해지는데, 이는 환자의 진술을 통해 잘 파악된다. 아버지는 불명확하게 남게 되거나 아버지를 대체하는 선생님 등으로 바뀐다. 매 맞는 환상을 일으키는 아이 자신의 모습도 더는 환상에 나타나지 않는다. 그래서 계속 질문을 해도 "아마도 저는 구경했나봐요"라며 한 명이 아니라 여러 명이 매를 맞는다고 한다. (「매 맞는 아이」 p.204)

'아이가 매 맞고 있어요'라는 환상을 분석하기 위하여 프로이트는 몇 가지 이야기를 들려준다.

우선, 매 맞는다는 것을 환상이라고 할 때 여기에는 즐거움이 개입되어 있다. 매 맞는 환상과 집에서의 체벌 사이에는 어떤 관계가 있는가? 매 맞는 환상의 주체는 누구인가? 때리는 사람은 누구인가? 프로이트는 이 질문의 답을 준비하면서 남자 환자 4명과 여자 환자 2명을 분석한다. 1919년 이전의 여섯 명의 사례들 가운데는 늑대인간이라 불리는 세르게이도 있을 것이고, 프로이트의 자녀도 있을 것이다. 자유연상으로 이야기하는 환자들은 보통 이렇게 말한다.

> 나는 거기에 대해서 그 이상은 모릅니다. 어떤 아이가 맞고 있습니다. (「매 맞는 아이」 p.199)

분석을 하다보면, 내담자는 자유연상으로 이미지를 본다. 내담자는 그 이미지를 응시하고, 또한 그 이미지에 시선을 보내어 머문다. 이런 중에 프로이트는 질문한다. "맞는 아이는 남자인가요 여자인가요?" 이 질문이 의미하는 것은 매 맞는 그 아이가 내담자 자신이 아니라는 전제가 깔려 있다. 또 질문할 수 있다. "맞는 아이와 환상을 일으키는 아이 사이의 성별문제는 밝혀지지 않는가?"

조그만 아이는 아랫도리가 벗겨진 채 맞고 있다. (「매 맞는 아이」 p.200)

인용문에서 보듯, 매 맞는 환상이 주는 즐거움이 가학적인 것인지 피학적인 것인지 결정할 수는 없지만, 이 환상이 어린 시절에 자기애적narziβtischen 만족을 위한 것이라고 프로이트는 말한다. 이것이 성도착의 제1차적 경향이다. 이런 환상은 변화의 과정을 거친다.

첫 번째 단계의 환상에서 맞고 있는 아이는 환상을 일으키는 자신이 아닌 다른 아이, 가령 남자 형제나 여자 형제이다. 그래서 매 맞는 환상은 피학적인 것이다. 때리는 자는 어른, 곧 자기 아버지이다. "우리 아버지가 그 아이를 때리고 있었어요"와 "우리 아버지는 내가 미워하는 아이를 때리고 있었어요"라는 문장으로 표현된다.

두 번째 단계는 실제로 존재하지 않았을 수도 있는 장면이다. 왜냐하면 이 단계는 기억되거나 의식화될 수도 없기 때문이다. "나는 아버지에게 맞고 있어요"라는 고백은 하나의 가설로 두 번째 단계를 보여 준다. 때리는 사람은 동일인인 아버지고 맞는 아이는 다른 아이에서 환상을 일으키는 자기 자신이 된다.

세 번째 단계는 때리는 사람이 아버지에서 불특정인(가령, 선생님 등)으로 불확실하게 바뀐다. 매 맞는 아이의 모습에도 변화가 생기는데 "나는 아마 구경하고 있었을 거예요"라고 말했듯이 이 단계에서 매 맞는 아이의 모습은 나타나지 않는다.

2) 매 맞는 아이 사례 2: 환상의 의미

비록 매 맞는 것이 별로 아프지 않아도 아이는 그것이 사랑을 빼앗기고 모욕당하는 의미라는 것을 알게 된다. 그래서 부모에게 흔들리지 않는 애정을 받아 왔다고 믿었던 많은 아이들은 단 한 차례 매를 맞는 것으로 상상 속 천국에서 추방당한 것처럼 여긴다. 즉 아버지가 자신이 싫어하는 다른 아이를 때린다는 것은 실제로 아버지가 때렸냐는 것과는 전혀 상관없이 기분 좋은 관념이다.

우리 아버지는 다른 아이를 사랑하는 게 아니라 나만 사랑해

요. (「매 맞는 아이」p.206)

여기서 프로이트는 오이디푸스 콤플렉스의 명제인 근친상
간적 대상 선택(남자아이는 엄마, 여자아이는 아빠)을 연관시킨다.
그리고는 이 대상 선택에 대한 억압이 반복되는 새로운 발달
단계로 들어간다.

이 새로운 단계에서는 무의식적으로 존재하는 근친상간적 애
정 욕동의 어떤 정신적 산물도 의식으로 떠넘겨지지 않는다.
이미 의식에 들어와 있던 것들도 모두 잊혀진다. 그리고 이 억
압 과정이 시작되는 것과 동시에 죄악감이 나타난다. 이 죄악
감 역시 원인은 알 수 없지만 그것이 근친상간적 소망과 관계
되고 무의식에 끈질기게 남아 있는 소망들에 의해 정당화된다
는 데에는 의심할 여지가 없다. (「매 맞는 아이」p.208)

매 맞는 세 가지 환상을 다시 정리하면, 첫 번째 단계의 환
상은 근친상간적 애정기의 환상이고, 두 번째 단계는 죄악감
이 개입되는 환상이다. 이때 매 맞는 일은 죄악감과 성적 사

랑의 수렴이다. 즉, 그것은 금지된 성기적 관계에 대한 처벌일 뿐 아니라 그 관계를 대신하는 퇴행적인 대리 표상이기도 하며, 그 대리 표상에서 리비도의 흥분을 끌어낸다.

매를 맞는 일에 종속된 리비도의 흥분 에너지는 자위행위를 통해 배출구를 찾는다. 여기서 마조히즘의 본질을 만난다. 두 번째 단계에서 아버지에게 매 맞는 환상은 강한 억압 때문에 무의식 상태로 남는다. 어머니에게 매를 맞는 남자아이의 환상에서 어머니는 급우의 어머니로 바뀐다. 여자 환자의 경우 죄악감은 억압되고 퇴행과 결합해 수그러진다. 세 번째 단계의 환상은 매 맞는 주체가 나타나지 않는 것이 특징이다.

성도착은 어린아이의 근친상간적 애정과 오이디푸스 콤플렉스와 관련된다. (「매 맞는 아이」 p.212)

사디즘이 마조히즘으로 바뀌는 것은 억압 행위에 끼어든 죄악감의 영향 때문이다. (「매 맞는 아이」 pp.214~215)

죄악감은 성기적 의미를 띤 근친상간적 대상 선택 때 저항하는

것처럼 사디즘에도 저항하기 때문에 죄악감이 필요해진다. (「매 맞는 아이」 p.215)

결국 매 맞는 아이의 환상은 아래와 같이 진행된다.

① 첫 번째 단계의 환상: 아버지는 나를 사랑해. 아버지는 나만 사랑하고 다른 아이들은 사랑하지 않아. 아버지는 그 아이를 때리니까.
② 두 번째 단계의 환상: 아버지가 나를 때리고 있어. 나는 아버지에게 맞고 있어. 아버지는 나를 사랑하지 않아. 아버지는 나를 때리니까.
③ 세 번째 단계의 환상: 나는 매 맞는 아이를 구경하고 있어.

1919년에 작성한 원고「매 맞는 아이, 성도착의 원인 연구에 기고한 논문」은 제목에서 보듯 도착증에 속한다. 1924년에 쓴 「신경증과 정신증」에서 프로이트는 도착증을 덧붙여 비교하지 않았다. 우리는 그 이유를, 앞서 보았듯이 프로이트가 '도착증의 음화'로서 신경증을 다룬다는 데서 찾을 수 있겠다. 프로이트가 정리하길, 신경증과 정신증의 구분은 자아와 이드, 자아와 초자아, 외부세계와 내부세계의 관계에서 시작된다.

증상 형성은 오이디푸스의 이행 과정에서 비롯된다. 긍정적 오이디푸스 콤플렉스의 경우, 남자아이는 아버지에게 반항적이고 어머니에게는 호의적이다. 여자아이는 남자아이와 정반대이다. 반면 부정적 오이디푸스 콤플렉스에서 남자아이는 아빠에게, 여자아이는 엄마에게 다정하게 행동한다. 도착증은 이런 부정적 오이디푸스 콤플렉스에 따른다. 부정적 오이디푸스 콤플렉스는 도착적인 메커니즘으로 이해할 수 있다. 도착적 메커니즘에 따라 환상은 현실징후에서 도박, 중독, 사기, 조작 등으로 발현한다. 발현된 증상은 그것의 근원을 갖는다. 그 근원이 억압되어 있어서 해결 지점을 찾는 작업이 지연되거나 포기되거나 다른 지점에서 이루어지기도 한다. 그래서 정신분석은 그 지점으로 가는 길에서 발생하는 저항을 다루는 일을 중요한 기술로 본다. 여기서부터 정신분석의 분파가 생기기도 한다.

9

프로이트와 다섯 번의 여행: 기차
선로 위를 질주한 무의식의 행렬

1

왜 프로이트는 여행을 좋아할까

프로이트는 틈만 나면 여행한다. 넉넉하지 않은 삶이었지만 여러 방법을 동원하여 여행한다. 여행경비를 얻기 위해 지도교수의 추천에 의지했던 적도 있고 절친한 친구와 편지 교환을 하다가도 편지로 고민이 풀리지 않자 짧은 시간 짬을 내어 여행을 하기도 한다. 무더운 여름을 나기 위해 국경을 넘는 수고를 아끼지 않고 자신이 창출한 영역을 소개하기 위해 배를 타고 대서양을 횡단하는 긴 여행도 한다.

이렇게 여행을 즐긴 프로이트는 『성에 대한 세 편의 에세이』(1905)에서 여행에서 얻은 사유를 펼치기도 한다. 그는 아이들이 요람이나 그네, 기차 타기를 좋아하는 이유는 아이들의 무의식이 넘실거리기 때문이라 한다. 여행은 마치 침대 위에 누워 정신분석가의 질문에 따라 떠오르는 대로 자신의 과거를 말하는 '똑같이 떠돌면서 주목하기(집중하지 않는 주목, 고르게 떠있는 주의, Gleichschwebende Aufmerksamkeit)'와도 같다.

왜냐하면 넘실거리는 무의식에 따라 의식으로 솟는 기이한 것들과 만나게 해주기 때문이다. 이것은 프로이트의 제2차 위상에 큰 영향을 끼친, 프랑스의 심리학자 귀스타브 르 봉 Gustave Le Bon(1841~1931)에게서도 발견된다. 그는 20세에서 40세에 전 세계(유럽, 인도, 북아프리카 등)를 두루 여행하면서 얻은 경험을 토대로 새로운 학문의 장을 연다. 이처럼 19세기에서 여행은 세계 변화에서 발생하는 무질서에 새로운 체계를 구축하는 밑거름이 된다.

여기서는 프로이트가 했던 많은 여행 가운데서 그의 저서에서 언급된 적이 있는 여행들을 소개한다. 이 여행들은 정신분석의 형성 및 전파와 밀접하게 연관된다.

2

프랑스 파리 사르페트리에르병원으로의 여행(1885. 10. ~ 1886. 2.):
샤르코와의 만남에서 무의식을 착안하다

1885년 늦가을에 프로이트는 프랑스 파리로 향한다. 프랑스는 역동 정신의학을 시작한 필립 피넬Pilippe Pinel(1746~1826)의 나라이다. 그는 광인을 귀신들린 자로 몰아 감금하는 상황에 반기를 들고 비세트르 정신병원을 개혁한다. 그의 영향은 취리히 뷔르괼츠리Burghölzli병원의 블로일러Eugen Bleuler (1857~1939)와 융으로 이어질 뿐 아니라 프로이트가 방문한 파리 사르페트리에르병원의 샤르코에도 드리운다.

29세의 프로이트는 파리 사르페트리에르병원의 샤르코 Jean Martin Charcot(1825~1893) 교수가 최면을 통해 히스테리 환자를 치료한다는 것을 알고 있다. 샤르코가 다루는 '히스테리'는 1769년에 스코틀랜드 의사 윌리엄 컬런William Cullen에 의해 제안된 용어 '신경증'을 피넬이 1785년 도입하여 프랑스에 일반화시킨 것이다. 프로이트는 1893년부터 이 개념 속에서 히스테리를 본다.

피넬 전통 속에서 정신 질환자를 다루는 샤르코의 수업은 요양소에 감금하는 식으로 광인 취급하는 것과는 차이가 있다고 소문이 난다. 그래서 여러 나라에서 학생들이 샤르코 교수의 수업을 듣기 위해 이 병원으로 향한다. 프로이트 또한 그런 열망을 갖고 있었다. 하지만 그곳에 가기 위한 여행

경비가 없었다. 브뤼케가 추천한 장학금 신청을 받은 프로이트는 4개월 정도 파리 유학에 머문다. 프로이트는『나의 이력서』(1925)에 그때의 상황을 남기고 있다. 빈에 돌아온 후 프로이트는 빈 의학계의 구성원들로부터 프랑스 학풍을 배운 자로 비난받는다. 이렇게 학파와 문화의 틀로 단절된 상황에서 프로이트는 여행이 안겨다 준 충격을 받아들이면서 새로운 도약을 준비한다.

1885년 봄, 나는 조직학 논문과 임상 논문 발표 덕분에 신경정신병학 부분의 강사가 되었다. 이어 브뤼케의 추천으로 상당한 여행 경비를 보조받게 되었다. 올해 가을 나는 파리로 갔다. 나는 사르페트리에르병원 수련생이 되었다. 외국에서 온 많은 학생들 가운데 한 명이었던 나는 주목을 받지 못했다. 어느 날 샤르코는 자기 책을 독일어로 번역하는 자가 전쟁 후 연락이 되지 않는다고 말하는 것을 들었다. [⋯] 나는 그에게 내가 하겠다고 편지를 썼다. 샤르코는 내 제안을 받아들였고 나는 그와 개인적 친분을 갖게 되었다. 그 후 나는 병원에서 일어나는 모든 일에 전적으로 참여할 수 있게 되었다. [⋯] 나는 히스테리적 마비와 기질적 마비를 비교 연구하겠다고 샤르코 선생님과 약속했다. 나는 신체 각 부분의 마비와 감각 상실이 해부학적 관념에 따라서가 아니라 사람들이 상식적으로 생각하는 것과 같이 구분되는 것이라는 명제를 확고하게 만들고 싶었다. 그도 이에 동의했다. 그러나 그는 신경증의 심리를 깊이 파고드는 데는 특별한 흥미를 가지고 있지 않다는 것을 쉽게 알 수 있었다. 사실 그의 출발점은 병리해부학이었던 것이다. (『나의 이력서』 pp.37~38)

프로이트가 30세 때 쓴 여행기다. 이 당시의 역사적인 풍토에서 볼 때, 프로이트의 파리 여행이 갖는 의미는 무엇일까? 우선 프로이트의 개인적 관심은 조직학과 신경학을 의학의 한 분야와는 별개의 독립된 것으로 구성하려고 노력한다. 그는 생리학 · 생물학 · 신경학의 원인을 알고자 관심을 가졌지 단순히 환자를 돌보는 일반의사가 되고 싶어 하지는 않는다.

프로이트는 우여곡절 끝에 장학금을 받아 파리의 사르페트리에르병원에 가서 샤르코와 만나게 된다. 그는 파리라는 도시에 큰 관심을 가지고 있다. 그 당시 그는 불어로 말하거나 글쓰기에 있어서 꽤 서툴렀다고 한다. 독어 발음이 섞인

불어는 프랑스와 독일의 역사적 감정이 가시지 않은 상태에서 사람들과 의사소통에 어려움을 주었다. 프로이트는 몰리에르의 희극 등 문학작품과 공연에 관심을 가졌지만 이해는 잘 하지 못했다고 한다. 다만 그는 관람했던 희극의 여배우 옷차림이나 몸 등에 대한 묘사를 굉장히 상세하게 표현하여 읽는 이에게 즐거움을 준다.

이 당시 프로이트는 편두통과 능숙하지 못한 불어 때문에 고통을 겪는다. 30대에 프로이트는 건강하지 못한 육체로 고통을 받고, 자기가 갈 길이 무엇인지 고민하는 시기이다.

프로이트는 파리에 도착하자마자 샤르코가 진찰하고, 가르치며 이끄는 사르페트리에르병원으로 간다. 신경학으로 유명했던 이 병원에는 외국인들이 많이 몰려와서 샤르코의 강의를 듣는다. 그의 화요일 강의는 유명하다. 이후에 빈으로 돌아간 프로이트는 수요일에 강의를 하고 이는 수요심리학회의 모태가 된다. 또한 그는 샤르코의『화요강의』를 독일어로 번역한다.

사르페트리에르병원에 거주하는 동안 프로이트는 빈 병원에 대해 느낀점과 사트페트리에르병원과의 차이점을 상세하게 기록한다. 동시에 병원운영의 민주화에 감탄하는데, 특히 의사와 환자의 만남이 쉽도록 병원을 운영하는 샤르코의 범상치 않은 인간성에 감탄한다. 무엇보다도 프로이트에게 흥미 있었던 것은 샤르코의 환자 진료다. 그는 환자와 많은 시간을 보낸다. 샤르코의 사진이 프로이트의 서재에 놓여 있었는데, 이는 히스테리 환자를 공개적으로 진찰하는 샤르코의 열정적인 강의 장면이다. 또한 프로이트는 샤르코의 남성 히스테리 분석에 깊은 감명을 받았는데 이는 나중에 프로이트가 여성의 히스테리를 분석하는 계기를 마련해 준다.

파리 여행은 정신분석 탄생의 기원에 대해 다른 자료를 제시한다. 즉 프로이트가『히스테리 연구』를 공저한 브로이어와의 만남에서 히스테리 분석 방법을 발굴했는가 질문하게 된다. 브로이어의 환자 안나 O. 양 사례는 1885년부터 시작되지만 10년 후에야『히스테리 연구』에 소개된다. 파리 여행은 히스테리를 분석하는 방법을 통해 정신분석을 도출한 프로이트에게 큰 자극을 준 것이 확실하다. 왜냐하면 파리여행 후 프로이트는 여성 히스테리환자들을 분석하면서 남자 분석가와 여자 환자 사이에 '감정전이'라는 것이 작용한다고 말하기 시작했기 때문이다. 샤르코가 생리학적 임상을 실천했다면, 프로이트는 이전의 의학전통과는 단절하고 성性이라는 요소를 임상에 도입한다.

파리에서 돌아온 후 프로이트는 히스테리 연구와 최면법 치료에 더 큰 관심을 기울인다. 샤르코는 이런 것이 신경학의 지엽적인 분야라고 생각했지만, 프로이트는 이 분야가 이전과는 다른 중요한 무엇을 가져다줄 것이라는 기대감에 차 있었다. 그는 1886년에 신경학을 다루는 개인병원을 열고 점차 신경증 연구에 몰입한다. 그는 유대인이라는 이유와 의학 전통에서 벗어난다는 이유로 이방인 취급을 받는다. 1885년에서 1895년 사이에 프로이트는 히스테리의 원인을 연구한다. 그 결과 그 원인은 신경학에서 찾을 수 있는 것이 아니라 바로 리비도와 성에서 찾을 수 있다는 생각을 갖는다. 반면 브로이어는 히스테리에서 말의 중요성만 인정했을 뿐 성을 그 원인으로 인정하지 않았지만, 프로이트는 성과 히스테리의 연관성을 주장하면서 정신분석을 창출한다.

신경정신병학과 신경해부학 연구에 관심을 보였던 프로이트는 파리 여행을 통해 신경증 연구로 관심을 돌리게 된다.

최면법에서 강조하는 것은 의사가 환자에게 하는 암시인데, 신경증을 치료하고자 시도하는 프로이트에게 암시는 걸림돌이 된다. 암시라는 것과 겨루면서 프로이트는 정신분석이라는 영역에 접근한다. 암시 덕분에 제1차 위상에서 강조하는 저항을 발견하고, 제2차 위상의 자아이상, 초자아로 나간다. 그런 면에서 프로이트에게 암시를 경험하게 한 파리 여행은 결정적인 사건이 된다. 1896년에 불어로 쓴 논문에 처음으로 자신의 연구를 지칭하는 'psycho-analyse(정신분석)'라는 이름을 붙인다. 이를 토대로 1996년은 '정신분석 탄생 100주년'이 된다.

3

중단된 이탈리아 로마 여행(1897. 9.): 오이디푸스 이론을 발견하다

1896년에 프로이트의 아버지 야콥Jacob(1815~1896)이 죽는다. 프로이트는 야콥의 세 번째 아내인 아말라아Malka

Nathanson/Amalia Freud(1835~1930)에게서 태어난다. 전기 작가인 피터 게이에 의하면, 어머니 아말리아는 활발하고 쥐어잡는 성격을 갖고, 아버지 야콥은 조용하고 관대한 성격을 갖는다. 아버지가 죽기 전에 프로이트는 아버지가 아이를 성적으로 유혹하는 자이고, 유대인으로서 기독교인에게 비굴한 자라고 생각한다. 그런데 1896년 10월 80세로 아버지가 돌아가신 뒤 떠난 로마 여행은 이런 자신의 생각을 바꾸는 계기가 된다. 이 내용은 여행 도중에 되돌아오면서 플리스에게 보낸 다음의 편지에 잘 나타난다.

휴가를 보내고 어제 아침에 돌아와서 지금은 활력을 얻어 기분이 좋고, 아직 일은 시작하지 않았고 정리를 끝낸 후 자네에게 편지를 쓰네. 그리고 오늘은 자네에게 털어놓을 큰 비밀이 있어. 지난달부터 조금씩 신경증이 나타나기 시작했네. 나는 더 이상 나의 신경증 이론을 믿지 않네. 설명할 수 없는 건 이해할 수 없는 일이겠지. 자네도 내가 말하는 것에 수긍할 걸로 생각하네. 자초지종을 말하며 믿기 어려운 내용들을 설명해 보지. […] 이런 고찰을 통해 나는 다음 두 가지를 부인하게 되었다네.

첫째 신경증의 완전한 제거, 둘째 유년기의 정확한 원인에 대한 인식. 지금으로선 나의 유년기를 알 수 없다네. 왜냐하면 억압에 대한 그리고 그 억압을 부추기는 힘에 대한 이론적 정리가 되어 있지 않기 때문이라네. 다만 요즘 일어나는 사건들로 인해 유년기로 거슬러 올라가는 환상을 야기할 수 있다는 정도의 추측만 할 뿐이라네. 그런 이유로 내가 언제나 신경증을 설명할 때 억누르려고 했던 유전적 요인은 자기 자리를 되찾게 되는 것 같다네. [「빌헬름 플리스에게 보낸 편지 69(1897. 9. 21.)」 p.229]

프로이트는 로마 여행을 열망한다. 그리고 드디어 1897년 로마행을 강행한다. 빈에서 로마로 가는 길에 트라시멘 호숫가에서 멈춘다. 그곳에서 산책하던 중 카니발의 용장 한니발이 로마에 입성하지 못한 것을 떠올린다. 프로이트 또한 로마에 들어가지 못하고 빈으로 발길을 돌린다. 무슨 일이 있었을까?

프로이트는 로마에 들어가고자 욕망했지만 들어가지 못한다. 모든 문제가 어떤 억압/금기에 직면해 있었기 때문이다.

빈으로 돌아온 다음날 1897년 9월 21일, 그때까지 프로이트는 히스테리의 원인(신경증의 원인)을 아이들에게 일어나는 트라우마(정신적 외상)라고 생각한다. 즉, 아버지에 의한 성적 외상·상흔, 다시 말해 모든 아버지는 성폭행범이라 생각한다. 이는 프로이트가 파리 여행 때 착안한 히스테리에 관한 것과 연관된다. 그래서 히스테리 연구에 성이란 요소를 도입해야 된다고 생각한 것이다. 이때 성은 성의 외상에 관한 것이다. 다시 말해 프로이트는 이 당시 '유혹 이론'에 의지한다. 그러나 이제 로마 여행에서는 그것을 수정한다. 히스테리의 원인은 샤르코의 신경학도, 1885년에서 1895년 사이 프로이트가 생각한 히스테리의 성적 외상도 아님을 알게 된다. 프로이트는 트라우마 이론을 재검토하고 오이디푸스 이론을 착안한다. 성폭행범으로서 아버지 때문이 아니라 아버지에 대한 자식의 복합적인 감정이 중요한 기제임을 알아차린다. 유혹 이론에 심취해 있던 프로이트는 판타즘(환상) 이론을 갖게 된다. 부모의 작용에 의한 트라우마가 아니라 아이의 부모에 대한 반응에 초점을 두게 된다. 프로이트가 유혹 이론을 포기하고 판타즘 이론을 받아들인 이후, 프로이트주의에서는 이 이론에 대해 대략 세 가지 정도의 의견이 있다.

첫 번째 의견은 정통주의자들에 의해 제시된 것이다. 이들은 판타즘에 대한 평가를 과장하기 위해 실제의 유혹 현실을 부인한다. 그래서 치료에서 환자의 유년기만큼 현재 환자들의 삶 속에서 그들이 겪은 성적 오용을 고려하지 않는다. 두 번째 의견은 섹슈얼리티에 대한 '플리스적' 이론과 생물학 신봉자들로 대표된다. 즉 성과학에서 라이히Wilheilm Reich를 거치면서 신경 생물학에 의해 제시된다. 세 번째 의견은 프로이트의 윤리와 이론에 부합하는 판타즘의 실존과 트라우마의 실존을 동시에 받아들이는 그룹이다. 임상적 영역에서 어른만큼이나 아동과 함께 하는 정신분석가는 빈번히 매우 얽혀 있는 현실의 두 질서를 분간할 수 있어야만 한다. 이런 측면에서 심리적 체계에 대한 부정은 언제나 실재의 트라우마의 부정만큼이나 주체에게 중요한 손상을 입힌다.

프로이트는 1897년 플리스의 제안에 따라 자기 분석을 한다. 로마로 여행을 떠난 프로이트는 일 년 전에 죽은 아버지와의 관계를 생각한다. 프로이트는 어린 시절의 한니발에 정체화한다. 한니발은 9세 때 아버지 하밀카의 원수를 갚기 위해 로마인에게 증오를 품고 마침내 로마를 치려고 하지만 트라시멘 호숫가에 멈춰 선다. 왜냐하면 아버지보다 더 강하게 될 수 없다는 억압이 작용했기 때문이다. 그래서 한니발은 회군한다. 마찬가지로 프로이트는 아버지에 의한 억압이 아니라 아버지를 향한 아들의 경계심이 있었음을 깨닫고는 로마 여행보다 더 중요한 것을 위해 집으로 향한다.

1896년 12월부터 프로이트는 지각-기억의식-운동 간의 관계를 연결하는 일에 몰두한다. 이런 연구는 몇 년 뒤『꿈의 해석』에서 심적 장치로서 무의식 · 전의식 · 의식으로 제시될 것이다. 그러나 1897년 여름 플리스에게 쓴 편지에서 신경증에서 해결되지 않고 있다고, 딱 잘라서 말할 수 없는 것이 있다고 자신의 고민을 털어놓는다. 이러한 고민으로 그는 로마 여행을 떠난다. 그러나 로마로 들어가기 전 트라시멘 호숫가를 거닐면서 생각하던 중 다시 빈으로 되돌아간다. 그리고 트라우마가 아닌 오이디푸스와 햄릿을 통해 자기분석에서 발견한 아들과 아버지 간의 관계를 정립하고 이를 오이디푸스 이론이라 명한다. 이 이론을 착안한 프로이트는 로마 여행을 포기하고 돌아온 후 친구 플리스에게 위에서 인용한 편지를 쓴다. 그리고 만나서 단둘이 이야기 나누자고 제안한다. 여행은 또 다른 여행을 불러온다. 이 만남을 통해 프로이트는 우리가 앞서 다룬『과학적 심리학 초고』를 작성하게 되고 연이어서『꿈의 해석』도 저술하게 된다.

위 문장에서 가장 자주 인용되는 것은 "지금의 나로선 나의 신경증 이론을 도저히 믿을 수 없다네. 설명 되지 않기에 납득하기가 쉽지 않다네"이다. 이 편지를 쓸 당시 프로이트는 더 이상 신경증 또는 신경증 이론neurotica의 원인을 샤르코가 말하듯 생리학적인 것이라든가 어른에 의해 만들어진 성적 외상이라고 믿기가 어려운 상태였다. 이런 것으로는 프로이트 자신의 신경증을 해명하거나 이해시킬 수 없다고 말한다. 그러나 로마 여행 중에 프로이트가 깨닫게 된 것에 의하면 자신이 고통받고 있는 신경증을 해명할 수 있고 이해할 수 있는 가능성이 열렸다는 것이다. 그 동안 프로이트는 히스테리 사례들을 해석하려고 시도할 때마다 환자들의 환상에 대해 실마리를 찾지 못한다. 그러나 이제는 그것을 풀 수 있는 열쇠를 갖게 된 것이다. 이를 프로이트는 '오이디푸스 콤플렉스'라고 불렀다. 이는 마치 아버지에 대한 자신의 감정이, 고대 그리스의 비극 작가 소포클레스가 쓴 『오이디푸스 왕』에 나오는 오이디푸스가 아버지 라이오스에 대해 갖는 복합적인 감정과 유사하기 때문에 붙인 이름이다. 이 이론은 프로이트의 정신분석 골격을 형성할 뿐 아니라 정신분석 자체의 기둥으로 자리매김되었다. 이런 이론이 여행 중에 나왔다는 데서 우리는 여행과 무의식의 용솟음을 연결한 프로이트 견해를 이해하게 된다.

4
그리스 아테네 아크로폴리스로의 여행과 회상(1904, 1936): 억압된 유년시절의 기억에서 놓이다

'친애하는 친구에게'로 시작하는 이 글은 로맹 롤랑Romain Rolland의 70회 생일을 위해 프로이트가 작성한 「아크로폴리스에 대한 기억장애」(1936)의 앞부분이다. 이 글은 1904년에 그리스 아테네의 아크로폴리스를 여행하고 32년이 지난 다음에 그때를 되돌아보며 그 당시의 감정을 분석한 글이다. 프로이트 왜 이 시점에 공개서한 형식의 글로 자신의 과거를 분석한 것일까? E. H. 카가 역사를 과거와 현재의 대화라고 말했듯이, 정신분석도 현재에서 과거를 현재적으로 보는 영역이다. 일흔 여섯의 프로이트가 과거의 경험(사건)을 현재적으로 이야기하는 것에서 우리는 정신분석의 "인정Anerkennung, Reconnaissance, Recognition"의 의미를 접하게 된다. 프로이트가 『꿈의 해석』 제7장에서 제시한 도식에 나오는 Er이 주는 의미를 잘 이해하게 된다. Er는 Erinnerung(기억)의 약자인데, 이 단어의 의미는 Erlebnis(경험)라는 독일어 용어에 가깝다. Er는 주관적 경험과 객관적 경험으로 나눠지기 전의 기억이라 볼 수 있다. 이 기억은 분석 과정에서 분석가와 피분석가의 대화를 통해 '인정'과 '부인Verneinung'의 과정을 거치면서 병력의 역사를 구성하고, 이를 바탕으로 주체가 재구성된다. 주체의 역사를 재구성하는 이 여행으로 함께 떠나보자.

트리에스테에서 한 경험은 가령 우리가 어떤 일을 두고 "우리가 아테네를 볼 거라고? 있을 수 없는 일이야! 그건 너무 힘든 일이야!"와 같은 표현을 하는 것과 유사합니다. 그때 느꼈던 우울함은 "그건 불가능해! 참 아름다울 텐데"라는 아쉬움의 표현과도 일치하는 것입니다. 이제야 그 이유를 알 것 같습니다. "(아테네에 간다는 사실이) 진짜였으면 너무 좋았을걸"과 같은 표현법과도 같습니다. 마치 우리가 좋은 소식을 듣거나 상을 타게 되었을 때, 우승자가 되거나 사랑하는 남자가 여인의 부모에게 결혼승낙을 구했다는 사실을 알게 되었을 때, 반응하는 표현인 '도저히 믿기지 않아'와 같은 것입니다. (『아크로폴리스에 대한 기억장애』 p.252)

노벨상을 받은 롤랑은 문화에 대한 갈증과 열정이 대단했던 인물로 알려져 있다. 셰익스피어를 좋아했으며 위고 Victor-Marie Hugo를 존경했고, 스피노자 철학을 신봉했던 프랑스의 문인이다. 그는 프랑스 고등사범학교에서 러시아 문학을 가르치는 교수였고, 두 번 장문의 편지를 써서 톨스토이의 마음을 돌이키게 하여 자신이 근무하는 학교로 초대했던 장본인이다. 또한 그는 파리 울므 가의 엄격한 성벽 안에

피아노를 들여놓은 최초의 사람이기도 하다. 츠바이크Stefan Zweig의 말을 빌려본다면 그는 놀라울 정도의 실력을 지닌 음악연주가이자 바그너 찬양가이다. 이렇게 진리에 대한 사랑, 신념을 이루려는 용기, 인류에 대한 애정과 선의를 지닌 작가에게 프로이트는 늘 찬사와 감사의 뜻을 전하고 싶었다고 한다.

이런 찬사에 비해 프로이트는 자신을 소개할 때 비정상적이고 병든 마음을 움직이는 기제를 밝혀보려 일생을 노력한 소박한 사람이라고 말했다. 이제는 재능이 다하여 아무 쓸모가 없어졌지만 최근 인생의 한 면을 회고한 의미 있는 글을 조그마한 선물로 드리고 싶다고 말했다. 이 두 사람은 1924년 5월 14일에 단 한번 만났을 뿐이다. 당시 구강암 수술로 인해 발성법이 정확치 않았던 프로이트의 말을 츠바이크가 통역한다. 그 후 12년이 지나 프로이트가 80세가 되고 롤랑이 70세가 되었을 때, 프로이트는 인생을 되돌아보며 그의 유년 시절 가난했던 부모에 대한 원망과 얄미웠던 형제에 대한 속마음을 진솔하게 서술하고 있다.

'믿기지 않는다'는 말은 왜곡 현상을 표현할 때도 사용됩니다. "내 감각기관을 통해 확인하건데, 나는 지금 분명 아크로폴리스에 서 있다. 도저히 믿을 수 없는 일이야." 현실에 대한 이러한 의심이 실제 표현에서는 이중으로 전치되어 있습니다.

첫째는 의심이 과거의 자리로 전치된 것입니다. 둘째는 나의 아크로폴리스에 대한 관계에서 아크로폴리스의 존재 그 자체로 전치되었다는 것입니다. 다시 말해 과거에 아크로폴리스의 실존을 의심했던 것과 그것을 부정확하고 있을 수 없는 것으로 배척했다는 것입니다. [...] 이것을 다르게 표현하면, "지금 내가 여기서 보는 것은 진짜가 아니다"라는 감정을 순간적으로 가졌다고 가정하면 혼돈스럽고 기술하기 힘든 정신적 상황을 만족스럽게 설명할 수 있다는 것입니다. 그런 감정은 '탈현실화의 감정'이라고 알려져 있습니다. 그래서 나는 그 감정을 없애려고 시도했습니다. 감각이라고 말하기도 하지만 그것은 특수한 정신 내용에 부착되어 있고 그 내용에 대한 결정과 결부되어 있는 복잡한 과정임에 틀림없습니다. 그 현상은 정신병에서 자주 발생하지만 정상인에게 없는 것은 아닙니다. (『아크로폴리스에 대한 기억장애』 pp.254~255)

이 글은 두 요소를 중요하게 다룬다. 첫째는 이중화된 전치로서 탈현실화와 탈인격화고, 둘째는 부성적 형상과 형제 간의 경쟁이다.

첫째, 이중화된 전치는 아크로폴리스에 섰을 때의 느낌을 표현한 것이다. 탈현실화란 지금 내가 고대 유적지 아크로폴리스에 서 있지만 이 사실이 정말 믿기지 않는다는 것이다. 이렇게 탈현실화는 장소의 현재와 과거를 비교하면서 믿기 힘든 현재의 감동을 표현하는 것이다. 그러나 이 감격은 참 기쁨이 아니라 정신적으로 어리둥절한 상태의 감격이다.

반면 탈인격화는 탈현실화로 인해 시간이 장소와 연관되지 않아 어리둥절하고 있는 나 자신의 상태를 말해 주는 것이다. 이는 외적인 면을 다루는 탈현실화의 관점으로는 도저히 분석해 낼 수 없는 깊은 내적 내용에 접근한다. 또한 부성적 형상과 형제간의 경쟁이라는 아래 항목으로 더 부연된다.

둘째, 부성적 형상에 관한 것은 통상적인 안목과 특별한 안목으로 구분해 설명할 수 있다. 통상적으로 안목에 따르면 아들이 아버지보다 출세하길 욕망하는 것이 아들의 마음에 잠재되어 있다고 한다. 프로이트는 이를 오이디푸스 콤플렉스라는 것으로 설명해 왔다. 그러나 아크로폴리스에 선 프로이트의 경우에는 특별한 안목이 작용하고 있다고 말한다. 특별한 안목이란 아버지에 대한 아들의 우월성을 말한다. 아버지가 살아 있어도 아테네의 아크로폴리스는 여행지로 선택할 만한 곳이 되지 못했다. 평생 상업에 종사했던 아버지는 문화, 유적 등에 문외한이었고 학력 또한 박사인 아들 프로이트와 달리 중등 교육도 받지 못한 분이었다. 이렇게 통상적이고 특별한 안목 때문에 아크로폴리스 여행이 즐겁지 않았다고 말한다. 다시 말해 아버지보다 많이 배운 자식이 불효했다는 마음 때문에 이 여행이 유쾌하지 않았다고 프로이트는 분석하고 있다.

또한 여기에는 함께 했던 동생과의 경쟁 심리도 작용하고 있다. 프로이트는 자신이 하고 싶은 것을 하지 못한 이유가 부모의 가난한 여건 때문이기도 하지만 성가신 동생 때문이라고도 생각한다. 앞서 본 인용문에 나타나듯이 아크로폴리스에 섰을 때 너무나 감격한 나머지 자신이 이곳에 있다는 사실 자체를 의심했던 프로이트와는 달리, 이런 유적을 보고도 별다른 감흥이 없었던 동생의 태도를 서술한 데서도 동생에 대한 프로이트의 이런 태도를 알 수 있다.

　프로이트는 이 여행을 관광, 고고학탐사, 휴식 등을 위한 단순한 여행이 아니라 분석 여행이었다고 회고한다. 그는 왜 이 여행을 망설였고 이 여행만 생각하면 마음이 그렇게 아팠는지 그 이유를 분석한다. 이 글에는 불효자이자 욕심쟁이 형의 모습이 드러나 있는데, 그 당시에는 그 모습이 무슨 의미인지는 몰랐다. 여든 살의 노인 프로이트는 이렇게 분석해 놓고 보니 부모와 동생에게 민망한 마음이 들었지만 프로이트는 이를 공개서한 형식에 게재해 자기분석에 능숙한 정신분석 창시자의 정직한 모습을 보인다.

　프로이트는 여행을 통해 자기분석한 이 글에서 어린 시절 부모와의 관계를 떠올리며 인생의 덧없음을 자기분석으로 승화시키고 있다. 이 글은 결국 일흔이 된 롤랑에게도 자식이었던 그의 과거 모습을 상기시킨 동시에 현재 그가 자식을 둔 부모임을 확인시켜 주는 정신분석적 여행기, 노년의 문학가에게 주는 회고록이라 볼 수 있다.

5

미국 클라크대학으로의 여행(1909): 신대륙에 페스트를 퍼트리다

1909년에 나와 융은 홀Granville Stanley Hall ―홀은 매사추세츠 주 우스터 시의 클라크대학교의 총장이었다― 의 초빙을 받아 미국으로 가서, 대학 창립 20주년 기념행사로 일주일 동안 독일어로 강의를 했다. […] 그 당시 53세였던 나는 젊고 건강하다고 느끼고 있었고, 신세계로의 짧은 방문은 나에게 자신감을 더해 주었다. 유럽에서 나는 천대받는다고 느꼈으나, 여기에서는 최상급의 학자들이 나를 대등한 사람으로 인정해 주었다. 내가 '정신분석에 관한 다섯 강의'를 하기 위해 우스터 시에서 강단에 올랐을 때 백일몽이 실현되는 것과도 같은 기분이 들었다.

이제 정신분석은 더는 망상이 아니라, 현실의 중요한 일부가 되었다. 우리가 방문한 이래 정신분석은 미국에서 그 영향력을 잃지 않았다. 정신분석은 일반인들에게 대단한 인기를 누리게 되었고, 학계의 많은 정신과 의사들도 그것을 의학 수업의 중요한 부분으로 인정하였다. 그러나 유감스럽게도 정신분석은 그 내용이 희석되었다. 정신분석과 아무런 관계도 없는 갖가지 오용이 정신분석이란 이름과 정체화되고, 기술이나 이론을 철저히 교육받을 기회가 없었다. 또한 미국에서는 정신분석이 행동주의와 부딪치게 되었는데, 이것은 심리적 문제일반을 제쳐버리는 어리석음을 범하고 말았다. (『나의 이력서』 pp.78~79)

1908년 정도부터 프로이트의 책이 미국에서 읽히기 시작한다. 1909년 프로이트는 미국 클라크대학교의 초청으로 융, 페렌치Sandor Ferenczi와 함께 10여 일 동안 대서양 항해에 오른다. 프로이트는 미국에 도착하기 전까지 강연 주제를 정하지 못한다. 융은 그에게 『꿈의 해석』을 소개하는 것을 권했지만 그는 결국 「정신분석 치료에 관하여」를 소개하기로 한다. 1909년 8월 27일, 프로이트 일행은 미국에 도착했다. 이는 미국 대륙에 대한 그의 유일한 여행이 된다. 이를 두고 라캉은 미국에 상륙한 페스트pest라고 한다.

1908년 12월 30일, 프로이트가 홀로부터 강연을 해달라는 초대편지를 받았을 때 그는 미국의 청교도주의를 두려워한다. 왜냐하면 미국 대중이 그의 성 이론에서 핵심 내용인 성욕을 받아들이지 않을 것이라고 생각했기 때문이다. 프로이트는 이번 여행에 아브라함Karl Abraham과 페렌치를 동반하고 싶어 했지만 일정과 경비가 충분하지 않다. 얼마 뒤, 더 편리한 날짜를 제시한 새로운 초청장이 도착하고 더 많은 지원금을 약속받은 프로이트는 자신과 동행할 사람으로 페렌치를 정하고 이렇게 편지한다. "나는 당신이 이 여행에 나와 동행해 줄 수 있는지를 묻습니다. 나를 위해 매우 즐거운 일이 될 것입니다." 이에 페렌치는 3월 2일 프로이트에게 애정 어린 초청을 "감사하는 마음으로 받아들입니다"라고 답한다. 프로이트는 페렌치를 여행에 데리고 가는 즐거움과 달리 융과는 동행하고 싶지 않다. 그래서 이로서 그는 융에게 그 대학교와 직접 교섭해 보라고 말하여 융은 속상했지만 끝내 프로이트에게 자신이 클라크대학교로부터 초청 받았다고 전한다. 융은 "내가 미국에 가는 것은 굉장한 것이 아니겠습니까?"라며 기뻐했고 이에 프로이트는 6월 18일 다정하게 답장을 보낸다.

그러나 그 이전인 6월 13일 프로이트는 목사 피스터Oscar

Pfister에게 "융이 나와 함께 우스터 시에 간다는 충격적인 소식은 분명히 당신에게 강한 인상을 줄 것"이라고 편지를 쓴다. 같은 날 그는 발생할 수 있는 혼돈을 피하기 위한 것처럼 융의 동행을 페렌치에게 퉁명스럽게 전한다. "융은 자신에게 주어진 주제로 세 번의 강연을 하기 위해 우리와 동일하게 초청장을 받았다는 것을 당신에게 알릴 것입니다. 나는 아직 그가 우리와 같은 배를 승선할지는 잘 모르겠습니다만 어쨌든 우리는 함께 거기서 머물게 될 것입니다."

이 여행은 말썽 없이 진행된다. 조지 워싱턴이란 이름의 여객선을 탄 이 세 사람은 선상에서 서로의 꿈을 분석한다. 그러나 프로이트는 융의 면전에서 자신에게 떠오르는 연상들을 자유롭게 말하지 못한다. 그 연상에는 융을 불편해 하는 자신의 마음이 담겨 있었기 때문이다.

프로이트는 화요일에서 토요일까지 다섯 번 오전 강연을 한다. 그 주의 마지막 날에는 융과 함께 명예박사학위를 받는다. 그의 다섯 강연은 지역신문과 주요 일간지를 통해서 성대하게 알려진다. 홀은 자신의 논문에서 프로이트의 개념은 새롭고 혁명적인 것이라고 평가한다. 그는 성의 중요성을 강조했고 심리학에서 프로이트의 공헌을 음악에서 바그너의 공헌에 비유한다. 이로 인해 프로이트의 고립은 종지부를 찍는다.

「정신분석 운동의 역사에 관하여」(1914)에서 프로이트는 즉흥적이었던 다섯 강연을 매우 가볍게 다룬다. 페렌치와 그의 서신은 그것을 증명한다. 프로이트는 1909년 여름 내내 미국에서 했던 강연을 편집한다. 그리하여 1910년 『정신분석에 관하여』가 출판된다. 이 강의는 「정신치료에 관하여」(1904)를 토대로 한 것이고 프로이트 저서에서 새로운 내용이 추가되진 않는다. 그렇지만 명증된 예를 통하여 교육적 기능을 갖고, 특히 정신분석의 큰 원칙과 상통하는 통로를 구성한다.

첫 강의 때는 정신분석의 기원에 관하여 말하며 브로이어와의 관찰·성적 외상 이론·히스테리 이론을 소개한다. 두 번째 강의 때는 히스테리의 새로운 개념·억압과 저항·증상·정신분석적 방법 등을 소개한다. 세 번째 강의 때는 심적 결정론, 꿈을 중심으로 한 기술을 설명한다. 네 번째 강의 때는 성·리비도·오이디푸스에 관한 주제를 다룬다. 마지막 강의는 신경증의 본질과 의미·병리학적 현상과 정상적인 삶의 다양한 양상 간의 관계·전이·승화 등을 소개한다. 지금까지의 정신분석의 발전을 순차적으로 설명한 것이다. 이 책의 성격상 프랑스어본에는 이 다섯 강의에 이어「정신분석 운동의 역사에 관하여」(1914)가 첨부되었고 1966년에 출판된다.

프로이트가 미국을 다녀온 이후, 많은 미국인들이 프로이트에게 분석을 받기 위해 온다. 나치가 독일을 점령한 1933년 이후, 빈을 점령한 1938년 이후, 많은 분석가들이 미국으로 향한다. 미국의 의학계 및 정신의학계는 유럽의 의학계 및 유럽의 정신분석 영역과 부딪힌다. 그 결과 다양한 모습의 정신 영역을 담당하는 분야가 파생된다. 그 이후의 여파는 우리나라에도 전파되어 큰 영향을 끼치고 있다.

6

영국 런던 망명으로의 여행(1938): 하나의 정신분석을 희망하다

나는 가톨릭교회의 보호를 받으며 살고 있었다. 모세를 연구할 당시 내가 그 논문을 출판해 교회의 보호를 잃고 오스트리아에서 정신분석을 연구하고 있는 동료들과 제자들이 연구 금지령을 받을까봐 두려웠다. 근데 독일이 침공해 오면서 가톨릭교회는 성서적으로 말하면 '상한 갈대'의 모습을 드러냈다. 내 학문적 사상과 인종 때문에 박해받는 것이 시간 문제인 것 같아 많은 친구들과 함께 나는 78년이나 살던 고향을 떠나게 되었다. 나는 아름답고 자유로운 영국에서 따뜻한 환영을 받았다. […] 이제 나는 내게 주어진 임무에 따라 말하고 글을 쓸 수 있게 된 것에 대해 만족하고 있다. […] 모세에 대한 논문이 발표되고 내 동포의 새로운 언어로 번역되면 많은 사람들이 나에게 보내준 연민의 생각들은 없어지게 되리라 생각된다. 내적인 어려움, 정치 상황의 변화나 거주지 변경은 내 삶에 아무것도 바꾸어 놓지 못했다. 나는 지금 쓰고 있는 논문의 불확실성에 시달리고 있다. 저자와 작품 사이에는 일체성과 연대의식이 있어야 하는데 나에게는 그것이 없다. 결론이 사실인지 아닌지를 따지는 확신에 관한 문제가 아니다. (『인간 모세와 유일신교』 pp.159~160)

1938년 3월 나치가 오스트리아에 침입한다. 1891년부터 상담실과 주거지가 한 건물에 있는 베르크가세 19번지의 프로이트 자택이 나치에 의해 수색당한다. 프로이트는 강제수용소에 끌려갈 것 같아 두려운 시간을 보낸다. 이때 영국의 존스Ernest Jones가 프로이트의 런던 망명을 설득하기 위해 찾아온다. 당시 프로이트의 이복형제가 영국에 살고 있었기에 한편으로는 그들을 보러 영국에 방문하고 싶었지만, 다른 한편으로는 고국과 정신분석의 중심지를 버리고 떠난다는 생각이 그를 가로막는다. 그러나 주불 미국대사, 미국의 루즈벨트 등 많은 사람들의 설득과 도움으로 프로이트는 3개월 후인 6월에 출국 허가를 얻어 빈을 떠난다. 이때 그는 자신이 1902년에 만든 수요심리학회를 계승하여 1908년부터 빈정신분석회WPV로 이름을 변경한 이 단체를 해산한다. 베를린 정신분석학회가 나치에 이용당하는 것을 보았기에 이를 용납할 수 없었던 까닭이다.

인생의 마지막 5년 동안을 프로이트는 빈과 런던에서 모세라는 인물의 삶과 죽음에 관심을 갖는다. 그리고는 신화적인 허구가 아니라 객관적인 고고학적 지식에 기반을 둔 역사 소설을 쓴다. 이것이 『인간 모세와 유일신교』다. 이 책에서 "태어나고 나서 5년 동안의 체험은 그 이후의 어떤 체험보다 중요하다"고 말한 프로이트는 죽기 전 5년 동안을 모세를 가지고 씨름한다. 그런 의미에서 이 책은 오이디푸스 콤플렉스에 대한 가장 마지막 반향으로 간주된다. 오이디푸스 이론에서 프로이트가 아버지에게 정체화된 자신을 발견한다면, 모세 이야기에서 프로이트는 모세의 죽음을 통해 자신을 본다. 프로이트는 최면법 이후 망각 · 쾌락의 원칙 · 근친상간 · 죽음욕동 · 아버지 살해 · 죄의식 등 긴 여정을 통해 정신분석 개념을 발전시킨다.

그가 죄인 취급당하여 추방당한 빈을 떠나, 런던에서 영웅처럼 환대받았을 때, 인생의 마지막 시기에 누린 운명의 짧은 호의 앞에서 프로이트는 무슨 생각을 했을까? 아버지를 죽이고 어머니와 관계를 갖고 세 명의 자녀를 낳은 후, 죄책감에 사로잡혀 자신의 눈을 손으로 찌르고 방랑하다 죽은 오이디푸스 왕을 자신에게서 발견했을까?

프로이트는 모세를 자신과 비교했다. 즉 모세가 백성을 약속의 땅으로 인도했지만 들어가지 못했고, 콜럼버스가 신대륙을 발견했음에도 그 대륙에 그의 이름을 붙이지 못한 것처럼, 프로이트도 자신의 발견들이 가져다줄 이득을 자신이 누릴 수 없다고 생각했다. 마치 가수 윤복희가 부른 노래인 '여러분'의 마지막 부분에서 "만약 내가 외로울 때면 누가 나를 위로해 주지"라는 노랫말처럼, 자아 리비도가 고갈되어 가면서 죽음 욕동이 생명 욕동을 지배하던 마지막 순간에 프로이트도 이런 마음이었을 것이다. 하지만 이 노래가 여기서 끝나지 않듯이 프로이트의 의지도 그러했을 것이다. 생의 완전한 결핍 상황에 도달한 프로이트는 윤복희가 "여러분"이라고 말하는 마지막 순간을 기대하고 있었을 것이다. 그가 정신분석을 짊어질 후대의 "여러분"으로 인해 위로를 받고 생명 욕동을 받기를 희망한 것은 사후적인 정신작용을 말한 그의 이론과도 어울려 보인다. 이런 프로이트의 마음은 자기보존 리비도, 자아 리비도와 대상 리비도를 말한 자신의 주장과도 통한다고 생각된다. 죽음 욕동과 생명 욕동이 이어지는 사건은, 프로이트가 우리의 기억에서 사라지지 않는 한, 계속해서 정신분석의 자리에서 지속될 것이다. 그는 마지막 저서 『인간 모세와 유일신교』를 런던에서 출판하고 1939년 9월 23일 런던에서 영원한 향유의 세계로 들어갔으며 그의 유골은 골더스 그린Golders Green에 묻혔다가 다른 장소로 옮겨져 실내의 고대 항아리에 담겨 보관되고 있다.

10

모세와 프로이트: 모세가
유일신교를 전하듯 프로이트는
하나의 정신분석을 제시한다

1

왜 유대인은 기독교 공동체인 유럽에서 비난의 대상이 되고 있는가: 억압의 기원에 관하여

우리의 연구는 유대인들이 어떻게 다른 민족과 확연하게 구분되는 특징을 가지게 되었냐는 질문을 어느 정도 조명한 것 같다. 그러나 그들이 어떻게 해서 오늘날까지 그 특징을 민족의 개성으로 유지하는지에 대한 해명은 여전히 미흡하다. (『인간 모세와 유일신교』 p.246)

우리가 기억할 것은 『인간 모세와 유일신교』가 유대인이 기독교 공동체인 유럽에서 비난의 대상이 되고 있는 상황에서 작성된 책이다. 유럽에서 유대인 문제는 계속 진행되어 왔다. 이 문제는 이미 프로이트의 마지막 작품이 출판되기 100년 전부터 독일 사회에서 격렬하게 일어난 논쟁이다.

이에 관하여 마르크스는 1843년 한 편의 저서를 펴낸다. 청년헤겔학파의 신학자 브루노 바우어가 "유대인 문제", "오늘날의 유대인과 기독교인이 자유롭게 될 능력" 등을 발표하여 유대인을 곤궁에 빠트리자, 마르크스는 『유대인 문제에 관하여』로 응수한다. 마르크스는 이 책에서 유대인이 비난받는 것의 근본적인 원인은 유럽사회의 구조적인 모순 때문이라고 제시한다. 프로이트와 함께 유대인인 마르크스의 진단에서 보듯이, 기독교 사회인 유럽에서 유대인이 갖는 '억압'이 얼마나 가혹했는지를 알 수 있다.

　프로이트가 고안한 이론 중 무의식이 핵심적인 것이라고 알려져 있다. 하지만, 실상 잘 들여다보면 프로이트 이론의 핵심은 '억압'이다. '억압'은 정신분석 기술의 발현지이다. 정신분석 기술은 기술의 개념을 연구하게 하는 동력이다. 가령 '저항'은 억압된 지점에 도달하는 데 방해하거나 지연시키는 모든 것이다. 이 억압의 내용을 두고 라캉은 '구멍manque'이라고 말한다. 억압은 계통발생과 개체발생이 만나는 지점이다. 억압은 1차 뉴런과 2차 뉴런이 나눠지는 지점이다. 자연과 문화가 구분되는 지점도 억압이다. 프로이트의 키워드를 성으로 몰아가는 것 또한 억압에서 유래한다. 그래서 정신분석은 사람들의 관심에서 계속해서 지연되고 있다. 그럼에도 그 지연은 도달할 목적지를 향해 계속 전진하고 있다. 국내에서도 열린책들에서 출간하고 있는 프로이트 전집이 벌써 세 번째 판본으로 출판되었다. 그만큼 적지 않은 사람들의 손길이 닿고 있다는 증거이다. 시장이 프로이트의 필요를 보여 주고 있다. 우리는 이 과정에서 억압의 본질이 점차 드러나기를 바라고 있다.

프로이트가 1938년 영국으로 망명한 후 완성한 그의 마지막 저서 『인간 모세와 유일신교』는 유대인인 프로이트 자신의 정체성에 대하여 정신분석적 방법으로 풀이하고 있다. 이 저서에서 그는 유대인 학살의 근거를 '유대교와 기독교'라는 구도에서 본다.

유대인의 극소수만이 이 새로운 교리(바울이 전한 종교)를 받아들였다. 이것을 거부한 사람들은 오늘날까지도 유대인으로 불린다. 이 분열을 통해 유대인은 그 어느 때보다도 다른 민족으로부터 철저하게 분리되었다.

유대인들은 새로운 종교공동체(이집트인, 그리스인, 시리아인, 로마인, 심지어 게르만인까지도 포함되지만 유대인만은 제외된다)로부터 하나님의 살해자들이라는 비난을 들어야 했다. 그 비난을 그대로 옮기면 이렇게 된다. "우리는 인정하고 그 죄를 벗었지만 놈들은 자신들이 하나님을 살해했다는 것을 인정하려 하지 않는다." [⋯] 유대인들이 이런 진보적인 대열에 들어서지 않음으로서 그들은 비극적인 죄의 짐을 지는 길로 들어섰다고 볼 수 있다. 그 죗값을 호되게 치르지 않으면 안 되게 된 셈이다. (『인간 모세와 유일신교』 p.245)

유대교인과 기독교인을 구분한다는 것은 유일신으로서 야훼와 메시아로서 예수를 구분하는 데서 비롯된다. 유대교인이 야훼를 창조주와 구원주로 믿는 반면, 기독교인은 예수를 창조주와 구원주로 믿는다. 유대교인에게 예수가 신성모독 행위를 일삼은 한낱 인간에 불과하다면, 기독교인에게 야훼는 예수의 아버지이자 삼위일체의 성부에 해당한다. 따라서 교리 면에서 볼 때 기독교인은 늘 유대교의 신에게 예속되어 있다. 초기 기독교에서는 유대교적 사고방식으로 예수를 고백하는 유대적 기독교인과 유대교를 알지 못하는 헬레니즘적 기독교인 또는 헬라적 기독교인이 있었다. 그러나 시간이 흐르면서 유대교의 예속을 벗어난 기독교가 생성된다. 로마가 기독교를 승인하고 국교로 인정하게 되면서 유대교는 기독교에 예속된다.

기독교 사회인 유럽은 유대인이 2천 년 전 예수를 죄인으로 몰아 십자가형으로 죽였음에도 뉘우치지 않고 있다고 유대교를 질책한다. 유럽의 대부분 민족이나 그 구성원은 자신들이 예수를 죽였다고 회개하면서 죄 용서를 구하는데, 유대인만은 그렇게 하지 않는다. 그래서 유대인은 하나님의 살해자로 낙인되어 '비극적인 죄의 짐'을 진다. 이를 명분 삼아 히틀러는 대량학살을 자행한다. 유대인이 유럽의 기독교 공동체에서 비난의 대상이 되는 이유이자 근원이라 볼 수 있다.

2

**하나의 정신분석은 가능한가: 프로이트가『인간 모세와
유일신교』에 담은 염원은『인간 프로이트와 하나의 정신분석』이다**

프로이트는 1934년 여름에 "역사 소설 인간 모세"의 초고
를 완성하지만 오스트리아의 가톨릭 세력을 두려워하여 출
판을 망설인다. 1938년 6월에 런던 망명길에 이 원고를 들고
간다.『인간 모세와 유일신교』는 세 편의 논문을 모은 책이
다. 그 중 두 편은 영국에 망명을 가기 전 빈에서 작성하고 세
번째 글은 망명하면서 집필한다. 전자는 "이집트인 모세"와
"모세가 이집트인이었다면"이고, 후자는 "모세, 모세의 백성
과 유일신교"이다.

프로이트는 이 책의 서문에서 망명을 결성하여 얻은 자유
로운 환경에 와서야 비로소 유대인 학살문제를 거론하게 되
었다고 밝힌다. 기독교인에게 박해받는 유대교인을 이해하
기 위해서 프로이트는 종교의 기원에 대하여 고찰해야 한다
고 생각한다.『토템과 터부』에서 그는 유럽의 기독교인이 유

대교인을 핍박하는 데는 종교 현상이 개입되어 있다며 이를 개인의 신경증 중상과 비교한 바 있다. 『토템과 터부』(1912) 가 개인의 신경증에서 대중의 신경증으로의 가능성을 소극적으로 시도한 시도라면, 『대중심리학과 자아 분석』(1921)은 자아 이상, 초자아의 관점에서 자아를 분석한, 대중의 관점에서 자아를 분석한 적극적 시도이다.

신경증 증상의 특징은 심적 외상 작용과 강박적 작용이다. 심적 외상 작용에는 적극적 작용과 소극적 작용이 있다. 적극적인 작용은 잊혀진 경험을 다시 기억해 내려는 노력, 즉 고착·반복강박 등이다. 반면 소극적 작용은 잊힌 경험을 다시 생각하지 않으려는 노력, 즉 방어·억제·공포 등이다.

프로이트는 신경증뿐 아니라 종교에도 이런 기능이 있다고 본다. 정신분석에서는 아이가 아버지를 죽인 후 먹고 배설하자 초자아가 나왔다는 말이 통용된다. 그래서 아버지를 살해한 아들은 죄의식을 갖고 근친상간 금기나 족외혼속 등 규율을 만들게 되었다고 프로이트는 말한다. 그는 신화와 정신분석에서 얻은 결론의 상관성을 오랫동안 지지하고 있었다. 이런 관점에서 볼 때 기독교에서도 아버지 살해를 중요하게 여긴다. 왜냐하면 하나님을 아버지로 여기면서도 하나님인 예수 그리스도를 살해했기 때문이다. 이런 의미에서 프로이트는 유대인뿐 아니라 기독교인도 하나님을 죽였다고 말한다.

근친상간은 고대 이집트나 그 밖에 고대 민족의 지배 계급에게는 보편적인 풍습이었다(일종의 성화된 풍습이었다). [⋯] 근친상간을 기피하는 이유를 생물학과 동종 번식에 대한 막연한 염려를 분석하며 찾으려 한다. (『인간 모세와 유일신교』 p.229)

인류의 원죄와 그것을 자기희생으로 구속救贖한 것은 바울이 세운 새 종교의 초석이 되었다. [⋯] 주목할 만한 점은 이 종교가 어떻게 아버지와의 관계에서 드러나는 뿌리 깊은 양가감정을 다루는가다. 이 종교의 주된 내용은 아버지 하나님과의 화해, 그 하나님에게 저질렀던 죄과의 보상이다. 그러나 이 감정 관계의 이면에는 스스로 화해를 성취한 아들이 아버지 옆에 나란히 앉아, 아버지를 대신하는 신이 된다는 의미가 있다. 아버지 종교에서 나온 기독교가 아들 종교가 된 것이다. 결국 기독교

도 아버지를 제거하는 운명에서 벗어나지 못한다. (『인간 모세와 유일신교』 p.245)

이 본문에서 보듯이 프로이트는 유대교가 아들 하나님을 죽였다면 기독교는 아버지 하나님을 죽였다고 말한다. 왜냐하면 기독교에서 말하는 아들 하나님은 승천 후 아버지 하나님의 옆에 앉아서 아버지의 역할을 빼앗기 때문이다. 이런 면에서 볼 때 기독교야말로 아버지 하나님을 죽인 장본인이지만 기독교인은 이를 인지하지 못하고 있다고 프로이트는 비판한다.

프로이트는 유대교가 아버지의 종교며 기독교가 아들의 종교라고 말한다. 정신분석에서 아버지와 아들의 관계는 오이디푸스 콤플렉스로 설명된다. 이 이론을 좀 더 넓게 보면, 아들에게 아버지는 늘 아버지의 특성을 갖지만 실제 아버지도 한때 아들이었던 때가 있었다. 아버지는 아들의 관점에서 자신의 아버지를 보게 되고, 이제는 자신의 아들에 의해 아버지로 보이게 된다. 그래서 아버지는 항상 아들의 아버지였지 아버지 자신의 아버지였던 적이 없다는 것이다. 아버지는 항상 아들에 의해 부여된 특성만을 가진다. 프로이트는 모세에게서도 백성들이 그에게 부여한 신적인 특성을 발견한다.

위대한 인간의 모습이 신의 몫을 대체할 정도로 성장했다. 그러나 우리는 아버지에게도 유년기가 있었다는 것을 기억해야한다. 인간 모세가 보여 주는 위대한 종교적 이념은 모세 자신의 것이 아니다. 그건 모세가 아케나텐 왕으로부터 도입한 것이지 그 자신의 것은 아니다. (『인간 모세와 유일신교』 p.218)

유대민족에게 이런 특성을 각인시킨 사람은 인간 모세였다. 모세는 유대인이야말로 하나님으로부터 선택받은 민족임을 확신으로서 유대인의 자부심을 드높였다. 모세는 유대인들에게 신성을 부여했고 다른 민족으로부터 격리될 의무도 지웠다. [...] 우리는 유대인을 선택하여 이집트에서 해방시킨 신의 배후에 모세가 있었고, 그가 신의 위탁을 받아 일을 성취했다는 것을 알고 있다. 그래서 우린 유대인들을 창조한 사람을 바로 모세라고 주장할 수 있다. 유대인의 강력한 생명력과 예전부터 존재하는 타민족의 유대인에 대한 적의가 모세로부터 유래한

다고 볼 수 있다. (『인간 모세와 유일신교』 p.213)

유대인 가운데는 퇴색한 정신을 소생시키고 모세의 요구와 경고를 전승하며 잊혀진 기억을 회복시키는 데 힘쓴 사람들이 있었다. 수 세기 동안 계속되는 노력, 가령 바벨론 포로생활 전후로 단행된 두 차례의 대개혁 끝에 민중신 야훼는 모세가 유대인에게 설파한 하나님으로 변모하게 된다. (『인간 모세와 유일신교』 p.218)

프로이트는 인간인 모세가 유일신관 형성에 끼친 영향력은 지대하다고 본다. 그 영향력은 아들 종교가 나왔을 때도 요동치 않는다. 줄기차게 유일신교를 고집하게 된 배경을 프로이트는 유대인의 역사에서 찾는다. 그 근원에는 모세가 받은 언약이 있고 그 후에는 언약을 전파하고 확대시킨 선지자들이 있다. 언약이 만든 전통은 아시리아·바벨론·페르시아·이집트·마케도니아·로마 등의 지배 아래에서도 지속되었는데, 그 근원에 모세가 있다.

이런 모세를 통해 프로이트가 보고 싶었던 것은 무엇일까?

그가 『인간 모세와 유일신교』에서 밝히듯, 오스트리아 가톨릭교회의 도움으로 빈에서 영국으로 오게 되었고, 자신의 제자들 또한 보호를 받고 있는데, 이 책이 영어 등으로 번역되어 책 내용이 알려지면, 이런 보호가 없어질 것을 염려한다. 그는 유대교와 기독교의 경전에 나오는 모세를 부정하거나 매도하려는 의도로 마지막 저서를 저술하지는 않았다고 볼 수 있다. 그럼에도 이런 위험한 시도임을 알고도 집필한 이유는 무엇인가? 뚜렷한 결론도 없는 글에 마지막 생을 다해 힘쓴 이유는 무엇인가? 모스코비치가 1981년에 출판한 『군중의 시대』에서 주장하듯, 프로이트가 "현대에 인간 모세가 대중의 지도자의 원형으로서의 모습을 나타내고 있다"고 보았기 때문일까? 히틀러가 등장한 시대에서 모세와 같은 지도자를 제시하고자 한 것일까? 프로이트가 메시아와도 같은 그런 지도자를 꿈꾸었다면, 그 지도자는 유럽을 하나의 제국으로 통합할 지도자일까, 아니면 프로이트가 시작한 정신분석 공동체를 이끌 지도자일까?

오로지 그는 정신분석의 미래를 염려한다. 마치 모세가 애굽에서 광야로, 광야에서 가나안 땅으로 백성을 인도하면서 야훼의 율법과 유일신교의 앞날을 염려하듯이, 프로이트는 정신분석의 메카가 빈에서 런던으로 옮겨지는 과정에서, 자신이 만든 수요심리학회의 후속 기관인 빈정신분석학회를 해체한 것에서도 그런 염려를 볼 수 있다. 자신의 저서가 광장에서 불태워지고, 자신의 공동체들이 나치에 동원되는 현실을 보면서 그가 염려했던 것은 무엇일까? 이스라엘 백성들이 가나안 땅에 들어가자마자 해야할 것을 지시하는 모세의 리더십은 야훼의 율법을 준수하고 유일신교를 뿌리내리는 데 있다. 40년 간의 광야 생활에서 얻은 경험을 바탕으로 새로운 토양에 정착하도록 사전에 돕는 모세의 리더십은 마치 40년 된 오스트리아 빈의 정신분석 공동체가 영국 런던의 자리로 이식되는 데 필수적인 것처럼 비추었다. 프로이트는 이런 리더십을 가진 지도자를 원하면서 자신의 마지막 저서를 쓴 것이 아닐까 생각해 본다. 이런 맥락에서 예루살미는 *Freud's Moses*(1991)에서 "유대인들에게 일신교를 가져다 준 '위대한 이방인'이 모세였던 것처럼 세상에 정신분석을 가져다 준 위대한 이방인이 유대인 프로이트"(『프로이트와 모세, 유대교, 기독교, 반유대주의의 정신분석』)라고 말한다.

정신분석 영역이 외부의 압력에 의해 힘든 시절을 보내고 있을 때, 프로이트는 정신분석 공동체 내부에서도 갈등이 있다는 것을 알고 있다. 그렇기에 모세를 대신할 새로운 지도자인 여호수아, 갈렙 등이 등장한 것처럼, 프로이트는 자신을 대신할 새로운 지도자를 정신분석 공동체에게 제시한다. 그것은 바로 모세의 리더십이다. 프로이트 이후의 정신분석 공동체는, 모세의 리더십을 근간으로 하는 이스라엘 백성의 긴 역사를 돌아보면서, 프로이트가 말하고자 한 것이 무엇인지 새기면서 나가야 할 것으로 보인다. 정신분석 공동체는 이미 프로이트가 지도자로 있을 때 미리 그의 리더십을 경험한 바 있다. 1910년대에 융과 아들러의 이탈 경우가 그러하고, 1920년대에 랑크와 프로이트의 결별, 마르크스주의와 프로이트주의의 논쟁, 의사와 비의사 논쟁에 이어 교육분석의 규칙 확립에 따른 정신분석의 관료화 및 아동 정신분석에 관한 클라인과 안나 사이의 의견 차이 등이 그러하다.

이런 상황에서 1930년대에 정신분석은 유대인의 학문으로 규정되어 프로이트의 책이 불에 태워지는 등 또 다른 차원에서 곤궁에 처한다. 1936년 제14차 국제정신분석학회는 안나를 따르는 빈 그룹과 클라인을 따르는 영국 그룹 사이의 격렬한 각축장이다. 이 갈등은 영국 이주 후 1945년까지 이어진다. 이런 분위기 속에서 런던에 거처를 마련한 프로이트가 정신분석의 찢겨진 미래를 걱정하는 것은 예견된 일이다.

『인간 모세와 유일신교』가 어떤 저서인가에 대한 다양한 견해가 있다. 필자가 보건데, 『인간 모세와 유일신교』은, 마치 광야에서 일신교를 전수받은 모세의 후세들이 가나안 땅에서 유일신교를 이어가기를 바란 모세가 모세 오경을 남긴 것처럼, 빈에서 하나의 정신분석을 물려받은 프로이트의 후예들이 새로운 땅에서 하나의 정신분석을 이어가기를 바라는 프로이트의 결의가 담긴 염원이라고 볼 수 있다. 그래서 『인간 모세와 유일신교』는 『인간 프로이트와 하나의 정신분석』으로 제목을 변경해도 가능한 책이라고 생각된다.

3

정체성이 이중적일 수는 없는가? 유대인 모세는 이집트인이고
유대인 프로이트는 오스트리아·헝가리 제국 시민이다

전설에 따르면 아이의 운명은 두 가정 사이에서 전개된다. 두 가정 이야기부터 시작하자. 분석적 해석에 따르면 한 가정이 시간이 지남에 따라 두 가정의 모습을 보이는 것이다. 전설에 따르면, 아이가 태어난 첫 번째 가정은 귀족가정으로 대개 왕가다. 아이가 자란 두 번째 가정은 비천한 가정이거나 몰락한 가정이다.

그런데 모세의 경우는 다르다. 보통 고귀한 가문인 첫 번째 가정은 지극히 평범한 유대인 레위지파다. 비천하기 마련인 그의 두 번째 가정은 이집트 왕가다. 모세는 이집트의 영웅이 아니기 때문에 이집트인은 모세를 미화할 이유가 없다. 우리로서는 이 전설이 유대인에 의해 만들어졌다고 추측할 수밖에 없다. 하지만 분석적 해석 차원에서는 이 두 가정이 동일하다. 신화의 차원에서 두 가정은 각각 고귀한 가정과 비천한 가정으로

차등화되지만 역사적 실존 인물의 경우 제3의 차원, 즉 실재성이라는 차원이 존재한다. 이러한 차원에서 중요한 것은 인물이 실제로 태어나고 자란 실제 가정이다. 나머지는 보통 의도적으로 꾸며진 허구의 가정이다. (『인간 모세와 유일신교』 pp.109~111)

영국으로 망명하기 전부터 생의 마지막 순간까지 프로이트는 모세의 정체성을 거론한다. 유대인인 프로이트가 왜 모세를 유대인이 아닌 이집트인이라고 주장한 것일까? 프로이트가 당시의 지식정보를 종합한 결과에 따르면, 모세가 히브리인이 아니라는 의혹은 여러 정황에 근거한다.

우선 모세라는 이름은 히브리어에서 나온 것이 아니라 이집트어에서 나온 것이다. 둘째로 모세의 이야기는 영웅 신화의 틀과는 완전히 다른 면을 갖고 있다. 위에서 인용하였듯이 모세는 우선 평범한 가정이었다가 왕가로 입양되었지만, 일반적으로는 왕가에서 출가하여 비천한 가정으로 입양된다고 한다.

신화 구도에서 벗어났기에 모세 이야기가 가치 없는 것이라고 주장하는 것은 아니다. 모세가 이집트인에서 유대인으로 바뀐 점을 중요하게 보는 것이다. 프로이트가 내린 결론에 따르면 모세는 유대인이 아니라 이집트인이다. 그래서 모세가 이집트인이라는 가설 하에 유대인이 된 모세를 다시 살펴보게 된다. 그 토대 위에 이집트의 종교와 유대의 종교를 각각 비교해 본 프로이트는, 모세가 이집트와 유대의 종교를 결합시켰다고 주장한다.

지도자를 세우는 방법은 두 가지뿐이다. 첫 번째는 한 사람이 스스로 지도자가 되는 것이고, 두 번째는 한 무리가 한 사람을 세우는 것이다. 그러나 후자의 경우, 외국에서 온 귀족신분의 이집트인(왕자·사제·고관일 가능성이 큼)이 문화적으로도 낙후된 이방인인 유대인 무리를 이끌 뿐 아니라, 이집트를 버렸다는 결론을 도출하기는 어렵다. (『인간 모세와 유일신교』 p.115)

이집트 종교는 우리가 아는 한, 세계 역사상 최초의 엄격한 유일신교였다. (『인간 모세와 유일신교』 p.118)

만일 모세가 이집트인이고, 그가 자신의 종교를 유대인에게 전

했다면, 그 종교는 아케나텐의 종교, 즉 '아톤교'였다. (『인간 모세와 유일신교』 p.123)

유대인의 신앙고백은 다음과 같다. "이스라엘아 들어라. 우리의 하나님은 야훼다. 야훼는 한 분뿐이시다." 이집트 신의 이름 '아톤(Aton)'이 히브리인의 신 '아도나이(Adonai: 주님)', 시리아의 신 '아도니스(Adonis)' 등과 유사하다는 것은 우연이 아니다. 이 두 이름이 기원면에서나 의미면에서 공통된 것이라면 다음과 같이 말할 수 있다. "이스라엘아 들어라. 우리의 신 아톤(아도나이)은 한 분뿐이시다."(『인간 모세와 유일신교』 p.123)

태양신 아톤(또는 '아텐'이라고 함)을 신봉한 이집트 18대 왕조인 아케나텐 왕의 종교를 왕족인 모세가 신봉한 것으로 프로이트는 본다. 이 왕은 대대적인 종교개혁을 단행하는데, 유일신교에 방해되는 모든 종교적인 것을 제거했다. 많은 반발이 있지만 그가 죽기 전까지 이 종교는 존속된다. 그러나 그가 죽자 아톤교는 널리 퍼지지 못했고 왕족에게만 통용된다. 이 종교에 관계되는 모든 것은 모조리 파괴된다. 이 종교의 특징은 여러 신을 믿는 것을 제거하고 유일신 신앙 사상을 갖는다는 점이다. 이것은 유대교와 공통점이다.

하지만 사후세계와 영생불사 개념에서는 유대교와 차이를 드러낸다. 구약성서 「창세기」에는 행복한 영생불사 개념이 나타나지 않는다. 단지 사람이 죽으면 흙으로 돌아간다고 나온다. 그래서 동굴에 사람을 매장하는 풍습이 있다. 프로이트는 할례풍습은 모세가 유대인에게 전한 것이라고 하지만 「창세기」에는 이미 400년 전 아브라함 때부터 이 풍습이 유대인에게도 내려오고 있음을 알 수 있다. 특히 할례는 아톤교의 풍습이기에 모세가 전한 종교가 이집트 종교라고 프로이트는 확신하고 있다.

> 만일 모세가 유대인에게 새로운 종교뿐 아니라 할례에 대한 계명까지 주었다면, 그는 유대인이 아니라 이집트인이다. 그가 이집트인일 경우 모세의 종교는 이집트 종교일 경우가 크며 그 이집트 종교가 민중 종교와 대비되는 것으로 보아, 후대에 유대교와 중요한 부분에서 일치를 보이는 아톤교였을 것이다.
> (『인간 모세와 유일신교』 p.126)

프로이트가 일방적으로 모세가 이집트인이었고 유대인에게 그의 종교를 이입시켰다고 주장할 수 없는 여러 정황이 있다. 프로이트는 그 사실을 잘 인정하며 조목조목 언급한다. 가령 두 가지 요소들이 합쳐져서 만들어진 것으로 본다.

> 이렇게 합류된 이스라엘 민족은 모든 부족에 공통되는 새로운 종교, 즉 야훼 종교를 받아들이는데, 마이어에 의하면 이런 일은 가데스에 살던 미디아인의 영향 아래서 이루어진다. (『인간 모세와 유일신교』 p.137)

> 이전부터 그 땅에 살고 있던 사람들은 북쪽 왕국으로 모여들었고 이집트에서 돌아온 사람들은 남쪽 왕국으로 모여들었다고 주장할 수도 있고 안 할 수도 있다. (『인간 모세와 유일신교』 p.138)

두 가지 원전이 서로 다른 점은 하나는 야훼의 이름에 'J', 다른 하나는 'E'를 쓰고 있다는 것이다. 말하자면 하나는 하나님의 이름을 '야훼Jahve'라고 쓰고 있는데, 다른 하나는 '엘로힘

Elohim'이라고 쓰고 있는 것이다. (『인간 모세와 유일신교』 p.140)

이집트의 모세는 가데스에 간 적도 없고 야훼라는 이름을 들은 적도 없는 사람이고 미디아의 모세는 이집트 땅을 디딘 적도 없고 '아톤'이란 이름을 들은 적도 없는 사람으로 가정해 볼 수 있다. (『인간 모세와 유일신교』 p.141)

유대민족은 열두 지파로 구성되는데, 그 중 한 지파를 유대 지파라고 하지만, 유대민족 전체를 통칭해서 유대인이라고 부른다. 한 민족이던 열두 지파가 솔로몬 왕 이후 북쪽에는 열 지파, 남쪽에는 두 지파로 분열된다. 위 인용문은 북쪽 왕 국과 남쪽 왕국의 바로 이런 정황을 보여 준다.

야훼의 이름에 관한 문제를 다루어 보자. 우리가 구약성서 를 읽다보면 여호와 하나님이란 표현이 나온다. 여기서 여호 와는 야훼와 동일한 단어지만 한국어 표기법상 다르게 번역 한 것이다. 그러나 엘로힘은 보통 말하는 신, 즉 하나님을 의 미한다. 그런데 프로이트에 따르면 모세가 이 두 이름을 알 지 못한다는 것이다. 즉 모세가 아톤(아도나이)을 알긴 했지만 야훼와 엘로힘은 몰랐고, 가데스에 가지 않았기에 남쪽 왕국에 대해 알 리가 없을 것이라는 추측이다. 프로이트는 '이것은 이것이다'라고 말할 수 있는 분명한 근거는 없다며 단지 가설에서 출발해 자신의 논증을 내세웠다고 한다.

이제 내 연구의 결론을 내릴 때가 된 듯하다. 내 연구는 이집트인 모세라는 인물을 유대 역사에 관련시켜 이해하는 것에 목적을 둔다. 간단한 공식으로 그것을 표현할 수 있다. 유대인의 역사는 이중성과 밀접한 관계가 있다. 하나로 합쳐 나라를 세우는 것도 두 무리의 백성들이고 나중에 나라가 분열할 때도 두 나라로 되었다. 성서 원전의 신 이름 또한 두 가지다. (『인간 모세와 유일신교』 p.154)

근데 우리는 여기에 두 가지의 이중성을 덧붙일 수 있다. 첫 번째 종교의 자리를 두 번째 종교가 차지하지만 나중에는 첫 번째 종교가 두 번째 종교의 배후에서 찬란하게 떠올라 두 종교가 성립되었다. 이름은 모세로 동일하지만 개성이 서로 다른 두 종교로 성립되었다. 이것이 이중성이다. (『인간 모세와 유일이 모든 이중성은 민족의 한 부분은 정신적 외상의 원인이 될 만한 체험을 하고 다른 부분은 그 체험에서 제외되었다는 것이다. […] 전승의 본래 의미는 무엇인지, 그 독특한 힘은 무엇을 바탕으로 하는지, 세계사에 끼친 개인의 영향을 부정할 수 있는지, 물질적인 동기만을 강조하여 다양한 인간생활을 모독하지는 않는지, 특히 종교이념은 어떤 근원에서 유래하여 인간과 민중을 예속시키는지, 이런 모든 문제를 특수한 유대역사에서 고찰하는 것이 흥미 있다. (『인간 모세와 유일신교』 p.154)

이중성에 대한 프로이트의 견해가 무엇인지 모호하기는 하다. 그러나 이전에 인용한 프로이트의 글과 연결하여 생각해 볼 때, 우리는 다음과 같이 말할 수 있다. 가령 두 무리는 이집트인과 미디아인 또는 이스라엘인과 하비루인이고, 두 나라는 북쪽 왕국과 남쪽 왕국 또는 북 이스라엘과 남 유다다. 신의 두 이름은 야훼와 엘로힘, 두 종교는 모세교와 유대교 등으로 추측해 볼 수 있다. 이중성의 한 면은 적극적인 신경중에서처럼 잊혀진 것들을 기억해 내고자 노력하는 것이다. 이중성의 다른 한 면은 이 체험과는 관계없는 것이다. 이 말은 억압으로 인하여 체험된 것이 기억되지 않기에 무의미하다는 것이다.

한 개인의 삶에 나타난 신경증의 기원을 연구한 프로이트는 한 민족의 역사에 나타난 신경증의 기원을 연구한다. 여기서 말하는 신경증은 '종교 현상'의 다른 이름이다. 프로이트가 보는 종교체험이란 유년기 때 경험한 개인적인 사건의 재생과 반복이다. 모세가 이집트인이었다는 가설은 뿌리를 강조하는 입장에서 볼 때, 유대인 프로이트에게는 유쾌하지 않은 일일 수도 있다. 그러나 프로이트가 이집트인이었지만 유대인이 된 모세를 굳이 말하는 것은 이중성을 내세우기 위한 것으로 볼 수 있다. 이중성은 수치심과 자긍심이라는 양가감정에서도 나타난다. 또한 한 사람의 정체성이 칼로 물을 베듯 그렇게 선명하게 할 수 있는 것이 아니라는 것이다. 긴 역사 가운데 순수한 민족의 정체성을 가진 공동체가 있을까? 『상상된 공동체』의 저자 베네딕트 앤더슨도 말하듯이, 한 인간의 정체성은 상상된 것이다. 모세도 이집트인이라고도 유대인이라고도 볼 수 있듯이, 유대인 프로이트 자신도 헝가리 제국의 시민이자 오스트리아 제국으로 이주해 온 시민이고, 이 두 제국이 합병한 뒤에는 오스트리아 · 헝가리 제국의 시민이다. 그러나 유럽인은 이 이중성을 인정하지 않는다. 왜 하나의 정체성만을 인정하는 것일까? 이집트의 왕자인 모세는 영원토록 유대인이 되어야만 하고, 오스트리아 · 헝가리 제국의 시민인 프로이트는 영원토록 유대인이 되어야만 하는가? 유리한 것은 자주 부정되지만, 불리한 것은 영원히 따라 다니는 것이 인간의 사회이다. 프로이트는 이것을 꼬집고 있다.

4
개인의 신경증 증상을 역사 속에서 그리고 대중에서 확인하다: 분석실을 나온 정신분석은 어떤 역할을 하는가

기독교 문화는 유대인이라는 딱지를 붙여서 신경증의 희

생물이 되게 하였다고 프로이트는 대륙을 벗어난 섬나라 영국에서 마지막 저서를 통해 고발한다.

이 내용을 좀 더 부연해 보자. 프로이트는 신경증을 또한 적극적 작용과 소극적 작용으로 이중화시킨다. 한 개인에게 있어서 기억을 재생시키려고 하는 것과 그대로 두고자 하는 것, 그대로 두었다가도 나중에는 올라와서 전복시키는 것, 이런 개인적인 신경증 증상을 역사 속에서 그리고 대중에서 확인하고 있다. 프로이트가 개인심리학에서 대중심리학으로 관심을 확대시키는 데는, 당시의 정치적인 분위기와 상관이 있다. 결국 프로이트는 빈에 머물지 못하고 런던으로 망명하였고, 그곳에서 모세의 정체성에 관한 글을 완성시키며 유대교와과 기독교로 양분된 유럽 공동체를 개인의 신경증에 비교한다.

정신분석이 신경증 환자의 기억나는 것과 기억나지 않는 두 요소를 분리하고 엮어 새로운 의미를 창출하듯, 모세는 이집트적인 요소와 유대적인 요소를 섞어 새로운 공동체를 탄생시킨 이집트인이면서 유대인이 된다. 이처럼 유대교는 이집트적인 것과 유대적인 것이 결합되어 있다. 또한 기독교

도 유대적인 것을 담은 구약성경과 신약성경을 엮어 만들어
진 것이다. 프로이트는 이런 이중성의 중요성을 말한다. 모
세가 말하는 유일신교는 이집트적인 것과 유대적인 것이 엮
인 것이지 어느 하나의 강요된 것이 아니라는 점이다. 기독
교도 유대교적인 것을 버리지 않고 함께 가져가면서 이루어
졌다는 것이다. 지금까지 이런 이중성을 통해 공존해 온 유
럽 사회를 보이고 있다. 그런데 프로이트가 살던 시대에 이
이중성을 파괴하려는 시도가 일어난다.

　프로이트는 마지막 저서에서 유대교와 기독교가 병합되어
만들어진 유럽 공동체가 기독교라는 자신만의 요소를 가지
려고 유대교를 축출하는 광기를 부리고 있다고 폭로한다. 프
로이트는 자신의 정체성을 유대인에서 찾지 않는다. 그는 자
신의 정체성을 헝가리 제국에서 찾지 않는다. 그는 자신의
정체성을 오스트리아 제국 빈에서 찾지 않는다. 그렇다면 그
는 어디서 그의 정체성을 찾는가? 정체성은 그 사람의 자리
그 자체이다. 그는 줄곧 오스트리아 · 헝가리 제국의 시민이
다. 때로는 분열된 제국이기도 했지만 그는 통합된 제국에
자신의 정체성을 두고자 한다. 그래서 정신분석이 유대인의

학문으로 치부되는 것을 막고자 정신분석의 이중성을 주장한다. 그와 그의 공동체는 기꺼이 국제정신분석협회의 회장으로 융을 추대한다. 이것이 그들이 생각하는 정체성이다. 그러나 기독교 문화는 일원성을 주장했다. 이중성은 프로이트가 끊임없이 시도해 온 것이다. 오이디푸스 콤플렉스 이론에서 양가감정이 이중성이고, 욕동의 힘 또한 이원성이라고 본다. 이처럼 이중성을 모호한 것이 아니라 두 다리로 굳게 서는 튼튼한 질서라고 생각한다.

유대인 프로이트는 기독교가 신경증에 걸렸다고 고발하기보다는, 유대교와 기독교가 가진 이중성이 바로 신경증의 메커니즘임을 보이려고 한다. 그는 이러한 이중성을 치유하기 위해서는 신경증 작용의 적극적인 면과 소극적인 면이 둘 다 잘 다루어져야 된다고 말한다. 아마도 프로이트는 이 이중성에서 파생된 것을 회복시키려는 의지를 가진 사람이 아닐까? 힘든 일로 억압당하는 이집트에서 나와 젖과 꿀이 흐르는 가나안 땅으로 이스라엘 백성들을 이끄는 모세가 그런 사람이었듯이, 정신분석의 메카인 빈에서 추방당해 런던으로 망명 온 프로이트도 그런 사람일 수 있다.

그렇다면 누가 아름다운 땅, 젖과 꿀이 흐르는 가나안에서 삶을 향유할 수 있었는가? 안타깝게도 모세를 제외한 사람들이 그 혜택을 받았듯이, 프로이트 이외의 사람들이 정신분석의 혜택을 받는다. 평생 신경증으로 시달린 프로이트는 자신이 창출한 정신분석의 수혜자가 되지 못한다. 그러나 그는 신경증·정신증·도착증 환자가 정신분석의 도움을 받을 것이며, 유대교와 기독교로 이중화된 유럽 사회도 집단 신경증으로부터 해방될 것이라고 기대했을 것이다.

『인간 모세와 유일신교』는 고향 프라이부르크를 떠나 온 프로이트가 죽음 욕동과 생명 욕동의 정거장 '빈'에서부터 집필하기 시작하여 두 욕동의 종착지가 된 '런던'에서 마무리한 책이다. 젖과 꿀이 흐르는 가나안 땅에서 후손들이 누리게 될 것들을 향한 모세의 염원처럼, 프로이트의 생명 욕동과 죽음 욕동은 지금도 정신분석이라는 이름으로 각양각색의 학문 영역과 삶의 구석진 곳까지 스며들어 그 영향력을 지금 이 순간에도 빛내고 있다. 그래서 어떤 하나도 간과함 없이, 두 욕동이 우리의 삶에 영향을 미치고 있음을 알아차리고 인정하면서 프로이트를 따라가면 좋을 것으로 보인다.

프로이트의 인생 여정

1856년 5월 6일 지그문트 프로이트가 출생한다.

1859년 10월 아버지 야곱은 프라이베르크Freiberg를 떠나 라이프치히Leipzig로 이주, 1년 후 빈의 유대인 구역, 레오폴드-슈트라세Leopoldstrasse에 머문다.

1865-1873년 프로이트는 레알김나지움Realgymnasium, 오버김나지움Obergymnasium 에 다닌다.

1871년 헤르바르트Johann Friedrich Herbart의 『경험심리학입문』을 읽는다.

1873년 브렌타노Franz Brentano의 논문 지도를 받다. 빈의과대학교에 입학한다.

1876년 브뤼케의 제자가 된다. 브로이어와 만난다.

1881년 의학박사가 된다.

1884년 빈에서 신경증 환자 치료를 시작한다.

1885년 파리 사르페트리에르병원을 방문한다. 여기서 샤르코의 강의 시연에 참가한다.

1886년 베르네이즈와 결혼한다.

1887년 빈 의사협회 회원이 된다. 10월에 브로이어를 통해 플리스를 알게 된다.

1891년 9월 빈 유대인 구역 베르크가세 19번지에 정착한다. 카타르시스 방법 으로 환자를 치료한다.

1893년 플리스에게 신경증의 트라우마적 주요 원리를 제시하며 유혹 이론을 주장한다.

1895년 『히스테리 연구』 발행 및 『과학적 심리학 초고』를 작성한다.

1896년 정신분석 용어를 「신경증의 유전과 병인론」에서 처음 사용한다. 아버지 야곱이 운명한다.

1897년 유혹 이론을 포기하고 오이디푸스 이론을 고안한다.

1899년 11월 4일 『꿈의 해석』을 출간한다.

1902년 특별대우 교수로 임명된다. 수요심리학회를 창립한다.

1904년 남동생 알렉산더와 그리스 아테네 아크로폴리스를 여행한다. 플리스와의 서신교환이 중단된다. 블로일러와 서신을 교환한다.

1905년 도라 사례를 발표한다.

1906년 융, 에이틴콘과 서신 왕래를 시작한다. 이듬해에는 아브라함과 서신을 교환한다.

1908년 수요심리학회를 빈정신분석학회로 바꾼다. 제1회 잘츠부르크 국제정신분석학회를 개최한다. 페렌치, 존스, 빈스방거와 만난다.

1909년 미국 클라크대학교를 방문한다.

1912년 『이마고』를 출판한다. 비밀위원회를 창립한다. 랑크와 서신교환을 시작한다.

1913년 융과의 관계가 단절된다.

1914년 세르게이 판케예프(늑대인간) 분석을 종결한다. 제1차 세계대전이 일어난다. 이 분석은 1918년 "유아신경증 병력에 관하여"로 게재된다.

1917년 그로데크와 서신을 교환한다.

1920년 딸 조피가 사망하다. 죽음충동을 전개한다.

1923년 턱과 입의 종양을 수술한다.

1924년 12월 클라인이 빈정신분석학회에서 아동에 관한 정신분석을 발표한다. 안나 프로이트와의 대립이 시작된다.

1925년 12월 칼 아브라함이 사망한다.

1926년 의사가 아닌 사람이 행하는 정신분석Laienanalyse을 프로이트가 용인한다. 보나파르트와 서신을 교환한다.

1927년 제10차 인스부르크 국제정신분석학회에서 비의사를 회원으로 받는 문제로 유럽인과 미국인 사이에 갈등이 시작된다.

1928년 맥-브런즈윅이 유아신경증(늑대인간)에 관한 프로이트 논문을 보충한 글을 게재한다.

1932년 9월 라캉이 의학박사 학위논문을 프로이트에게 보낸다.

1933년 4월 독일 정신의학과 심리학에서 프로이트의 용어가 금지된다. 정신분석이 유대인의 학문으로 규정된다. 9월 독일에서 프로이트의 책들이 불태워진다. 12월 융은 유대인의 무의식을 아리안인의 무의식에 비교 불가함을 선언한다.

1935년 어니스트 존스가 독일 정신분석협회에서 유대인 회원의 사퇴를 종용한다.

1936년 제14차 마리엔바트 국제정신분석학회가 열린다. 여기서 안나를 따르는 빈 그룹과 클라인을 따르는 영국 그룹이 격돌한다. 라캉이 거울이론을 발표한다.

1938년 3월 나치가 빈에 들어온다. 빈정신분석학회를 해산한다. 6월 프로이트는 빈을 떠나 파리를 거쳐 런던 메어즈필드 가든 20번지에 정착한다.

1939년 『인간 모세와 유일신교』를 완성한다. 프로이트의 요청에 안나의 동의를 얻은 주치의 슈어가 모르핀 30미리그램을 프로이트에게 투여한다. 9월 23일 새벽 3시 프로이트가 운명한다.

프로이트 전집에 관하여

1871년에서 1892년에 이르는 시기 동안, 프로이트는 다양한 주제(신경학, 의학, 조직학, 코카인 등)와 번역 등에 관한 117편의 글을 집필한다. 그러나 이 글들은 프로이트 독어 전집(G.S.: Gesammelte Schriften, G.W.: Gesammelte Werke, S.A.: Studienausgabe)에 포함되지 않는다. 단지 이 중 몇 편만이 1987년 출간된 G.W.의 부록인 『Nachtragsband』에 포함될 뿐이다. 전집에 포함된 가장 이른 시기의 글은 1892년에 쓰여진 「Ein Fall von hypnotischer Heilung nebst Bemerkungen über die Entstehung hysterischer Symptome durch den」(G.W., vol. 1, pp.3~17)이며, G.W. 1권 맨 앞에 게재되었다.

프로이트는 총 24권의 저작을 출판하는데 이 중 두 권은 공저이다. 하나는 브로이어Josef Breuer와 집필한 것(『히스테리 연구』)이고, 다른 하나는 불릿Wiliam Bullitt과 집필한 것(『토머스 우드로 브로이어 윌슨 대통령』)이다. 후자의 공저 서문은 프로이트가 썼지만 본문 내용 중 어느 부분을 작성했는지 프로이트는 말하지 않는다. 이 책은 1930년에 집필되지만 1967년에 런던과 보스턴에서 발행되고 같은 해에 프랑스 파리의 파이요Payot출판사에서 『토머스 우드로 윌슨의 심리학적 초상』이란 제목으로 번역 출판된다. 또한 G.W.의 부록인 『Nachtragsband』(pp. 686~692)에 수록된다. 그의 저작은 현재까지 36개 이상의 언어로 번역되어 출판되고 있다. 프로이트 저작권의 상속권자인 에른스트 프로이트와 안나 프로이트는 1886년 이전의 프로이트 작품을 전집에서 배제시킨다는 방침을 갖고 있다. 그러나 그 후의 작품 가운데서도 전집에서 배제시킨 작품이 있다. 바로 1895년의 『과학적 심리학 초고』이다. 프로이트의 작품 가운데서 '편지들'도 전집에서 제외된다.

독일어판 G.S.는 프로이트 생전에 연대기별로 편집하여 펴낸 프로이트 독일어 초기 전집인 Gesammelte Schriften (총 12권, 1924~1934년)의 약자이다.

독일어판 G.W.는 프로이트 사후에 연대기별로 편집된 프로이트 독일어 전집인 Gesammelte Werke(총 18권과 부록)의 약자이다. 1~17권은 1940~1952년까지는 런던의 이마고 Imago출판사에서, 1960~1967년까지는 프랑크푸르트의 피셔 S. Fischer출판사에서 발간된다. 상세한 색인index을 담고 있는 18권은 1987년 피셔출판사에서 발간된다.

독일어판 S.A.는 프로이트 사후에 주제별로 편집된 프로이트의 독일어 전집인 Studienausgabe(총 10권과 부록)의 약자이다. 프랑크푸르트의 피셔출판사에서 발간된 이 전집은 총 10권(1969~1975년)과 부록인 『Freud-Bibliographie mit Werkkonkordanz』 1권(1989년)으로 구성된다. 부록은 1989년까지의 프로이트 저작 서지를 연대기별로 담고 있다.

영어판 S.E.는 The Standard Edition of the Complete Psychological Works of Sigmund Freud(총 24권)의 약자이다. 1953~1974년 런던의 호가스Hogarth출판사와 정신분석 연구소the Institute of Psycho-Analysis에서 발간된 이 책의 편집자는 제임스 스트레이치James Strachey, 안나 프로이트Anna

Freud, 알릭스 스트레이치Alix Strachey, 알란 타이슨Alan Tyson, 앤젤라 리차드Angela Richards 등이다.

  영어판 P.F.L.은 The Penguin Freud Library(총15권)의 약자이다. 1973~1986년 런던의 펭귄북스Penguin Books와 정신분석연구소the Institute of Psycho-Analysis에서 발간된 이 판본은 S.E. 번역에 기초하여 앤젤라 리차드Angela Richards(1973~1982, 앞부분 열한 권 편집)와 알버트 딕슨Albert Dickson(1982~1986, 나머지 부분 편집)이 주제별로 편집한 첫 번째 영어본 페이퍼백 paperback이다. 독일어판 G.S., G.W.와 영어판 S.E.가 연대기적 편집이라면, 펭귄판은 독일어판 S.A.처럼 주제별 편집이다. 2003년 발간된 열린책들의 프로이트 전집은 이 펭귄판 전집과 체제가 동일하고, 각 권에 담긴 글의 순서와 책 제목에서는 차이를 보인다.

  프랑스어판 O.C.P.는 Œuvres complètes psychanalyses (총 20권과 부록)의 약자로, 1988년부터 파리의 프랑스대학 출판부Presses Universitaires de France에서 발간되기 시작하여 현

재 거의 완간되었다.

한글판 프로이트 전집은 열린책들에서 나오고 있다. 1996
년의 20권 전집, 2003년의 15권 전집, 그리고 2020년의 개정
판 전집이다. 그 외 여러 출판사에서 단행본으로 출간된 다
수의 책이 있다.

간추린 프로이트의 저서

출판년도	한글명	독어명(G.W.)과 권수	불어명
1895d	히스테리 연구	Studien über Hysterie, 1권	Etudes sur l'hystérie
1895	과학적 심리학 초고	미포함(Entwurf einer Psycho-logie), 미포함	De L'esquisse d'une psycho-logie scientifique
1897	빌헬름 플리스에 게 보낸 편지	미포함("Briefe Abhandlungen Notizen" in Aus Anfangen der psychoanlyse, 미포함	Lettres à Wilhelm Fliess
1900a	꿈의 해석	Die Traumdeutung, 2/3권	L'interprétation des rêves
1901b	일상생활의 정신 병리학	Zur Psychopathologie des Alltagslebens, 4권	Psychopathologie de la vie quotidienne
1905a	정신분석 치료에 관하여	Über Psychotherapie, 5권	Sur la psychothéraphie
1905c	재담과 무의식의 관계	Der Witz und seine Beziehung zum Unbewußten, 6권	Le mot d'esprit et sa relation à l'inconscient
1905d	성욕에 대한 세 편 의 에세이	Drei Abhandlungen Zur Sexual-theorie, 5권	Trois essais sur la sexuali-té
1905e	히스테리 분석 단 편(도라)	Bruchstrück einer Hysterie-Analys(DORA), 5권	Fragment d'une analyse d'hysterie(DORA)
1907c	어린이의 성에 관 한 설명	Zur sexuellen Aufklärung der Kinder, 7권	Les explications sexuelles données aux enfants
1908c	유아의 성 이론	Über infantile Sexualtheorie -n, 7권	Les théories sexuelles infanti-les

출판년도	한글명	독어명(G.W.)과 권수	불어명
1908d	사회화된 성 도덕과 현대의 신경증 환자	Die 'kulturelle' sexualmoral und die monerne Nervosität, 7권	La moral sexuelle 'civilisée' et la maladie nerveuse des temps modernes
1910a	정신분석에 관하여	Über Psychoanalyse, 8권	Cinq leçons sur la psych-analyse
1910h	연애심리학에 공헌. I. 남자에게서 대상선택의 특별한 형태	Beiträge zur Psychologie des Liebeslebens. I. über einen besonderen Typus der Objektwahl beim Manne, 8권	Contributions à la psycho-logie de la vie amoureuse. I. Un type particulier de choix d'objet chez l'homme
1911c	망상증 환자가 쓴 자서전에 대한 정신분석적 고찰-슈레버 박사	Psychoanalytische Bemer-kungen über einen auto-biographisch beschriebenen Fall von Paranoia(Dementia paranoides)-Schreber, 8권	Remarques psychanalytiques sur l'autobiographie d'un cas de paranoïa(Demen-tia paranoides)-le président Schreber
1912d	연애심리학에공헌. II. 연애에서 가장 일반적인 자존심 하락에 대하여	Beiträge zur Psychologie des Liebeslebens. II. über die allgemeinste Erniedrigung des Liebeslebens, 8권	Contributions à la psycho-logie de la vie amoureuse. II. Sur le plus général des rabaissements de la vie amoureuse
1912-13a	토템과 타부	Totem und Tabu. Einige übereinstimungen im Seelen-leben der WiLnen und der Neurotiker, 9권	Totem et tabou
1914c	나르시시즘 입문	Zur Einführung des Narziß-mus, 10권	Pour introduire le narciss-isme
1914d	정신분석 운동의 역사에 관하여	Zur Geschichte der psycho-analytischen Bewegung, 10권	Contribution à l'histoire du mouvement psychanalytique
1916a	허무함	Vergänglichkeit, 10권	Deux penseurs devant l'abime, fugitivité

출판년도	한글명	독어명(G.W.)과 권수	불어명
1916-17g	애도와 멜랑콜리	Trauer und Melancholie, 10권	Deuil et mélancolie
1916-17a	정신분석 강의	Vorlesungen zur Einführung in die Psychoanalyse, 11권	Introduction à la psychanalyse
1917c	항문 에로티시즘에서 가장 특별한 욕동의 변화에 대하여	Über Triebumsetzungen, insbesondere der Analerotik, 10권	Sur les transpositions de pulsions plus particulièrement dans l'érotisme anal
1919e	매 맞는 아이. 성도착의 원인 연구에 기고한 논문	Ein Kind wird geschlagen. Beitrag zur Kenntnis der Entstehung sexueller Perversionen, 12권	Un enfant est battu. Contribution à la contradiction de la genèse des perversions sexuelles
1920a	여성동성애자의 심리기제에 관하여	Über die Psychogenese eines Falles von weiblicher Homosexualität, 12권	Sur la psychogenèse d'un cas d'homosexualité féminine
1920g	쾌락의 원칙을 넘어서	Jenseits des Lustprinzips, 13권	Au-delà du principe de plaisir
1921c	대중심리학과 자아 분석	Massenpsychologie und Ich-Analyse, 13권	Psychologie des foules et analyse du moi
1923b	자아와 이드	Das Ich und das Es, 13권	Le moi et le ça
1924b	신경증과 정신증	Neurose und Psychose, 13권	Névrose et psychose
1924d	오이디푸스 콤플렉스의 소멸	Der Untergang des Ödipuskomplexes, 13권	La disparition du complexe d'œdipe
1925d	나의 이력서	Selbstdarstellung, 14권	Ma vie et la psychanalyse
1926d	억제 증상 그리고 불안	Hemmung, Symptôm und Angst, 14권	Inhibition, Symptôme et Angoisse
1931a	리비도의 형태들	Über libidinöse Typen, 14권	Des types libidinaux

출판년도	한글명	독어명(G.W.)과 권수	불어명
1932a	새로운 정신분석 입문 강의	Neue Folge der Vorlesungen Zur Einführung in die Psycho-analyse, 15권	Nouvelles conférences d'intro-duction à la psychanalyse
1936a	아크로폴리스에 대한 기억장애(로맹 롤랑에게 보낸 편지)	Brief an Romain Rolland: Eine Erinnerungsstörung auf der Akropolis, 16권	Un trouble de mémoire sur l'Acropole
1939a	인간 모세와 유일신교	Der Mann Moses und die monotheistische Religion, 16권	L'Homme Moïse et la religion monothéiste

세창사상가산책 21 | 프로이트